2025

법원직·변호사 시험 대비

이종훈

민사소송법

book in book
민사소송법
법전

the Code of Civil Procedure

✓ 2024년 6월까지 대법원 판례 반영
✓ 비교 정리가 필요한 부분에 대한 도표화
✓ 북인북 형태의 민사소송법전과 판례색인
✓ 법원 관련 기출지문 본문 내 밑줄로 강조

2025 대비 이종훈 민사소송법

민사소송법전

제1편 총칙

제1조(민사소송의 이상과 신의성실의 원칙) ① 법원은 소송절차가 공정하고 신속하며 경제적으로 진행되도록 노력하여야 한다.
② 당사자와 소송관계인은 신의에 따라 성실하게 소송을 수행하여야 한다.

> **민사소송규칙**
> **제1조(목적)** 이 규칙은 민사소송법(다음부터 "법"이라 한다)이 대법원규칙에 위임한 사항, 그 밖에 민사소송절차에 관하여 필요한 사항을 규정함을 목적으로 한다.

◆ 1항 : 민사소송의 4대 이상으로 적정, 공평, 신속, 경제

적 정	의 의	객관적 진실에 맞는 올바른 재판을 하여야 한다는 것
	구현제도	변호사대리 원칙(제87조), 구술주의(제134조), 직접주의(제204조), 석명권(제136조), 직권증거조사(제292조), 교호신문제도(제327조), 3심제도, 재심제도, 법관의 자격제한과 신분보장제도
공 평	의 의	당사자 일방에 치우치지 말고 공평하게 취급하여야 한다는 원칙
	구현제도	심리의 공개, 법관의 제척·기피·회피제도(제41조 이하), 소송절차의 중단제도(제233조), 쌍방심문주의, 대리인제도, 준비서면에 예고하지 않은 사실주장금지제도(제276조)
신 속	의 의	헌법 제27조 제3항에 따라 신속하게 재판하여야 한다는 원칙
	구현제도	독촉절차(제462조) 등 특수절차, 변론준비절차(제258조), 적시제출주의(제146조), 재정기간제도(제147조), 실기한 공격방어방법의 각하(제149조), 불출석의 경우 자백간주(제150조)나 취하간주(제268조), 선고기간의 법정(제207조), 집중심리제도(제272조·제287조), 계속심리주의(규칙 제72조)
경 제	의 의	소송수행에 들이는 비용과 노력은 최소한으로 그쳐야 한다는 원칙
	구현제도	소액사건에의 구술제소(소액사건심판법 제4조), 소의 병합, 소송의 이송, 추인이나 이의권의 상실(제151조)에 의한 하자치유, 변호사비용의 소송비용산입(제109조), 답변서제출의무와 무변론판결제도

◆ 2항 : 소송관계인이란 보조참가인, 소송상대리인, 증인, 감정인 나아가 조사·송부촉탁을 받은 자 등.

제1장 법원
제1절 관할

제2조(보통재판적) 소(訴)는 피고의 보통재판적(普通裁判籍)이 있는 곳의 법원이 관할한다.

> **민사소송규칙**
> **제6조(보통재판적)** 법 제3조 내지 법 제6조의 규정에 따라 보통재판적을 정할 수 없는 때에는 대법원이 있는 곳을 보통재판적으로 한다.

◆ 소제기 당시에는 원고의 청구가 이유 있는지 여부를 알 수 없으며 피고 응소의 편의를 고려한 것.

제3조(사람의 보통재판적) 사람의 보통재판적은 그의 주소에 따라 정한다. 다만, 대한민국에 주소가 없거나 주소를 알 수 없는 경우에는 거소에 따라 정하고, 거소가 일정하지 아니하거나 거소도 알 수 없으면 마지막 주소에 따라 정한다.

제4조(대사·공사 등의 보통재판적) 대사(大使)·공사(公使), 그 밖에 외국의 재판권 행사대상에서 제외되는 대한민국 국민이 제3조의 규정에 따른 보통재판적이 없는 경우에는 이들의 보통재판적은 대법원이 있는 곳으로 한다.

제5조(법인 등의 보통재판적) ① 법인, 그 밖의 사단 또는 재단의 보통재판적은 이들의 주된 사무소 또는 영업소가 있는 곳에 따라 정하고, 사무소와 영업소가 없는 경우에는 주된 업무담당자의 주소에 따라 정한다.
② 제1항의 규정을 외국법인, 그 밖의 사단 또는 재단에 적용하는 경우 보통재판적은 대한민국에 있는 이들의 사무소·영업소 또는 업무담당자의 주소에 따라 정한다.

제6조(국가의 보통재판적) 국가의 보통재판적은 그 소송에서 국가를 대표하는 관청 또는 대법원이 있는 곳으로 한다.

◆ 국가를 대표하는 관청은 법무부장관으로서, 수원이 보통재판적이 되므로 수원지방법원 안양지원이 관할법원이다.

제7조(근무지의 특별재판적) 사무소 또는 영업소에 계속하여 근무하는 사람에 대하여 소를 제기하는 경우에는 그 사무소 또는 영업소가 있는 곳을 관할하는 법원에 제기할 수 있다.

◆ 피고에 한하는 재판적이다.

제8조(거소지 또는 의무이행지의 특별재판적) 재산권에 관한 소를 제기하는 경우에는 거소지 또는 의무이행지의 법원에 제기할 수 있다.

◆ 계약상의 의무이행지 뿐만 아니라 법률 규정에 의하여 발생하는 불법행위·부당이득·사무관리상의 의무를 전제로 한 청구도 포함한다.

제9조(어음·수표 지급지의 특별재판적) 어음·수표에 관한 소를 제기하는 경우에는 지급지의 법원에 제기할 수 있다.

제10조(선원·군인·군무원에 대한 특별재판적) ① 선원에 대하여 재산권에 관한 소를 제기하는 경우에는 선적(船籍)이 있는 곳의 법원에 제기할 수 있다.
② 군인·군무원에 대하여 재산권에 관한 소를 제기하는 경우에는 군사용 청사가 있는 곳 또는 군용 선박의 선적이 있는 곳의 법원에 제기할 수 있다.

제11조(재산이 있는 곳의 특별재판적) 대한민국에 주소가 없는 사람 또는 주소를 알 수 없는 사람에 대하여 재산권에 관한 소를 제기하는 경우에는 청구의 목적 또는 담보의 목적이나 압류할 수 있는 피고의 재산이 있는 곳의 법원에 제기할 수 있다.

제12조(사무소·영업소가 있는 곳의 특별재판적) 사무소 또는 영업소가 있는 사람에 대하여 그 사무소 또는 영업소의 업무와 관련이 있는 소를 제기하는 경우에는 그 사무소 또는 영업소가 있는 곳의 법원에 제기할 수 있다.

제13조(선적이 있는 곳의 특별재판적) 선박 또는 항해에 관한 일로 선박소유자, 그 밖의 선박이용자에 대하여 소를 제기하는 경우에는 선적이 있는 곳의 법원에 제기할 수 있다.

◆ 계약에 의한 의무이행지가 존재하면 계약관계나 채권관계의 확인청구는 물론, 계약불이행으로 인한 손해배상, 계약해제로 인한 원상회복의 소도 그 의무이행지 법원에 제기할 수 있으나, 부동산등기의무의 이행지는 제21조에 의하여 등기소의 소재지이지 등기청구권자의 주소지가 의무이행지가 되는 것은 아니다.
◆ 계약으로 이행지를 정하지 않았으면 특정물의 인도는 채권성립당시에 그 물건이 있던 장소, 특정물 인도청구 이외의 채무에 대해서는 채권자의 주소지가 특별재판적인 의무이행지로 된다(민법 제467조 참조).
◆ 어음의 채권자가 어음의 주채무자와 배서인 등 여러 어음상의 채무자를 상대로 소를 제기하려고 할 때 지급지 한 군데에 집중할 수 있어 어음관계 분쟁의 1회적 해결을 도모할 수 있다.
◆ 발행지가 아님을 주의.

◆ 피고가 국내에 주소가 없는 경우에만 적용되는 것으로, 원고 승소시에 쉽게 강제집행할 수 있기 때문에 인정되는 재판적이다. 재산소재지란 피고의 재산이 유체물일 경우에는 그 소재지, 일반채권일 경우에는 채무자의 주소·영업소 또는 그 채권에 대한 책임재산이 있는 곳, 어음·수표·주식 등의 유가증권일 때에는 그 증권이 있는 곳을 말한다.

◆ 제12조의 특별재판적은 영업소가 있는 자가 원고인 때에는 적용되지 않는다(대법 1980.06.12, 80마158).

제14조(선박이 있는 곳의 특별재판적) 선박채권(船舶債權), 그 밖에 선박을 담보로 한 채권에 관한 소를 제기하는 경우에는 선박이 있는 곳의 법원에 제기할 수 있다.

제15조(사원 등에 대한 특별재판적) ① 회사, 그 밖의 사단이 사원에 대하여 소를 제기하거나 사원이 다른 사원에 대하여 소를 제기하는 경우에는 그 소가 사원의 자격으로 말미암은 것이면 회사, 그 밖의 사단의 보통재판적이 있는 곳의 법원에 소를 제기할 수 있다.
② 사단 또는 재단이 그 임원에 대하여 소를 제기하거나 회사가 그 발기인 또는 검사인에 대하여 소를 제기하는 경우에는 제1항의 규정을 준용한다.

제16조(사원 등에 대한 특별재판적) 회사, 그 밖의 사단의 채권자가 그 사원에 대하여 소를 제기하는 경우에는 그 소가 사원의 자격으로 말미암은 것이면 제15조에 규정된 법원에 제기할 수 있다.

제17조(사원 등에 대한 특별재판적) 회사, 그 밖의 사단, 재단, 사원 또는 사단의 채권자가 그 사원·임원·발기인 또는 검사인이었던 사람에 대하여 소를 제기하는 경우와 사원이었던 사람이 그 사원에 대하여 소를 제기하는 경우에는 제15조 및 제16조의 규정을 준용한다.

제18조(불법행위지의 특별재판적) ① 불법행위에 관한 소를 제기하는 경우에는 행위지의 법원에 제기할 수 있다.
② 선박 또는 항공기의 충돌이나 그 밖의 사고로 말미암은 손해배상에 관한 소를 제기하는 경우에는 사고선박 또는 항공기가 맨 처음 도착한 곳의 법원에 제기할 수 있다.

- 통상의 불법행위뿐만 아니라 무과실책임을 지는 특수불법행위도 포함되고, 국가배상법이나 자동차손해배상보장법 등 특별법에 의한 손해배상책임도 해당한다.
- 불법행위의 구성요건 가운데 어느 한 가지 요건사실의 발생지라도 불법행위지로 되어 재판적이 생기므로 불법행위에서 그 원인이 된 사실이 발생한 곳에는 불법행위를 한 행동지뿐만 아니라 손해의 결과발생지도 포함된다(대법 2013.07.12, 2006다17539).
- 항공기 사고의 경우에 불법행위지를 사고의 행위지 및 결과발생지 또는 항공기의 도착지로 보았다 (대법 2010.07.15, 2010다18335).
- 불법행위지의 재판적에 관한 규정은 직접 행위한 자 뿐 아니라 그에 가담한 자, 방조자에 대한 소송은 물론, 민법 제756조에 의한 사용자에 대한 손해배상청구에도 적용된다.

제19조(해난구조에 관한 특별재판적) 해난구조(海難救助)에 관한 소를 제기하는 경우에는 구제된 곳 또는 구제된 선박이 맨 처음 도착한 곳의 법원에 제기할 수 있다.

제20조(부동산이 있는 곳의 특별재판적) 부동산에 관한 소를 제기하는 경우에는 부동산이 있는 곳의 법원에 제기할 수 있다.

◆ 부동산에 관한 소란 크게 부동산상의 물권에 관한 소와 부동산에 관한 채권의 소로 나누어진다. 부동산자체의 인도·명도를 구하는 것이 아닌 부동산의 매매대금, 임대료 등의 지급을 구하는 소는 여기에 속하지 않는다.

제21조(등기·등록에 관한 특별재판적) 등기·등록에 관한 소를 제기하는 경우에는 등기 또는 등록할 공공기관이 있는 곳의 법원에 제기할 수 있다.

제22조(상속·유증 등의 특별재판적) 상속(相續)에 관한 소 또는 유증(遺贈), 그 밖에 사망으로 효력이 생기는 행위에 관한 소를 제기하는 경우에는 상속이 시작된 당시 피상속인의 보통재판적이 있는 곳의 법원에 제기할 수 있다.

제23조(상속·유증 등의 특별재판적) 상속채권, 그 밖의 상속재산에 대한 부담에 관한 것으로 제22조의 규정에 해당되지 아니하는 소를 제기하는 경우에는 상속재산의 전부 또는 일부가 제22조의 법원관할구역안에 있으면 그 법원에 제기할 수 있다.

제24조(지식재산권 등에 관한 특별재판적) ① 특허권, 실용신안권, 디자인권, 상표권, 품종보호권(이하 "특허권등"이라 한다)을 제외한 지식재산권과 국제거래에 관한 소를 제기하는 경우에는 제2조 내지 제23조의 규정에 따른 관할법원 소재지를 관할하는 고등법원이 있는 곳의 지방법원에 제기할 수 있다. 다만, 서울고등법원이 있는 곳의 지방법원은 서울중앙지방법원으로 한정한다. 〈개정 2011.5.19., 2015.12.1.〉
② 특허권등의 지식재산권에 관한 소를 제기하는 경우에는 제2조부터 제23조까지의 규정에 따른 관할법원 소재지를 관할하는 고등법원이 있는 곳의 지방법원의 전속관할로 한다. 다만, 서울고등법원이 있는 곳의 지방법원은 서울중앙지방법원으로 한정한다. 〈신설 2015.12.1.〉
③ 제2항에도 불구하고 당사자는 서울중앙지방법원에 특허권등의 지식재산권에 관한 소를 제기할 수

◆ 1항 : 특허권 등을 제외한 지식재산권이란 저작권·부정경쟁·영업비밀·데이터베이스를 말하고, 국제거래에 관한 소란 국제간의 인적·물적 거래로 인한 사건으로서 최소한 당사자 일방이 외국법인 또는 외국인인 사건을 말한다.
◆ 3항 : 서울중앙지방법원에 중복전속관할규정을 둠.

있다. 〈신설 2015.12.1.〉 [제목개정 2011.5.19.]

제25조(관련재판적) ① 하나의 소로 여러 개의 청구를 하는 경우에는 제2조 내지 제24조의 규정에 따라 그 여러 개 가운데 하나의 청구에 대한 관할권이 있는 법원에 소를 제기할 수 있다.
② 소송목적이 되는 권리나 의무가 여러 사람에게 공통되거나 사실상 또는 법률상 같은 원인으로 말미암아 그 여러 사람이 공동소송인(共同訴訟人)으로서 당사자가 되는 경우에는 제1항의 규정을 준용한다.

제26조(소송목적의 값의 산정) ① 법원조직법에서 소송목적의 값에 따라 관할을 정하는 경우 그 값은 소로 주장하는 이익을 기준으로 계산하여 정한다.
② 제1항의 값을 계산할 수 없는 경우 그 값은 민사소송등인지법의 규정에 따른다.

> 민사소송 등 인지법
> 제2조(소장) ① 소장(반소장(反訴狀) 및 대법원에 제출하는 소장은 제외한다)에는 소송목적의 값에 따라 다음 각 호의 금액에 해당하는 인지를 붙여야 한다.
> 1. 소송목적의 값이 1천만원 미만인 경우에는 그 값에 1만분의 50을 곱한 금액
> 2. 소송목적의 값이 1천만원 이상 1억원 미만인 경우에는 그 값에 1만분의 45를 곱한 금액에 5천원을 더한 금액
> 3. 소송목적의 값이 1억원 이상 10억원 미만인 경우에는 그 값에 1만분의 40을 곱한 금액에 5만5천원을 더한 금액
> 4. 소송목적의 값이 10억원 이상인 경우에는 그 값에 1만분의 35를 곱한 금액에 55만5천원을 더한 금액
> ② 제1항에 따라 계산한 인지액이 1천원 미만이면 그 인지액은 1천원으로 하고, 1천원 이상이면 100원 미만은 계산하지 아니한다.
> ③ 소송목적의 값은 「민사소송법」 제26조제1항 및 제27조에 따라 산정(算定)하되, 대법원규칙으로 소송목적의 값을 산정하는 기준을 정할 수 있다.
> ④ 재산권에 관한 소(訴)로서 그 소송목적의 값을 계산할 수 없는 것과 비(非)재산권을 목적으로 하는 소송의 소송목적의 값은 대법원규칙으로 정한다.
> ⑤ 1개의 소로서 비재산권을 목적으로 하는 소송과 그 소송의 원인이 된 사실로부터 발생하는 재산권에 관한 소송을 병합한 경우에는 액수가 많은 소송목적의 값에 따라 인지를 붙인다.
> [전문개정 2009. 5. 8.]
> 민사소송 등 인지규칙

◆ 제29조의 합의관할 내지 제30조의 변론관할에 의하여 관할을 갖게 된 곳에도 관련재판적이 인정된다.
◆ 2항 : 제65조 전문의 공동소송에서만 관련재판적이 인정된다.

◆ 1항 : 소로 주장하는 이익이 소가이다. 소가는 사물관할과 납부할 인지액을 정하는 표준이 된다.

제6조(소가산정의 원칙) 법 제2조제1항의 규정에 의한 소가는 원고가 청구취지로써 구하는 범위내에서 원고의 입장에서 보아 전부 승소할 경우에 직접 받게 될 경제적 이익을 객관적으로 평가하여 금액으로 정함을 원칙으로 한다.

제7조(소가산정의 기준시) 소가는 소를 제기한 때(법률의 규정에 의하여 소의 제기가 의제되는 경우에는 그 소를 제기한 것으로 되는 때)를 기준으로 하여 산정한다.

제27조(청구를 병합한 경우의 소송목적의 값) ① 하나의 소로 여러 개의 청구를 하는 경우에는 그 여러 청구의 값을 모두 합하여 소송목적의 값을 정한다.
② 과실(果實)·손해배상·위약금(違約金) 또는 비용의 청구가 소송의 부대목적(附帶目的)이 되는 경우에는 그 값은 소송목적의 값에 넣지 아니한다.

민사소송등 인지규칙
제19조(합산의 원칙) 1개의 소로써 수개의 청구를 하는 경우에 그 수개의 청구의 경제적 이익이 독립한 별개의 것인 때에는 합산하여 소가를 산정한다.
제20조(중복청구의 흡수) 1개의 소로써 주장하는 수개의 청구의 경제적 이익이 동일하거나 중복되는 때에는 중복되는 범위 내에서 흡수되고, 그중 가장 다액인 청구의 가액을 소가로 한다.
제21조(수단인 청구의 흡수) 1개의 청구가 다른 청구의 수단에 지나지 않을 때에는, 특별한 규정이 있는 경우를 제외하고, 그 가액은 소가에 산입하지 아니한다. 다만, 수단인 청구의 가액이 주된 청구의 가액보다 다액인 경우에는 그 다액을 소가로 한다.
제22조(비재산권상의 청구의 병합) 1개의 소로써 수개의 비재산권을 목적으로 하는 청구를 병합한 때에는 각 청구의 소가를 합산한다. 다만, 청구의 목적이 1개의 법률관계인 때에는 1개의 소로 본다.
제23조(재산권상의 청구와 비재산권상의 청구의 병합) ① 법 제2조제5항에 규정된 경우를 제외하고, 1개의 소로써 비재산권을 목적으로 하는 청구와 재산권을 목적으로 하는 청구를 병합한 때에는 각 청구의 소가를 합산한다.
② 수개의 비재산권을 목적으로 하는 청구와 그 원인된 사실로부터 생기는 재산권을 목적으로 하는 청구를 1개의 소로써 제기하는 때에는 제22조의 규정에 의한 소가와 재산권을 목적으로 하는 청구의 소가중 다액을 소가로 한다.
제24조(수개의 소장에 의한 소) 1개의 소로써 병합제기할 수 있는 청구를 수개의 소장으로 나누어 소를 제기하는 경우에는 각각 별도로 소가를 산정한다.

제28조(관할의 지정) ① 다음 각호 가운데 어느 하나에 해당하면 관계된 법원과 공통되는 바로 위의 상급

◆ 원고가 제기한 여러 청구가 경제적 이익이 독립한 경우 그 가액을 합산하여 사물관할을 정한다. 피고가 제기한 반소는 합산하지 않는다.
◆ 제27조 제2항에 의하여 소송의 목적의 가액에 산입하지 아니하는 소송의 부대목적이 되는 손해배상이라 함은 주된 청구의 이행을 지연하였기 때문에 생기는 지연배상을 의미하는 것(91마692).
◆ 과실·손해배상·위약금 또는 비용을 독립하여 별소로 청구하는 경우에는 그 가액에 의하여 소가를 정하여야 한다(62라11).
◆ 인지규칙 제20조 중복청구 : 청구의 선택적·예비적 병합, 여러 명의 연대채무자에 대한 청구, 주채무자와 보증인을 상대로 한 청구, 본래의 목적물 인도청구와 집행불능을 대비한 대상청구의 병합, 소유권 확인 및 그에 기한 인도청구, 동일 토지에 대한 경계확정청구와 인도청구, 소유권 보존등기명의자와 이전등기명의자를 각 피고로 한 각 말소등기청구, 매매계약 무효확인청구와 목적물반환청구, 해고무효확인청구와 그 해고의 무효를 전제로 하는 임금지급청구처럼 비재산권상의 소와 관련 재산권상의 소가 병합된 경우
◆ 인지규칙 제21조 단서 : 수익자에 대한 사해행위취소 및 원상회복청구와 채무자에 대한 금전지급청구가 병합된 경우에 수익자에 대한 청구의 소송목적의 값이 채무자에 대한 청구의 소송목적의 값보다 다액인 경우에는 수익자에 대한 청구의 소송목적의 값으로 한다.

◆ 1항 1호 : 관할법원의 법관 전부가 제척·기피·회피에 의하여 직무를 행할 수 없는 경우나, 관할법

법원이 그 관계된 법원 또는 당사자의 신청에 따라 결정으로 관할법원을 정한다.
1. 관할법원이 재판권을 법률상 또는 사실상 행사할 수 없는 때
2. 법원의 관할구역이 분명하지 아니한 때
② 제1항의 결정에 대하여는 불복할 수 없다.

> **민사소송규칙**
> **제7조(관할지정의 신청 등)** ① 법 제28조제1항의 규정에 따라 관계된 법원 또는 당사자가 관할지정을 신청하는 때에는 그 사유를 적은 신청서를 바로 위의 상급법원에 제출하여야 한다.
> ② 소 제기 후의 사건에 관하여 제1항의 신청을 한 경우, 신청인이 관계된 법원인 때에는 그 법원이 당사자 모두에게, 신청인이 당사자인 때에는 신청을 받은 법원이 소송이 계속된 법원과 상대방에게 그 취지를 통지하여야 한다.
> **제8조(관할지정신청에 대한 처리)** ① 법 제28조제1항의 규정에 따른 신청을 받은 법원은 그 신청에 정당한 이유가 있다고 인정하는 때에는 관할법원을 지정하는 결정을, 이유가 없다고 인정하는 때에는 신청을 기각하는 결정을 하여야 한다.
> ② 소 제기 전의 사건에 관하여 제1항의 결정을 한 경우에는 신청인에게, 소 제기 후의 사건에 관하여 제1항의 결정을 한 경우에는 소송이 계속된 법원과 당사자 모두에게 그 결정정본을 송달하여야 한다.
> ③ 소송이 계속된 법원이 바로 위의 상급법원으로부터 다른 법원을 관할법원으로 지정하는 결정정본을 송달받은 때에는, 그 법원의 법원사무관등은 바로 그 결정정본과 소송기록을 지정된 법원에 보내야 한다.
> **제9조(소송절차의 정지)** 소 제기 후의 사건에 관하여 법 제28조제1항의 규정에 따른 관할지정신청이 있는 때에는 그 신청에 대한 결정이 있을 때까지 소송절차를 정지하여야 한다. 다만, 긴급한 필요가 있는 행위를 하는 경우에는 그러하지 아니하다.

제29조(합의관할) ① 당사자는 합의로 제1심 관할법원을 정할 수 있다.
② 제1항의 합의는 일정한 법률관계로 말미암은 소에 관하여 서면으로 하여야 한다.

원의 법관 전원이 질병이나, 천재지변 등의 사고로 직무를 행할 수 없는 때를 말한다.
◆ 1항 2호 : 장소는 특정되나 그 지역이 어느 법원의 관할에 속하는지 분명하지 아니한 때와 사고발생지 자체가 불분명한 경우를 말한다.

◆ 대법원이나 고등법원을 합의의 대상으로 할 수는 없다. 법원의 특정 재판부나 법관에게 재판을 받기로 하는 합의는 사무분담에 관한 것이므로 무효
◆ 원고가 지정하는 법원을 관할법원으로 한다고 규정하고 있음은 무효(77마284).
◆ 앞으로 발생할 모든 법률관계에 관한 소송에 대한 포괄적 합의는 무효
◆ 당사자의 의사를 명확히 하기 위해 서면으로 하여야 한다. 별개의 서면으로 하여도 되고, 때를 달리하여도 된다. 관할합의의 문구가 부동문자로 인쇄되어 있어도 예문이 아니다(2006다68209).

제30조(변론관할) 피고가 제1심 법원에서 관할위반이라고 항변(抗辯)하지 아니하고 본안(本案)에 대하여 변론(辯論)하거나 변론준비기일(辯論準備期日)에서 진술하면 그 법원은 관할권을 가진다.

- 본안 : 청구기각의 신청만으로도 원고의 청구가 이유 없다하여 그 청구를 배척하여 달라는 취지인 것이므로 이 경우에도 본안에 관한 변론에 들어간 것으로 보아 변론관할이 생긴다(多). 그러나 기피신청, 기일변경신청, 소각하 판결의 신청 등은 본안에 관한 진술이 아니다.
- 진술 : 본안에 관한 변론은 관할위반임을 알고 할 필요는 없으나, 진술간주되는 경우는 이에 포함되지 아니한다(80마403).

제31조(전속관할에 따른 제외) 전속관할이 정하여진 소에는 제2조, 제7조 내지 제25조, 제29조 및 제30조의 규정을 적용하지 아니한다.

- 보통재판적(제2조), 특별재판적(제7조 내지 제25조), 합의관할(제29조), 변론관할(제30조)의 적용이 없다.

제32조(관할에 관한 직권조사) 법원은 관할에 관한 사항을 직권으로 조사할 수 있다.

- 다만, 직권으로 조사하여 임의관할 위반임을 안 경우에도 변론관할이 생길 여지가 있으므로 바로 이송할 것이 아니며, 변론기일에서 당사자가 이의하지 않는 한 그 관할위반의 하자는 치유되어 절차가 속행된다는 점에서 임의관할만은 항변사항이 된다.

제33조(관할의 표준이 되는 시기) 법원의 관할은 소를 제기한 때를 표준으로 정한다.

- 예외 : ① 단독사건 계속 중 ⅰ) 합의부사건이 반소로 제기된 경우와, ⅱ) 청구취지확장으로 합의부 관할이 된 경우에는 예외로서 합의부로 이송, ② 소 제기시에 관할이 없어도 사실심의 변론종결시까지 관할원인이 생기면 관할위반의 하자는 치유

제34조(관할위반 또는 재량에 따른 이송) ① 법원은 소송의 전부 또는 일부에 대하여 관할권이 없다고 인정하는 경우에는 결정으로 이를 관할법원에 이송한다.
② 지방법원 단독판사는 소송에 대하여 관할권이 있는 경우라도 상당하다고 인정하면 직권 또는 당사자의 신청에 따른 결정으로 소송의 전부 또는 일부를 같은 지방법원 합의부에 이송할 수 있다.
③ 지방법원 합의부는 소송에 대하여 관할권이 없는 경우라도 상당하다고 인정하면 직권으로 또는 당사자의 신청에 따라 소송의 전부 또는 일부를 스스로 심리 · 재판할 수 있다.
④ 전속관할이 정하여진 소에 대하여는 제2항 및 제3항의 규정을 적용하지 아니한다.

- 제1항의 적용범위 : ① 제1심에서 전속관할을 위반한 경우, 사물관할 · 토지관할 같은 임의관할을 위반한 경우, ② 상급심에 제기할 재심의 소를 하급심에 제기한 경우, ③ 상소장을 원심법원에 접수하였으나 상소장에 상소할 법원을 잘못 표시하여 상소한 경우에는 접수한 원심법원은 항소장에 표시된 것과 관계없이 적법한 관할법원으로 소송기록을 송부하면 되기 때문에 특별히 문제될 것이 없으나, 접수한 원심법원이 잘못 기재된 대로 상소장에 표시된 법원에 소송기록을 송부한 경우에는 송부 받은 법원은 적법한 관할법원으로 사건을 이송하여야(2001재마14), ④ 특별법원과 민사소송을 혼동한 경우
- 특허법원이 행정기관의 일종인 특허심판원에 이송하는 것 등은 불허(94재후57).
- 제2항의 적용범위 : 소액사건도 제34조 2항에 의하

제35조(손해나 지연을 피하기 위한 이송) 법원은 소송에 대하여 관할권이 있는 경우라도 현저한 손해 또는 지연을 피하기 위하여 필요하면 직권 또는 당사자의 신청에 따른 결정으로 소송의 전부 또는 일부를 다른 관할법원에 이송할 수 있다. 다만, 전속관할이 정하여진 소의 경우에는 그러하지 아니하다.

제36조(지식재산권 등에 관한 소송의 이송) ① 법원은 특허권등을 제외한 지식재산권과 국제거래에 관한 소가 제기된 경우 직권 또는 당사자의 신청에 따른 결정으로 그 소송의 전부 또는 일부를 제24조제1항에 따른 관할법원에 이송할 수 있다. 다만, 이로 인하여 소송절차를 현저하게 지연시키는 경우에는 그러하지 아니하다. 〈개정 2011.5.19., 2015.12.1.〉제443조
② 제1항은 전속관할이 정하여져 있는 소의 경우에는 적용하지 아니한다. 〈개정 2015.12.1.〉
③ 제24조제2항 또는 제3항에 따라 특허권등의 지식재산권에 관한 소를 관할하는 법원은 현저한 손해 또는 지연을 피하기 위하여 필요한 때에는 직권 또는 당사자의 신청에 따른 결정으로 소송의 전부 또는 일부를 제2조부터 제23조까지의 규정에 따른 지방법원으로 이송할 수 있다. 〈신설 2015.12.1.〉 [제목개정 2011.5.19.]

> **민사소송규칙**
> 제10조(이송신청의 방식) ① 소송의 이송신청을 하는 때에는 신청의 이유를 밝혀야 한다.
> ② 이송신청은 기일에 출석하여 하는 경우가 아니면 서면으로 하여야 한다.
> 제11조(이송결정에 관한 의견진술) ① 법 제34조제2항·제3항, 법 제35조 또는 법 제36조제1항의 규정에 따른 신청이 있는 때에는 법원은 결정에 앞서 상대방에게 의견을 진술할 기회를 주어야 한다.
> ② 법원이 직권으로 법 제34조제2항, 법 제35조 또는 법 제36조의 규정에 따른 이송결정을 하는 때에는 당사자의 의견을 들을 수 있다.

제37조(이송결정이 확정된 뒤의 긴급처분) 법원은 소송의 이송결정이 확정된 뒤라도 급박한 사정이 있는 때에는 직권으로 또는 당사자의 신청에 따라 필요한 여 지법합의부로 이송할 수 있다(74마74).

- 현저한 손해란 사익적 사유로서 피고에게 소송수행상의 부담이 생기는 것을 말하며, 지연이란 공익적 사유로서 소송촉진이 저해되는 것을 말한다.
- 부가적 합의일 경우에는 지연 및 손해방지 모두가 이송의 사유로서 가능, 전속적 합의일 경우에는 손해방지라는 사익적 요소로는 이송이 불가능하고, 소송지연방지라는 공익적 요소를 위해서는 이송이 가능.

- 소송기록이 이송법원에 있는 동안만은 급박한 사정이 있을 때에는 직권·당사자의 신청에 의하여 증거조사나 가압류·가처분 등의 필요한 처분을

처분을 할 수 있다. 다만, 기록을 보낸 뒤에는 그러하지 아니하다.

제38조(이송결정의 효력) ① 소송을 이송받은 법원은 이송결정에 따라야 한다.
② 소송을 이송받은 법원은 사건을 다시 다른 법원에 이송하지 못한다.

제39조(즉시항고) 이송결정과 이송신청의 기각결정(棄却決定)에 대하여는 즉시항고(卽時抗告)를 할 수 있다.

제40조(이송의 효과) ① 이송결정이 확정된 때에는 소송은 처음부터 이송받은 법원에 계속(係屬)된 것으로 본다.
② 제1항의 경우에는 이송결정을 한 법원의 법원서기관·법원사무관·법원주사 또는 법원주사보(이하 "법원사무관등"이라 한다)는 그 결정의 정본(正本)을 소송기록에 붙여 이송받을 법원에 보내야 한다.

할 수 있다.

◆ 이송 받은 후 원고의 소변경 등 새로운 사유에 의한 재이송은 가능.
◆ 전속관할위반의 이송의 경우에도 원칙적으로 구속력이 있지만, 심급관할위반의 이송의 경우는 당사자의 심급의 이익박탈 등을 이유로 그 구속력이 상급심법원까지는 미치지 아니지만, 하급심 법원에는 미친다(94마1059).
◆ 소송당사자에게 관할위반을 이유로 하는 이송신청권이 있는 것이 아니므로 당사자가 관할위반을 이유로 한 이송신청을 한 경우에도 법원은 이 이송신청에 대해서는 재판을 할 필요가 없고, 설사 법원이 이송신청을 거부하는 재판을 했어도 항고가 허용될 수 없다고 하면서(93마524), 나아가 특별항고(제449조)조차 안 된다.
◆ 소제기에 의한 시효중단, 기간준수의 효과를 유지하기 위함이다.
◆ 2항 : 정본이라는 것에 주의

제2절 법관 등의 제척·기피·회피

제41조(제척의 이유) 법관은 다음 각호 가운데 어느 하나에 해당하면 직무집행에서 제척된다.
1. 법관 또는 그 배우자나 배우자이었던 사람이 사건의 당사자가 되거나, 사건의 당사자와 공동권리자·공동의무자 또는 상환의무자의 관계에 있는 때
2. 법관이 당사자와 친족의 관계에 있거나 그러한 관계에 있었을 때
3. 법관이 사건에 관하여 증언이나 감정을 하였을 때
4. 법관이 사건당사자의 대리인이었거나 대리인이 된 때
5. 법관이 불복사건의 이전심급의 재판에 관여하였

◆ 1호 : 사실혼 관계나 약혼관계는 불포함. 당사자란 넓은 의미로 생각하여 원·피고 뿐 아니라 보조참가인 그리고 기판력·집행력이 미칠 모든 소송관계인을 포함, 공동권리자·공동의무자의 관계라 함은 소송의 목적이 된 권리관계에 법률상 이해관계가 있는 경우(종중 소송에 법관이 종중원).
◆ 2호 : 민법 제777조의 친족의 테두리에 국한
◆ 3호 : 여기서 사건이란 현재 계속 중인 당해사건을 가리킨다(65다1102).
◆ 4호 : 동일분쟁사건의 조정절차·재소전화해절차·독촉절차에 관여한 경우도 포함하며, 소송대리인이든 법정대리인이든 불문

을 때. 다만, 다른 법원의 촉탁에 따라 그 직무를 수행한 경우에는 그러하지 아니하다.

제42조(제척의 재판) 법원은 제척의 이유가 있는 때에는 직권으로 또는 당사자의 신청에 따라 제척의 재판을 한다.

제43조(당사자의 기피권) ① 당사자는 법관에게 공정한 재판을 기대하기 어려운 사정이 있는 때에는 기피신청을 할 수 있다.
② 당사자가 법관을 기피할 이유가 있다는 것을 알면서도 본안에 관하여 변론하거나 변론준비기일에서 진술을 한 경우에는 기피신청을 하지 못한다.

제44조(제척과 기피신청의 방식) ① 합의부의 법관에 대한 제척 또는 기피는 그 합의부에, 수명법관·수탁판사 또는 단독판사에 대한 제척 또는 기피는 그 법관에게 이유를 밝혀 신청하여야 한다.
② 제척 또는 기피하는 이유와 소명방법은 신청한 날부터 3일 이내에 서면으로 제출하여야 한다.

제45조(제척 또는 기피신청의 각하 등) ① 제척 또는 기피 신청이 제44조의 규정에 어긋나거나 소송의 지연을 목적으로 하는 것이 분명한 경우에는 신청을 받은 법원 또는 법관은 결정으로 이를 각하한다.
② 제척 또는 기피를 당한 법관은 제1항의 경우를 제외하고는 바로 제척 또는 기피신청에 대한 의견서를 제출하여야 한다.

제46조(제척 또는 기피신청에 대한 재판) ① 제척 또는 기피신청에 대한 재판은 그 신청을 받은 법관의 소속 법원 합의부에서 결정으로 하여야 한다.
② 제척 또는 기피신청을 받은 법관은 제1항의 재판에 관여하지 못한다. 다만, 의견을 진술할 수 있다.

- 5호 : 상급심에 대한 하급심의 중간판결이나 종국판결에 최종변론, 판결의 합의, 판결문 작성에 관여 했을 것

- 당사자의 신청권이 있으므로 단지 직권발동촉구 의미에 그치는 것은 아님.
- 제척의 재판은 확인적 성질

- 1항 공정한 재판을 기대하기 어려운 사정 : 우리 사회의 평균적인 일반인의 관점에서 볼 때, 법관과 사건과의 관계, 즉 법관과 당사자 사이의 특수한 사적 관계 또는 법관과 해당 사건 사이의 특별한 이해관계 등으로 인하여 법관이 불공정한 재판을 할 수 있다는 의심을 할 만한 객관적인 사정이 있고, 그러한 의심이 단순한 주관적 우려나 추측을 넘어 합리적인 것이라고 인정될 만한 때를 말한다. 그러므로 실제로 법관에게 편파성이 존재하지 아니하거나 헌법과 법률이 정한 바에 따라 공정한 재판을 할 수 있는 경우에도 기피가 인정될 수 있다.
- 2항 : 이점 절차의 어느 단계에서나 직권조사를 요하는 제척이유와 다르다.

- 1항 : 신청은 서면이든 말이든 무방하다.
- 2항 : 소명방법을 서면에 한정하였으므로 서증을 제출하여야 하며, 보증금의 공탁이나 선서로써 소명에 갈음할 수 없다(제299조 참조).

- 기피재판이 있으면 비로소 법관은 직무집행이 배제된다. 형성적 성질을 가진다.
- 2항 단서 : 제45조 제2항 규정에 의하여 기피신청을 당한 법관이 제출한 의견서에 대하여 판단하지 아니하고, 제46조 제2항 단서의 규정에 따른 기피

③ 제척 또는 기피신청을 받은 법관의 소속 법원이 합의부를 구성하지 못하는 경우에는 바로 위의 상급법원이 결정하여야 한다.

제47조(불복신청) ① 제척 또는 기피신청에 정당한 이유가 있다는 결정에 대하여는 불복할 수 없다.
② 제45조제1항의 각하결정 또는 제척이나 기피신청이 이유 없다는 결정에 대하여는 즉시항고를 할 수 있다.
③ 제45조제1항의 각하결정에 대한 즉시항고는 집행정지의 효력을 가지지 아니한다.

제48조(소송절차의 정지) 법원은 제척 또는 기피신청이 있는 경우에는 그 재판이 확정될 때까지 소송절차를 정지하여야 한다. 다만, 제척 또는 기피신청이 각하된 경우 또는 종국판결을 선고하거나 긴급을 요하는 행위를 하는 경우에는 그러하지 아니하다.

제49조(법관의 회피) 법관은 제41조 또는 제43조의 사유가 있는 경우에는 감독권이 있는 법원의 허가를 받아 회피할 수 있다.

제50조(법원사무관등에 대한 제척·기피·회피) ① 법원사무관등에 대하여는 이 절의 규정을 준용한다.
② 제1항의 법원사무관등에 대한 제척 또는 기피의 재판은 그가 속한 법원이 결정으로 하여야 한다.

신청을 당한 법관의 의견진술절차를 거치지 아니하였다 하여도 심리미진의 위법은 아니다(92마783).

◆ 즉시항고 시 집행정지의 효과가 없는 것 : 간이각하결정에 대한 즉시항고(제47조 3항), 고필공 추가허가결정에 대한 즉시항고(제68조 5항), 증인불출석 시 과태료나 감치결정에 대한 즉시항고(제311조 8항), 제3자의 문서제출명령 불이행시 과태료 부과에 대한 즉시항고(제351조, 제318조, 제311조 8항)

◆ 소송계속 중 기피신청이 있었는데 소송절차의 정지 없이 판결 선고까지 된 경우, 기피신청에 대한 재판이익이 있으며, 판결이 선고된 후 기피결정이 나오면 독립하여 항고할 수 없고, 그 종국판결에 대한 불복절차로 다투어야 하며(2000그20), 그와 같은 판결에 항소한 경우 그 뒤의 소송절차를 정지시키지 아니하여도 위법이 아니다(66다517).

◆ 변론이 종결된 후 기피신청이 있으면 제48조 단서의 규정에 의하여 본안사건에 관하여 종국판결을 선고할 수 있고, 이 경우에는 기피신청에 대한 재판이익이 없다(2008마427).

◆ 절차를 진행시켜 쌍방불출석의 효과를 발생시킨 절차위반의 흠결은 기피신청의 각하나 기각으로 치유될 수 없다(2009다78467·78474).

◆ 감독권이 있는 법원 : 법원장을 말한다.
◆ 회피의 허가는 재판이 아니므로, 허가를 받은 뒤에 그대로 그 사건에 관여하였다 하여도 그 행위의 효력에는 영향이 없다.

제2장 당사자
제1절 당사자능력과 소송능력

제51조(당사자능력·소송능력 등에 대한 원칙) 당사자능력, 소송능력, 소송무능력자의 법정대리와 소송행위에 필요한 권한의 수여는 이 법에 특별한 규정이 없으면 민법, 그 밖의 법률에 따른다.

- 민법상 권리능력자가 당사자능력자이며, 행위능력자가 소송능력자이다. 실체법상 법정대리인은 소송법상으로도 법정대리인이 된다.

제52조(법인이 아닌 사단 등의 당사자능력) 법인이 아닌 사단이나 재단은 대표자 또는 관리인이 있는 경우에는 그 사단이나 재단의 이름으로 당사자가 될 수 있다.

> **민사소송규칙**
> 제12조(법인이 아닌 사단 등의 당사자능력을 판단하는 자료의 제출) 법원은 법인이 아닌 사단 또는 재단이 당사자가 되어 있는 때에는 정관·규약, 그 밖에 그 당사자의 당사자능력을 판단하기 위하여 필요한 자료를 제출하게 할 수 있다.

제53조(선정당사자) ① 공동의 이해관계를 가진 여러 사람이 제52조의 규정에 해당되지 아니하는 경우에는, 이들은 그 가운데에서 모두를 위하여 당사자가 될 한 사람 또는 여러 사람을 선정하거나 이를 바꿀 수 있다.
② 소송이 법원에 계속된 뒤 제1항의 규정에 따라 당사자를 바꾼 때에는 그 전의 당사자는 당연히 소송에서 탈퇴한 것으로 본다.

- 1항 공동의 이해관계 : 다수자 상호간에 공동소송인이 될 관계에 있고, 또 주요한 공격방어 방법을 공통으로 하는 것을 의미하므로, 다수자의 권리·의무가 동종이며 그 발생 원인이 동종인 관계에 있는 것만으로는 공동의 이해관계가 있는 경우라고 할 수 없어, 선정을 허용할 것이 아니다.
- 2항 : 소송 계속 후에 당사자들이 선정당사자들을 선정하면 선정자들은 당사자적격을 잃고 당연히 탈퇴하고, 선정당사자만이 당사자로서 소송수행권을 가진다.

제54조(선정당사자 일부의 자격상실) 제53조의 규정에 따라 선정된 여러 당사자 가운데 죽거나 그 자격을 잃은 사람이 있는 경우에는 다른 당사자가 모두를 위하여 소송행위를 한다.

- 선정당사자 중 일부의 자격상실이 있는 경우 소송절차는 중단되지 않으며 다른 선정당사자가 소송을 수행한다.

제55조(제한능력자의 소송능력) ① 미성년자 또는 피성년후견인은 법정대리인에 의해서만 소송행위를 할 수 있다. 다만, 다음 각 호의 경우에는 그러하지 아니하다.
1. 미성년자가 독립하여 법률행위를 할 수 있는 경우
2. 피성년후견인이 「민법」 제10조제2항에 따라 취소할 수 없는 법률행위를 할 수 있는 경우
② 피한정후견인은 한정후견인의 동의가 필요한 행

- 1호 : 미성년자가 혼인한 때(민법 제826조의 2), 영업허락을 받은 경우(민법 제8조), 근로계약의 체결 및 임금청구(근로기준법 제67조, 제68조), 타인의 소송대리인으로서 소송행위를 하는 경우, 당사자 간에 소송능력에 관하여 다툼이 있는 범위 등에서는 예외적으로 소송능력이 인정된다.
- 2호 : 과거 금치산자에 해당하는 피성년후견인의 소송행위는 법정대리인에 의함을 원칙으로 하되

위에 관하여는 대리권 있는 한정후견인에 의해서만 소송행위를 할 수 있다. [전문개정 2016.2.3.]

제56조(법정대리인의 소송행위에 관한 특별규정) ① 미성년후견인, 대리권 있는 성년후견인 또는 대리권 있는 한정후견인이 상대방의 소 또는 상소 제기에 관하여 소송행위를 하는 경우에는 그 후견감독인으로부터 특별한 권한을 받을 필요가 없다.
② 제1항의 법정대리인이 소의 취하, 화해, 청구의 포기·인낙(認諾) 또는 제80조에 따른 탈퇴를 하기 위해서는 후견감독인으로부터 특별한 권한을 받아야 한다. 다만, 후견감독인이 없는 경우에는 가정법원으로부터 특별한 권한을 받아야 한다.
[전문개정 2016.2.3.]

제57조(외국인의 소송능력에 대한 특별규정) 외국인은 그의 본국법에 따르면 소송능력이 없는 경우라도 대한민국의 법률에 따라 소송능력이 있는 경우에는 소송능력이 있는 것으로 본다.

제58조(법정대리권 등의 증명) ① 법정대리권이 있는 사실 또는 소송행위를 위한 권한을 받은 사실은 서면으로 증명하여야 한다. 제53조의 규정에 따라서 당사자를 선정하고 바꾸는 경우에도 또한 같다.
② 제1항의 서면은 소송기록에 붙여야 한다.

제59조(소송능력 등의 흠에 대한 조치) 소송능력·법정대리권 또는 소송행위에 필요한 권한의 수여에 흠이 있는 경우에는 법원은 기간을 정하여 이를 보정(補正)하도록 명하여야 하며, 만일 보정하는 것이 지연됨으로써 손해가 생길 염려가 있는 경우에는 법원은 보정하기 전의 당사자 또는 법정대리인으로 하여금 일시적으로 소송행위를 하게 할 수 있다.

가정법원에 의하여 정해진 취소할 수 없는 법률행위(민법 제10조 2항)의 한도에서는 소송능력이 인정된다. 그러나 민법 제10조 4항의 일용품의 구입 등 일상생활에 필요하고 그 대가가 과도하지 아니한 법률행위의 경우 취소할 수 없어도 소송능력이 인정되는 것은 아니다(제55조 1항 2호 참조).

◆ 2항 : 과거 한정치산자는 미성년자에 준했으나, 민법의 개정으로 피한정후견인은 원칙적으로 행위능력자이므로 소송능력자이지만, 가정법원이 정한 행위범위 내에서 행위능력의 제한을 받으므로(민법 제13조 1항), 개정민법 제959조의 4에 의한 대리권수여의 심판을 받았을 경우에 법정대리인의 대리에 의하여 한다.

◆ 후견인이 피후견인을 대리하여 소를 제기할 때에는 후견감독인의 동의를 얻어야 한다(민법 제950조).

◆ 1항 : 증거방법의 제한에 해당한다.

제60조(소송능력 등의 흠과 추인) 소송능력, 법정대리권 또는 소송행위에 필요한 권한의 수여에 흠이 있는 사람이 소송행위를 한 뒤에 보정된 당사자나 법정대리인이 이를 추인(追認)한 경우에는, 그 소송행위는 이를 한 때에 소급하여 효력이 생긴다.

- 추인의 효력은 절대적으로, 민법 제133조는 "추인은 다른 의사표시가 없는 때에는 계약시에 소급하여 그 효력이 생긴다. 그러나 제3자의 권리를 해하지 못한다."고 규정하고 있으나, 동조 단서가 하자 있는 소송행위에 대한 추인의 경우에는 적용될 여지가 없다.

제61조(선정당사자에 대한 준용) 제53조의 규정에 따른 당사자가 소송행위를 하는 경우에는 제59조 및 제60조의 규정을 준용한다.

제62조(제한능력자를 위한 특별대리인) ① 미성년자·피한정후견인 또는 피성년후견인이 당사자인 경우, 그 친족, 이해관계인(미성년자·피한정후견인 또는 피성년후견인을 상대로 소송행위를 하려는 사람을 포함한다), 대리권 없는 성년후견인, 대리권 없는 한정후견인, 지방자치단체의 장 또는 검사는 다음 각 호의 경우에 소송절차가 지연됨으로써 손해를 볼 염려가 있다는 것을 소명하여 수소법원(受訴法院)에 특별대리인을 선임하여 주도록 신청할 수 있다.
  1. 법정대리인이 없거나 법정대리인에게 소송에 관한 대리권이 없는 경우
  2. 법정대리인이 사실상 또는 법률상 장애로 대리권을 행사할 수 없는 경우
  3. 법정대리인의 불성실하거나 미숙한 대리권 행사로 소송절차의 진행이 현저하게 방해받는 경우
② 법원은 소송계속 후 필요하다고 인정하는 경우 직권으로 특별대리인을 선임·개임하거나 해임할 수 있다.
③ 특별대리인은 대리권 있는 후견인과 같은 권한이 있다. 특별대리인의 대리권의 범위에서 법정대리인의 권한은 정지된다.
④ 특별대리인의 선임·개임 또는 해임은 법원의 결정으로 하며, 그 결정은 특별대리인에게 송달하여야 한다.
⑤ 특별대리인의 보수, 선임 비용 및 소송행위에 관한 비용은 소송비용에 포함된다.
[전문개정 2016.2.3.][시행일 : 2017.2.4.]

- 본조의 준용 : 제64조에 의해 법인의 경우에도 적용되며, 법인을 위한 특별대리인은 법인의 대표자와 동일한 소송수행권을 가져 소송수행에 관한 일체의 소송행위를 할 수 있으므로 상소를 제기하거나 이를 취하하는 권한도 포함된다. 그러나 뒤에 대표권의 흠이 보완된 경우라면 수소법원의 해임결정이 있기 전이라도 그 대표자가 법인을 위한 소송행위는 할 수 있다.
- 1항 1호 : 법정대리인이 없을 때란 미성년자에게 친권자가 없고 후견인도 지정되지 아니한 경우가 전형적 예이다. 성년후견인·한정후견인은 있으나, 대리권이 없는 경우도 포함한다.
- 1항 2호 : 법정대리인이 대리권을 행사할 수 없는 때란 이해상반 등으로 대리권행사에 법률상 장애만이 아니라, 법정대리인의 질병 등 사실상 장애가 있는 경우도 포함한다.
- 1항 3호 : 신설
- 신청권자 : 특별대리인은 신청에 의해 선임되는데, 선임신청권자는 제한능력자를 피고로 하여 소송행위를 하려고 하는 경우에는 당해 소송행위를 하려고 하는 사람(원고 본인)이며 제한능력자측이 원고가 되어 소송행위를 하려고 하는 경우에는 친족 이해관계인 또는 검사이고, 제한능력자 본인은 될 수 없다. 개정법 제62조 1항은 이 밖에 대리권 없는 성년후견인이나 한정후견인, 지방자체단체의 장, 대법원규칙 소정의 단체 등을 추가하였다.
- 3항 : 후견인이 피후견인을 대리하여 소송행위를 할 때에는 후견감독인의 동의를 얻어야 한다(민법 제950조). 다만 상대방의 소제기 또는 상소에 관하여 소송행위를 하는 경우(수동적 응소행위)에는 후견감독인으로부터 특별한 권한을 받을 필요가 없

제62조의2(의사무능력자를 위한 특별대리인의 선임 등) ① 의사능력이 없는 사람을 상대로 소송행위를 하려고 하거나 의사능력이 없는 사람이 소송행위를 하는 데 필요한 경우 특별대리인의 선임 등에 관하여는 제62조를 준용한다. 다만, 특정후견인 또는 임의후견인도 특별대리인의 선임을 신청할 수 있다.
② 제1항의 특별대리인이 소의 취하, 화해, 청구의 포기·인낙 또는 제80조에 따른 탈퇴를 하는 경우 법원은 그 행위가 본인의 이익을 명백히 침해한다고 인정할 때에는 그 행위가 있는 날부터 14일 이내에 결정으로 이를 허가하지 아니할 수 있다. 이 결정에 대해서는 불복할 수 없다. [본조신설 2016.2.3.] [시행일 : 2017.2.4.]

제63조(법정대리권의 소멸통지) ① 소송절차가 진행되는 중에 법정대리권이 소멸한 경우에는 본인 또는 대리인이 상대방에게 소멸된 사실을 통지하지 아니하면 소멸의 효력을 주장하지 못한다. 다만, 법원에 법정대리권의 소멸사실이 알려진 뒤에는 그 법정대리인은 제56조제2항의 소송행위를 하지

다(제56조 제1항). 그러나 소취하, 화해, 청구의 포기나 인낙, 소송탈퇴를 하기 위하여는 후견감독인으로부터 특별한 권한을 받아야 한다. 후견감독인이 없는 경우에는 가정법원으로부터 특별한 권한을 받아야 한다(제56조 제2항).

◆ 특정후견인 : 정신적 제약으로 보호가 필요한 성인 중에는 성년후견이나 한정후견과 같은 지속적·포괄적 보호가 필요한 사람들도 있지만 일상적인 생활은 스스로 해나가면서도 특정한 문제의 해결을 위한 개별적·일회적 보호가 필요한 사람들도 있어, 특정후견은 후자의 경우를 위해 도입된 것으로, 질병, 장애, 노령, 그 밖의 사유로 인한 정신적 제약으로 일시적 후원 또는 특정한 사무에 관한 후원이 필요한 성인이 가정법원의 결정으로 선임된 후견인을 통해 재산관리 및 일상생활에 관한 특정사무에 대해 보호와 지원을 제공받는 제도(민법 제14조의2 제1항).

◆ 임의후견인 : 후견계약에 의한 후견을 말하는 것으로, 일반 성인이 질병, 장애, 노령, 그 밖의 사유로 인한 정신적 제약으로 사무를 처리할 능력이 부족한 상황에 있거나 부족하게 될 상황에 대비하여 자신의 재산관리 및 신상보호에 관한 사무의 전부 또는 일부를 미리 다른 자에게 스스로 위탁하고 그 위탁사무에 관해 대리권을 수여하는 계약을 체결하여 그 계약으로 선임한 후견인으로부터 재산관리 및 일상생활과 관련된 사무에 대해 보호와 지원을 제공받는 제도(민법 제959조의14 제1항).

◆ 2항 : 특별대리인이 소의 취하·화해, 청구의 포기·인낙 또는 소송탈퇴를 하는 경우는 제한능력자의 경우처럼 후견감독인이 있어서 견제할 수 있는 것도 아니므로, 특별대리인의 그 행위가 본인의 이익을 명백히 침해한다고 인정되면 수소법원은 후견적 견제의 견지에서 불허결정을 할 수 있도록 한 것이다.

◆ 1항 : 상대방이 악의라 하더라도 통지하지 않았으면 소멸의 효력을 주장하지 못한다.

못한다.
② 제53조의 규정에 따라 당사자를 바꾸는 경우에는 제1항의 규정을 준용한다.

> **민사소송규칙**
> **제13조(법정대리권 소멸 및 선정당사자 선정취소·변경 통지의 신고)** ① 법 제63조제1항의 규정에 따라 법정대리권 소멸통지를 한 사람은 그 취지를 법원에 서면으로 신고하여야 한다.
> ② 법 제63조제2항의 규정에 따라 선정당사자 선정취소와 변경의 통지를 한 사람에게는 제1항의 규정을 준용한다.

제64조(법인 등 단체의 대표자의 지위) 법인의 대표자 또는 제52조의 대표자 또는 관리인에게는 이 법 가운데 법정대리와 법정대리인에 관한 규정을 준용한다.

- 법인의 대표자를 준법정대리인이라 한다.

제2절 공동소송

제65조(공동소송의 요건) 소송목적이 되는 권리나 의무가 여러 사람에게 공통되거나 사실상 또는 법률상 같은 원인으로 말미암아 생긴 경우에는 그 여러 사람이 공동소송인으로서 당사자가 될 수 있다. 소송목적이 되는 권리나 의무가 같은 종류의 것이고, 사실상 또는 법률상 같은 종류의 원인으로 말미암은 것인 경우에도 또한 같다.

- 소송의 목적인 권리나 의무의 공통 : 수인의 공유자·합유자들의 소송, 불가분채권자·불가분채무자들의 소송, 진정 또는 부진정 연대채권자·연대채무자들의 소송
- 소송의 목적인 권리나 의무가 사실상·법률상 동일원인으로 발생한 경우 : 동일한 사고에 의한 수인의 피해자의 손해배상청구 또는 수인의 가해자에 대한 손해배상청구(사실상 동일원인), 주채무자와 보증인에 대한 지급청구(법률상 동일원인) 등이 이에 속한다.
- 제65조 전문의 공동소송의 특징 : 관련재판적 적용(제25조 2항), 선정당사자를 선정할 수 있는 공동의 이해관계(제53조 참조), 공동소송인 독립의 원칙의 수정이 논의된다.
- 제65조 후문의 공동소송 : 여러 통의 어음발행인에 대한 각 별개의 어음청구, 동종의 매매계약에 기해 여러 사람의 외상 매수인에 대한 대금지급청구, 수인의 임차인들에 의한 임대인 상대의 각 보증금반환청구, 수인의 임차인에 대한 각 임료청구 등의 경우이다.

제66조(통상공동소송인의 지위) 공동소송인 가운데 한 사람의 소송행위 또는 이에 대한 상대방의 소송행

- 당사자 지위의 독립성 : 다른 공동소송인의 대리인·보조참가인·소송고지의 상대방이 될 수 있

위와 공동소송인 가운데 한 사람에 관한 사항은 다른 공동소송인에게 영향을 미치지 아니한다.

제67조(필수적 공동소송에 대한 특별규정) ① 소송목적이 공동소송인 모두에게 합일적으로 확정되어야 할 공동소송의 경우에 공동소송인 가운데 한 사람의 소송행위는 모두의 이익을 위하여서만 효력을 가진다.
② 제1항의 공동소송에서 공동소송인 가운데 한 사람에 대한 상대방의 소송행위는 공동소송인 모두에게 효력이 미친다.
③ 제1항의 공동소송에서 공동소송인 가운데 한 사람에게 소송절차를 중단 또는 중지하여야 할 이유가 있는 경우 그 중단 또는 중지는 모두에게 효력이 미친다.

고, 또 자기의 주장사실에는 관계가 없고 다른 공동소송인의 이해에만 관계있는 사항에 대해서는 증인능력이 있다.
◆ 소송요건의 개별처리 : 소송요건의 존부는 각 공동소송인별로 심사하여야 하고 소송요건에 흠결이 있는 공동소송인에 한하여 일부 각하 또는 일부 이송해야 한다.
◆ 소송자료의 불통일 : 공동소송인 중 1인의 소송행위는 유리·불리를 막론하고 원칙적으로 다른 공동소송인에 영향을 미치지 않으며, 각 공동소송인은 공격방어방법을 개별적으로 제출할 수 있다. 따라서 각자 청구의 포기, 인낙, 화해, 소취하, 자백 등의 소송행위를 할 수 있고, 그 행위를 한 자에 대해서만 효력이 있다. 나아가 공동소송인 상호간에 그 주장이 일치하지 않는다고 하여 법원이 반드시 이에 관하여 석명하여야 하는 것은 아니다. 그러나 1인의 자백의 경우 다른 공동소송인에 대해서는 변론 전체의 취지로 영향을 미칠 수 있다.
◆ 소송진행의 불통일 : ⅰ) 1인에 대한 중단·중지의 사유는 1인에게만 효과가 있고, ⅱ) 상소기간의 진행등도 독립적이며, 상소불가분원칙의 적용이 없다. 통상의 공동소송에 있어 공동당사자 일부만이 상고를 제기한 때에는 피상고인은 상고인인 공동소송인 이외의 다른 공동소송인을 상대방으로 하거나 상대방으로 보태어 부대상고를 제기할 수는 없다. 나아가 ⅲ) 공동소송인 한사람에 대해 판결하기 성숙한 때에는 변론의 분리·일부판결을 할 수 있다.
◆ 재판의 불통일 : 공동소송인간에 재판통일이 필요없으며 판결내용이 구구하게 되어도 상관없다.
◆ 당사자의 연합관계
◆ 소송요건의 흠결 : 고필공에서는 전부각하, 유필공에서는 일부각하
◆ 소송자료의 통일 : 공동소송인 중 한 사람의 소송행위 가운데 유리한 것(부인·항변, 응소, 기일출석, 기간준수, 답변서제출)은 전원에 대하여 효력이 생기고, 불리한 것(자백, 화해, 청구의 포기·인낙, 소취하)은 공동소송인 전원이 함께하여야 전원에 대하여 효력이 생기며 그 한 사람이 하여도 효력이 없다.
◆ 소송진행의 통일 : 변론의 분리·일부판결 불가, 1

제68조(필수적 공동소송인의 추가) ① 법원은 제67조제1항의 규정에 따른 공동소송인 가운데 일부가 누락된 경우에는 제1심의 변론을 종결할 때까지 원고의 신청에 따라 결정으로 원고 또는 피고를 추가하도록 허가할 수 있다. 다만, 원고의 추가는 추가될 사람의 동의를 받은 경우에만 허가할 수 있다.
② 제1항의 허가결정을 한 때에는 허가결정의 정본을 당사자 모두에게 송달하여야 하며, 추가될 당사자에게는 소장부본도 송달하여야 한다.
③ 제1항의 규정에 따라 공동소송인이 추가된 경우에는 처음의 소가 제기된 때에 추가된 당사자와의 사이에 소가 제기된 것으로 본다.
④ 제1항의 허가결정에 대하여 이해관계인은 추가될 원고의 동의가 없었다는 것을 사유로 하는 경우에만 즉시항고를 할 수 있다.
⑤ 제4항의 즉시항고는 집행정지의 효력을 가지지 아니한다.
⑥ 제1항의 신청을 기각한 결정에 대하여는 즉시항고를 할 수 있다.

> **민사소송규칙**
> 제14조(필수적 공동소송인의 추가신청) 법 제68조제1항의 규정에 따른 필수적 공동소송인의 추가신청은 추가될 당사자의 이름·주소와 추가신청의 이유를 적은 서면으로 하여야 한다.

제69조(필수적 공동소송에 대한 특별규정) 제67조제1항의 공동소송인 가운데 한 사람이 상소를 제기한 경우에 다른 공동소송인이 그 상소심에서 하는 소송행위에는 제56조제1항의 규정을 준용한다.

제70조(예비적·선택적 공동소송에 대한 특별규정) ① 공동소송인 가운데 일부의 청구가 다른 공동소송인의 청구와 법률상 양립할 수 없거나 공동소송인 가운데 일부에 대한 청구가 다른 공동소송인에 대한 청구와 법률상 양립할 수 없는 경우에는 제67조 내지 제69조를 준용한다. 다만, 청구의 포기·인낙, 화해 및 소취하의 경우에는 그러하지 아니하다.
② 제1항의 소송에서는 모든 공동소송인에 관한 청구에 대하여 판결을 하여야 한다.

인에게 중단·중지 원인이 있으면 전원에게 중단·중지, 1인이 상소하면 모든 당사자가 확정차단되고 이심
◆ 합일확정 있는 판결요구
◆ 1항 : 유필공이나 통공의 경우 당사자적격의 흠의 문제가 생기지 않으므로 추가대상이 아니다. 추가 시 공동소송의 요건을 갖추어야 한다.
◆ 즉시항고 시 집행정지의 효과가 없는 것 : 간이각하결정에 대한 즉시항고(제47조 3항), 고필공 추가 허가결정에 대한 즉시항고(제68조 5항), 증인불출석 시 과태료나 감치결정에 대한 즉시항고(제311조 8항), 제3자의 문서제출명령 불이행시 과태료 부과에 대한 즉시항고(제351조, 제318조, 제311조 8항)
◆ 6항 : 피고경정신청의 기각결정에 대해서는 통상항고로 불복하나 고필공추가를 기각한 결정은 즉시항고
◆ 추가되는 당사자와의 사이에 신소제기에 해당하므로 서면에 의해야 한다.

◆ 공동소송인 중 1인이 상소를 제기하여 함께 이심된 소송능력이 없는 다른 공동소송인의 후견인은 소송행위를 함에 있어 후견감독인으로부터 특별한 권한을 받을 필요가 없다.
◆ 1항 법률상 양립불가 : 동일한 사실관계에 대한 법률적인 평가를 달리하여 두 청구 중 어느 한 쪽에 대한 법률효과가 인정되면 다른 쪽에 대한 법률효과가 부정됨으로써 두 청구가 모두 인용될 수는 없는 관계에 있는 경우나, 당사자들 사이의 사실관계 여하에 의하여 또는 청구원인을 구성하는 택일적 사실인정에 의하여 어느 일방의 법률효과를 긍정하거나 부정하고 이로써 다른 일방의 법률효

과를 부정하거나 긍정하는 반대의 결과가 되는 경우로서, 두 청구들 사이에서 한 쪽 청구에 대한 판단 이유가 다른 쪽 청구에 대한 판단 이유에 영향을 주어 각 청구에 대한 판단 과정이 필연적으로 상호 결합되어 있는 관계를 의미하며, 실체법적으로 서로 양립할 수 없는 경우뿐 아니라 소송법상으로 서로 양립할 수 없는 경우를 포함하는 것. 따라서 계약체결의 당사자가 A,B 둘 중의 하나라는 사실을 내세우는 경우는 사실상 양립불가로서 투망식 소송의 폐단의 우려로 부정됨.
- 2항 : 착오로 일부 공동소송인에 대하여서만 일부 판결을 하더라도 전부 판결을 한 것으로 취급하여 상소로써 다투어야 하고, 추가판결을 하는 것을 허용되지 않는다.

제3절 소송참가

제71조(보조참가) 소송결과에 이해관계가 있는 제3자는 한 쪽 당사자를 돕기 위하여 법원에 계속중인 소송에 참가할 수 있다. 다만, 소송절차를 현저하게 지연시키는 경우에는 그러하지 아니하다.

- 소송결과에 이해관계 : 참가인의 법률상 지위가 논리적으로 소송물인 권리관계의 존부를 전제로 하는 경우에 한하여 참가이유를 인정한다. 구체적으로 ⅰ) 피참가인이 패소하면 손해배상이나 구상금 청구를 당하는 경우와, ⅱ) 피참가인이 승소하면 기득권의 확보 등 유리한 영향을 받을 관계
- 계속 중인 소송 : 상고심이라도 무방.

제72조(참가신청의 방식) ① 참가신청은 참가의 취지와 이유를 밝혀 참가하고자 하는 소송이 계속된 법원에 제기하여야 한다.
② 서면으로 참가를 신청한 경우에는 법원은 그 서면을 양쪽 당사자에게 송달하여야 한다.
③ 참가신청은 참가인으로서 할 수 있는 소송행위와 동시에 할 수 있다.

- 1항 : 구술, 서면에 의한 신청 가능.
- 3항 : 참가신청은 상소의 제기나 지급명령에 대한 이의신청 등 참가인이 할 수 있는 소송행위와 동시에 할 수 있다.

제73조(참가허가여부에 대한 재판) ① 당사자가 참가에 대하여 이의를 신청한 때에는 참가인은 참가의 이유를 소명하여야 하며, 법원은 참가를 허가할 것인지 아닌지를 결정하여야 한다.
② 법원은 직권으로 참가인에게 참가의 이유를 소명하도록 명할 수 있으며, 참가의 이유가 있다고 인정되지 아니하는 때에는 참가를 허가하지 아니하는 결정을 하여야 한다.
③ 제1항 및 제2항의 결정에 대하여는 즉시항고를 할

- 1항 이의신청 : 피참가인의 상대방은 물론 피참가인도 할 수 있다. 당사자의 이의신청이 있다 하여도 본소송의 절차는 정지하지 않는다.

수 있다.

제74조(이의신청권의 상실) 당사자가 참가에 대하여 이의를 신청하지 아니한 채 변론하거나 변론준비기일에서 진술을 한 경우에는 이의를 신청할 권리를 잃는다.

제75조(참가인의 소송관여) ① 참가인은 그의 참가에 대한 이의신청이 있는 경우라도 참가를 허가하지 아니하는 결정이 확정될 때까지 소송행위를 할 수 있다.
② 당사자가 참가인의 소송행위를 원용(援用)한 경우에는 참가를 허가하지 아니하는 결정이 확정되어도 그 소송행위는 효력을 가진다.

- 보조참가인의 소송수행 권능은 독립의 권능이므로 보조참가신청을 허가하는 결정여부와 관계없이 보조참가인에 대하여도 기일통지, 소송서류를 송달하여야 한다.

제76조(참가인의 소송행위) ① 참가인은 소송에 관하여 공격·방어·이의·상소, 그 밖의 모든 소송행위를 할 수 있다. 다만, 참가할 때의 소송의 진행정도에 따라 할 수 없는 소송행위는 그러하지 아니하다.
② 참가인의 소송행위가 피참가인의 소송행위에 어긋나는 경우에는 그 참가인의 소송행위는 효력을 가지지 아니한다.

- 1항 : 제76조의 규정은 예시적 규정으로 참가인은 피참가인을 승소시키는 데 필요한 일체의 소송행위를 할 수 있다. 그러나 사법행위에 관한 규정은 없다.
- 1항 단서 : 상고심에서 보조참가한 사람이 새로운 주장을 하거나 증거신청을 한다든지, 피참가인이 본안변론을 하여 변론관할이 생긴 후(제30조) 참가인이 관할위반의 항변을 하는 경우 또는 당사자가 실기한 공격방어방법을 참가인이 새로 제출하는 것은 허용되지 않는다.
- 2항 : 피참가인의 소송행위에 어긋나는 경우라 함은 참가인의 소송행위가 피참가인의 행위와 명백히 적극적으로 배치되는 경우를 말하고 소극적으로만 피참가인의 행위와 불일치하는 때에는 이에 해당하지 않는다. 또한 피참가인에게 유리한 행위라도 효력이 없다.

제77조(참가인에 대한 재판의 효력) 재판은 다음 각호 가운데 어느 하나에 해당하지 아니하면 참가인에게도 그 효력이 미친다.
1. 제76조의 규정에 따라 참가인이 소송행위를 할 수 없거나, 그 소송행위가 효력을 가지지 아니하는 때
2. 피참가인이 참가인의 소송행위를 방해한 때
3. 피참가인이 참가인이 할 수 없는 소송행위를 고의나 과실로 하지 아니한 때

- 두문의 효력 : 참가적 효력이라 함은 피참가인이 패소하고 나서 뒤에 피참가인이 참가인 상대의 2차 소송을 하는 경우 피참가인에 대한 관계에서 참가인은 1차 소송의 내용이 부당하다고 주장할 수 없는 구속력을 말한다.

제78조(공동소송적 보조참가) 재판의 효력이 참가인에

- 재판의 효력이 미치는 경우 : 제3자 소송담당자가

계도 미치는 경우에는 그 참가인과 피참가인에 대하여 제67조 및 제69조를 준용한다.

소송을 수행할 때 권리귀속주체자, 판결의 효력이 일반 제3자에게 확장되는 경우를 말하며, 기판력을 받더라도 법률상 이익이 있어야 참가할 수 있다.
- 제67조 준용 : 피참가인의 행위와 저촉되는 행위를 할 수 있다. 상소기간이 독자적으로 기산된다. 참가인에게 정지사유가 발생하면 피참가인의 소송이 정지된다.

제79조(독립당사자참가) ① 소송목적의 전부나 일부가 자기의 권리라고 주장하거나, 소송결과에 따라 권리가 침해된다고 주장하는 제3자는 당사자의 양쪽 또는 한 쪽을 상대방으로 하여 당사자로서 소송에 참가할 수 있다.
② 제1항의 경우에는 제67조 및 제72조의 규정을 준용한다.

- 권리주장참가 : 참가인이 원고의 본소청구와 양립되지 않는 권리 내지 그에 우선할 수 있는 권리를 주장.
- 사해방지참가 : 본소의 원고와 피고가 소송을 통하여 참가인의 권리를 침해할 의사가 있다고 객관적으로 인정되고 소송의 결과 참가인의 권리 또는 법률상 지위가 침해될 우려가 있다고 인정되는 경우에 허용될 수 있다. 원고의 본소청구와 참가인의 청구가 양립가능한 관계라도 상관없다.
- 편면참가도 허용된다.
- 제72조 준용 : 보조참가신청방식을 준용하나, 신소제기 실질이 있으니 서면으로 하여야 한다.
- 제67조 준용 : 필수적 공동소송의 심판방식을 준용한다.

제80조(독립당사자참가소송에서의 탈퇴) 제79조의 규정에 따라 자기의 권리를 주장하기 위하여 소송에 참가한 사람이 있는 경우 그가 참가하기 전의 원고나 피고는 상대방의 승낙을 받아 소송에서 탈퇴할 수 있다. 다만, 판결은 탈퇴한 당사자에 대하여도 그 효력이 미친다.

- 사해방지참가에서도 탈퇴가 허용된다.
- 참가인의 승낙을 불필요하다.
- 탈퇴의 성질은 조건부 포기·인낙이며, 그에 따라 기판력뿐만 아니라 집행력도 미친다.

제81조(승계인의 소송참가) 소송이 법원에 계속되어 있는 동안에 제3자가 소송목적인 권리 또는 의무의 전부나 일부를 승계하였다고 주장하며 제79조의 규정에 따라 소송에 참가한 경우 그 참가는 소송이 법원에 처음 계속된 때에 소급하여 시효의 중단 또는 법률상 기간준수의 효력이 생긴다.

- 권리 또는 의무의 승계여부는 주장자체에 의해 무효가 아니면 주장자체로 판단한다.

제82조(승계인의 소송인수) ① 소송이 법원에 계속되어 있는 동안에 제3자가 소송목적인 권리 또는 의무의 전부나 일부를 승계한 때에는 법원은 당사자의 신청에 따라 그 제3자로 하여금 소송을 인수하게 할 수 있다.

- 2항 : 원칙적으로 심문여부는 자유재량이나, 증언거부에 대한 재판(제317조 1항)과 인수승계(제82조 2항), 제3자에게 문서제출명령을 내리는 경우(제347조 3항)는 필수적 심문이다. 반면 지급명령(제467조)은 심문이 금지된다.

② 법원은 제1항의 규정에 따른 결정을 할 때에는 당사자와 제3자를 심문(審問)하여야 한다.
③ 제1항의 소송인수의 경우에는 제80조의 규정 가운데 탈퇴 및 판결의 효력에 관한 것과, 제81조의 규정 가운데 참가의 효력에 관한 것을 준용한다.

제83조(공동소송참가) ① 소송목적이 한 쪽 당사자와 제3자에게 합일적으로 확정되어야 할 경우 그 제3자는 공동소송인으로 소송에 참가할 수 있다.
② 제1항의 경우에는 제72조의 규정을 준용한다.

- 공동소송참가가 허용되는 경우는 소송의 목적이 한쪽 당사자와 제3자간에 합일적으로 확정될 필요가 있는 경우로서 유사 필수적 공동소송으로 될 경우뿐만 아니라 고유 필수적 공동소송으로 될 경우도 포함된다.

제84조(소송고지의 요건) ① 소송이 법원에 계속된 때에는 당사자는 참가할 수 있는 제3자에게 소송고지(訴訟告知)를 할 수 있다.
② 소송고지를 받은 사람은 다시 소송고지를 할 수 있다.

- 소송 : 국내법원의 판결절차·독촉절차·재심절차, 상고심도 포함. 조정, 중재, 제소전 화해, 가압류·가처분절차는 이에 포함되지 않는다.
- 고지자 : 당사자, 참가인, 피고지자
- 피고지자 : 보조참가인이 일반적이지만 독립당사자참가, 공동소송참가 또는 권리승계참가를 할 수 있는 제3자 등도 포함.
- 소송고지를 하는지 여부는 고지자의 자유이나, 예외적으로 추심의 소(민사집행법 제238조), 주주의 대표소송(상법 제404조 제2항), 재판상대위(비송사건절차법 제84조 제1항), 채권자대위권행사의 통지의무(민법 제405조) 등의 경우에는 고지의무가 있다.

제85조(소송고지의 방식) ① 소송고지를 위하여서는 그 이유와 소송의 진행정도를 적은 서면을 법원에 제출하여야 한다.
② 제1항의 서면은 상대방에게 송달하여야 한다.

- 소송고지신청은 말로도 가능.
- 방식에 맞지 않으면 보정시켜 송달. 보정에 불응하면 각하할 수 있고 이에 대해 항고로써 불복.
- 고지방식의 흠이 있으면 피고지자가 소송참가한 후 또는 고지자와의 차후 소송에서 지체 없이 이의를 진술하지 않으면 이의권의 상실(제151조).

제86조(소송고지의 효과) 소송고지를 받은 사람이 참가하지 아니한 경우라도 제77조의 규정을 적용할 때에는 참가할 수 있었을 때에 참가한 것으로 본다.

- 참가적 효력은 피고지자가 참가하였다면 고지자와 공동이익으로 주장할 수 있었던 사항에 한한다. 따라서 고지자와 피고지자 사이에서만 이해가 대립되는 사항에 대하여는 참가적 효력이 생기지 않는다.

제4절 소송대리인

제87조(소송대리인의 자격) 법률에 따라 재판상 행위를 할 수 있는 대리인 외에는 변호사가 아니면 소송대리인이 될 수 없다.

> **민사소송규칙**
> 제16조(법률상 소송대리인의 자격심사 등) ① 법원은 지배인·선장 등 법률상 소송대리인의 자격 또는 권한을 심사할 수 있고 그 심사에 필요한 때에는 그 소송대리인·당사자 본인 또는 참고인을 심문하거나 관련 자료를 제출하게 할 수 있다.
> ② 법원은 법률상 소송대리인이 그 자격 또는 권한이 없다고 인정하는 때에는 재판상 행위를 금지하고 당사자 본인에게 그 취지를 통지하여야 한다.

제88조(소송대리인의 자격의 예외) ① 단독판사가 심리·재판하는 사건 가운데 그 소송목적의 값이 일정한 금액 이하인 사건에서, 당사자와 밀접한 생활관계를 맺고 있고 일정한 범위안의 친족관계에 있는 사람 또는 당사자와 고용계약 등으로 그 사건에 관한 통상사무를 처리·보조하여 오는 등 일정한 관계에 있는 사람이 법원의 허가를 받은 때에는 제87조를 적용하지 아니한다.
② 제1항의 규정에 따라 법원의 허가를 받을 수 있는 사건의 범위, 대리인의 자격 등에 관한 구체적인 사항은 대법원규칙으로 정한다.
③ 법원은 언제든지 제1항의 허가를 취소할 수 있다.

> **민사소송규칙**
> 제15조(단독사건에서 소송대리의 허가) ① 단독판사가 심리·재판하는 사건으로서 다음 각 호의 어느 하나에 해당하는 사건에서는 변호사가 아닌 사람도 법원의 허가를 받아 소송대리인이 될 수 있다. 〈개정 2016.9.6.〉
> 1. 「민사 및 가사소송의 사물관할에 관한 규칙」 제2조 단서 각 호의 어느 하나에 해당하는 사건
> 2. 제1호 사건 외의 사건으로서 다음 각 목의 어느 하나에 해당하지 아니하는 사건
>   가. 소송목적의 값이 소제기 당시 또는 청구취지 확장(변론의 병합 포함) 당시 1억원을 넘는 소송사건
>   나. 가목의 사건을 본안으로 하는 신청사건 및 이에 부수하는 신청사건(다만, 가압류·다툼의 대상에 관한 가처분 신청사건 및 이에 부수하는 신청사건은 제외한다)
> ② 제1항과 법 제88조제1항의 규정에 따라 법원의 허가를 받을 수 있는 사람은 다음 각호 가운데 어느 하나에 해당하여야 한다.

◆ 법률상 대리인 : 지배인(상법 제11조)·선장(상법 제773조)·선박관리인(상법 제761조)·국가소송에 있어서 법무부장관으로부터 지정받은 소송수행자

◆ 비변호사대리가 허용되는 사건 : ⅰ) 소가가 1억원을 초과하더라도 「민사 및 가사소송의 사물관할에 관한 규칙」 제2조 단서 각 호의 어느 하나에 해당하는 사건과, ⅱ) 단독사건 중 소가가 제소 당시 또는 청구취지의 확장(변론의 병합 포함) 1억 원을 초과하지 아니하는 사건을 본안으로 하는 민사신청사건 및 이에 부수하는 신청사건을 말한다.

1. 당사자의 배우자 또는 4촌 안의 친족으로서 당사자와의 생활관계에 비추어 상당하다고 인정되는 경우
2. 당사자와 고용, 그 밖에 이에 준하는 계약관계를 맺고 그 사건에 관한 통상사무를 처리·보조하는 사람으로서 그 사람이 담당하는 사무와 사건의 내용 등에 비추어 상당하다고 인정되는 경우

③ 제1항과 법 제88조제1항에 규정된 허가신청은 서면으로 하여야 한다.
④ 제1항과 법 제88조제1항의 규정에 따른 허가를 한 후 사건이 제1항제2호 각 목의 어느 하나에 해당하는 사건(다만, 제1항제1호에 해당하는 사건은 제외된다) 또는 민사소송등인지법 제2조제4항에 해당하게 된 때에는 법원은 허가를 취소하고 당사자 본인에게 그 취지를 통지하여야 한다. 〈개정 2010.12.13., 2015.1.28., 2016.9.6.〉

민사 및 가사소송의 사물관할에 관한 규칙
제2조(지방법원 및 그 지원 합의부의 심판범위) 지방법원 및 지방법원지원의 합의부는 소송목적의 값이 5억원을 초과하는 민사사건 및 민사소송등인지법 제2조제4항의 규정에 해당하는 민사사건을 제1심으로 심판한다. 다만, 다음 각호의 1에 해당하는 사건을 제외한다. 〈개정 2002. 6. 28, 2004. 12. 29, 2015. 1. 28.〉
1. 수표금·약속어음금 청구사건
2. 은행·농업협동조합·수산업협동조합·축산업협동조합·산림조합·신용협동조합·신용보증기금·기술신용보증기금·지역신용보증재단·새마을금고·상호저축은행·종합금융회사·시설대여회사·보험회사·신탁회사·증권회사·신용카드회사·할부금융회사 또는 신기술사업금융회사가 원고인 대여금·구상금·보증금 청구사건
3. 자동차손해배상보장법에서 정한 자동차·원동기장치자전거·철도차량의 운행 및 근로자의 업무상재해로 인한 손해배상 청구사건과 이에 관한 채무부존재확인사건
4. 단독판사가 심판할 것으로 합의부가 결정한 사건
[전문개정 2001. 2. 10.]

제89조(소송대리권의 증명) ① 소송대리인의 권한은 서면으로 증명하여야 한다.
② 제1항의 서면이 사문서인 경우에는 법원은 공증인, 그 밖의 공증업무를 보는 사람(이하 "공증사무소"라 한다)의 인증을 받도록 소송대리인에게 명할 수 있다.
③ 당사자가 말로 소송대리인을 선임하고, 법원사무관등이 조서에 그 진술을 적어 놓은 경우에는 제1항 및 제2항의 규정을 적용하지 아니한다.

◆ 3항 : 법정대리권은 서면에 의하여 증명하여야 하나(제58조 제1항), 소송대리권의 증명은 서면에 의하지 아니할 수도 있다.

제90조(소송대리권의 범위) ① 소송대리인은 위임을 받은 사건에 대하여 반소(反訴)·참가·강제집행·가압류·가처분에 관한 소송행위 등 일체의 소송행위와 변제(辨濟)의 영수를 할 수 있다.
② 소송대리인은 다음 각호의 사항에 대하여는 특별한 권한을 따로 받아야 한다.
 1. 반소의 제기
 2. 소의 취하, 화해, 청구의 포기·인낙 또는 제80조의 규정에 따른 탈퇴
 3. 상소의 제기 또는 취하
 4. 대리인의 선임

- 1항 : 반소는 상대방이 제기한 반소에 응소하는 것을 말한다. 강제집행은 의무는 아니다. 소송대리인이 할 수 있는 사법행위에 관하여 법문은 변제의 영수에 대해서만 규정하고 있지만 이것은 예시적인 것이며, 상계권·취소권·해제권 등의 사법상의 형성권 등 실체법상의 권리도 행사할 수 있다. 그러나 재판 외의 행위, 예를 들면 재판 외 화해계약 등은 여기에 포함되지 않는다.
- 2항 : 소송상 화해나 청구의 포기에 관한 특별수권이 되어 있다면 당해 소송물인 권리의 처분·포기에 대한 권한도 수여되어 있다. 원고의 소취하에 대한 피고측의 대리인이 동의를 할 때에는 특별수권이 필요 없다. 불항소의 합의나 상소권의 포기도 특별수권이 필요하다. 상대방이 제기한 상소에 응소하는 행위도 특별수권사항이다. 복대리인은 재복대리인을 선임할 수 없다. 소송대리인의 사망이나 사임에 의하여 복대리인의 대리권이 당연히 소멸되는 것은 아니다.

제91조(소송대리권의 제한) 소송대리권은 제한하지 못한다. 다만, 변호사가 아닌 소송대리인에 대하여는 그러하지 아니하다.

- 단서 : 변호사 아닌 소송대리인의 경우에는 본인의 의사를 존중한다는 뜻에서 그 제한이 허용된다.

제92조(법률에 의한 소송대리인의 권한) 법률에 의하여 재판상 행위를 할 수 있는 대리인의 권한에는 제90조와 제91조의 규정을 적용하지 아니한다.

- 법률상소송대리인의 권한의 범위는 각 법령에 규정해 놓고 있는데, 보통 일체의 재판상 행위를 할 수 있는 것으로 정하고 있다(상법 제11조 등). 이러한 대리인의 법정권한은 제한할 수 없으며(제92조) 제한하더라도 소송법상 효력이 없다.

제93조(개별대리의 원칙) ① 여러 소송대리인이 있는 때에는 각자가 당사자를 대리한다.
② 당사자가 제1항의 규정에 어긋나는 약정을 한 경우 그 약정은 효력을 가지지 못한다.

- 1항 : 소송서류의 송달은 여러 사람의 소송대리인에 각기 송달하여야 한다(제180조 부적용). 다만 항소기간의 기산점은 그 중 1인에게 최초로 판결정본이 송달된 때가 된다.

제94조(당사자의 경정권) 소송대리인의 사실상 진술은 당사자가 이를 곧 취소하거나 경정(更正)한 때에는 그 효력을 잃는다.

- 경정권은 당사자 본인뿐만 아니라 법정대리인도 가지며, 이에는 각종 신청이나 소취하 등 소송물을 처분하는 행위 또는 법률상의 진술은 포함되지 않는다.

제95조(소송대리권이 소멸되지 아니하는 경우) 다음 각호 가운데 어느 하나에 해당하더라도 소송대리권은 소멸되지 아니한다.

- 1호·5호는 제233조, 제235조, 2호는 제234조, 3호는 제236조와 관련하여 제238조

1. 당사자의 사망 또는 소송능력의 상실
2. 당사자인 법인의 합병에 의한 소멸
3. 당사자인 수탁자(受託者)의 신탁임무의 종료
4. 법정대리인의 사망, 소송능력의 상실 또는 대리권의 소멸·변경

제96조(소송대리권이 소멸되지 아니하는 경우) ① 일정한 자격에 의하여 자기의 이름으로 남을 위하여 소송당사자가 된 사람에게 소송대리인이 있는 경우에 그 소송대리인의 대리권은 당사자가 자격을 잃더라도 소멸되지 아니한다.
② 제53조의 규정에 따라 선정된 당사자가 그 자격을 잃은 경우에는 제1항의 규정을 준용한다.

◆ 제237조와 관련하여 제238조

제97조(법정대리인에 관한 규정의 준용) 소송대리인에게는 제58조제2항·제59조·제60조 및 제63조의 규정을 준용한다.

<민사소송규칙>
제17조(소송대리권 소멸통지의 신고) 법 제97조에서 준용하는 법 제63조제1항의 규정에 따라 소송대리인 권한의 소멸통지를 한 사람에게는 제13조제1항의 규정을 준용한다.

◆ 소송대리권이 있는 사실 또는 소송행위를 위한 권한을 받은 사실을 증명하는 서면은 소송기록에 붙여야 하며, 대리권에 흠결이 있으면 보정과 추인, 대리권 소멸통지는 법정대리인과 공통점이다.
◆ 제97조, 제63조제1항의 규정에 따라 소송대리권 소멸통지를 한 사람은 그 취지를 법원에 서면으로 신고하여야 한다.

제3장 소송비용

제1절 소송비용의 부담

제98조(소송비용부담의 원칙) 소송비용은 패소한 당사자가 부담한다.

◆ 패소의 이유나 패소자의 고의·과실을 불문하므로 일종의 결과책임이다.

제99조(원칙에 대한 예외) 법원은 사정에 따라 승소한 당사자로 하여금 그 권리를 늘리거나 지키는 데 필요하지 아니한 행위로 말미암은 소송비용 또는 상대방의 권리를 늘리거나 지키는 데 필요한 행위로 말미암은 소송비용의 전부나 일부를 부담하게 할 수 있다.

◆ 전단 : 피고가 이행거절을 하는 등 제소를 유발한 바 없음에도 원고가 불필요한 제소로 승소한 경우
◆ 후단 : 피고가 변제하지 아니하여 제소하였으나 소송계속 중에 피고가 임의변제하여 원고가 패소한 경우

제100조(원칙에 대한 예외) 당사자가 적당한 시기에 공격이나 방어의 방법을 제출하지 아니하였거나, 기일이나 기간의 준수를 게을리 하였거나, 그 밖에 당사자가 책임져야 할 사유로 소송이 지연된 때에는 법원은 지연됨으로 말미암은 소송비용의 전부나 일부를 승소한 당사자에게 부담하게 할 수 있다.

◆ 준비서면에 예고하지 않은 사실을 기일에서 주장함으로써 지연된 경우 등

제101조(일부패소의 경우) 일부패소의 경우에 당사자들이 부담할 소송비용은 법원이 정한다. 다만, 사정에 따라 한 쪽 당사자에게 소송비용의 전부를 부담하게 할 수 있다.

제102조(공동소송의 경우) ① 공동소송인은 소송비용을 균등하게 부담한다. 다만, 법원은 사정에 따라 공동소송인에게 소송비용을 연대하여 부담하게 하거나 다른 방법으로 부담하게 할 수 있다.
② 제1항의 규정에 불구하고 법원은 권리를 늘리거나 지키는 데 필요하지 아니한 행위로 생긴 소송비용은 그 행위를 한 당사자에게 부담하게 할 수 있다.

- 일부패소의 경우 각 당사자들이 부담할 소송비용은 승패의 비율을 고려함이 없이 법원이 그 재량에 의하여 정한다. 따라서 청구액과 인용액의 비율에 따라 정하여야 하는 것은 아니다.
- 1항 본문 : 재판주문에서 공동소송인별로 소송비용의 부담비율을 정하거나, 연대부담을 명하지 아니하고 단순히 '소송비용은 공동소송인들의 부담으로 한다.'라고 정하였다면 공동소송인들은 상대방에 대하여 균등하게 소송비용을 부담하고, 공동소송인들 상호 간에 내부적으로 비용분담 문제가 생기더라도 그것은 그들 사이의 합의와 실체법에 의하여 해결되어야 한다.
- 1항 단서 연대하여 부담을 명할 수 있는 경우 : 고유필수적 공동소송, 본안에서 연대채무나 불가분채무로 지급을 명하는 경우 등
- 1항 단서 다른 방법으로 부담시키는 경우 : 통상공동소송에서 공동소송인이 같은 비율로 함께 패소하였을 경우, 공동소송인 사이에 소송목적의 값에 현저한 차이가 있다거나 소송물의 내용이나 성격, 항쟁의 정도 등이 다르다는 등의 사정으로 공동소송인이 공동으로 소송비용을 부담하는 것이 형평에 반하거나 불합리하다고 생각된다면 민사소송법 제102조 제1항 단서를 적극적으로 적용하여 공동소송인별로 소송관계를 구분하여 소송비용의 부담을 정하거나 공동소송인별로 수액이나 부담비율을 정하는 등의 방식으로 소송비용부담재판을 하는 것이 더 바람직하다.

제103조(참가소송의 경우) 참가소송비용에 대한 참가인과 상대방 사이의 부담과, 참가이의신청의 소송비용에 대한 참가인과 이의신청 당사자 사이의 부담에 대하여는 제98조 내지 제102조의 규정을 준용한다.

제104조(각 심급의 소송비용의 재판) 법원은 사건을 완결하는 재판에서 직권으로 그 심급의 소송비용 전부에 대하여 재판하여야 한다. 다만, 사정에 따라 사건의 일부나 중간의 다툼에 관한 재판에서 그 비용에 대한 재판을 할 수 있다.

- 본문 : 소송비용불가분의 원칙. 절차 중 일부의 비용을 분리하여 재판할 수 없다. 따라서 일부판결이나 중간적 재판을 할 때는 소송비용의 부담에 관한 재판을 하지 않는 것이 원칙이다.
- 단서 : 사정에 따라 사건의 일부나 중간의 다툼에 관한 재판에서 그 비용에 대한 재판을 할 수 있다.

제105조(소송의 총비용에 대한 재판) 상급법원이 본안의 재판을 바꾸는 경우 또는 사건을 환송받거나 이송받은 법원이 그 사건을 완결하는 재판을 하는 경우에는 소송의 총비용에 대하여 재판하여야 한다.

◆ 상급법원에서 상소를 각하 또는 기각하는 경우 : 그 심급에서 생긴 상소비용만을 재판하면 됨.

제106조(화해한 경우의 비용부담) 당사자가 법원에서 화해한 경우(제231조의 경우를 포함한다) 화해비용과 소송비용의 부담에 대하여 특별히 정한 바가 없으면 그 비용은 당사자들이 각자 부담한다.

◆ 소송상 화해가 이루어졌는데 그 화해조항에 소송비용은 각자의 부담으로 하기로 되어 있다면 상대방이 상환해 주어야 할 소송비용이 없고, 소송비용액확정의 문제가 생길 여지도 없으므로 양도소득세의 필요경비로 공제받기 위해 스스로 부담하여야 할 소송비용액의 확정을 구할 수 없다.

◆ 화해한 경우 소송비용 부담에 대해 특별히 정했다면 제113조 화해한 경우의 비용액확정절차를 진행.

제107조(제3자의 비용상환) ① 법정대리인·소송대리인·법원사무관등이나 집행관이 고의 또는 중대한 과실로 쓸데없는 비용을 지급하게 한 경우에는 수소법원은 직권으로 또는 당사자의 신청에 따라 그에게 비용을 갚도록 명할 수 있다.
② 법정대리인 또는 소송대리인으로서 소송행위를 한 사람이 그 대리권 또는 소송행위에 필요한 권한을 받았음을 증명하지 못하거나, 추인을 받지 못한 경우에 그 소송행위로 말미암아 발생한 소송비용에 대하여는 제1항의 규정을 준용한다.
③ 제1항 및 제2항의 결정에 대하여는 즉시항고를 할 수 있다.

제108조(무권대리인의 비용부담) 제107조제2항의 경우에 소가 각하된 경우에는 소송비용은 그 소송행위를 한 대리인이 부담한다.

◆ 대리권 흠으로 각하되어 소송대리인이 제108조에 의해 소송비용 부담의 재판을 받은 경우, 소송비용의 재판에 대하여 독립한 상소를 금지하는 민사소송법 제391조, 제425조, 제443조가 적용된다고 볼 것은 아니어서 즉시항고나 재항고에 의하여 불복하는 것은 별론으로 하고, 당사자 등을 상대방으로 한 항소나 상고를 제기할 수는 없다.

제109조(변호사의 보수와 소송비용) ① 소송을 대리한 변호사에게 당사자가 지급하였거나 지급할 보수는 대법원규칙이 정하는 금액의 범위안에서 소송비용으로 인정한다.
② 제1항의 소송비용을 계산할 때에는 여러 변호사가 소송을 대리하였더라도 한 변호사가 대리한 것으로 본다.

◆ 1항 : 소송을 대리한 변호사에게 당사자가 지급하였거나 지급할 보수는 전액이 아닌 대법원규칙이 정하는 금액의 범위 내에서 소송비용으로 인정. 변호사의 소송위임사무에 관한 약정 보수액이 부당하게 과다하여 신의성실의 원칙이나 형평의 관념에 반한다고 볼 만한 특별한 사정이 있는 경우, 변호사의 보수 청구가 적당하다고 인정되는 범위

제110조(소송비용액의 확정결정) ① 소송비용의 부담을 정하는 재판에서 그 액수가 정하여지지 아니한 경우에 제1심 법원은 그 재판이 확정되거나, 소송비용부담의 재판이 집행력을 갖게 된 후에 당사자의 신청을 받아 결정으로 그 소송비용액을 확정한다.
② 제1항의 확정결정을 신청할 때에는 비용계산서, 그 등본과 비용액을 소명하는 데 필요한 서면을 제출하여야 한다.
③ 제1항의 결정에 대하여는 즉시항고를 할 수 있다.

> **민사소송규칙**
> **제18조(소송비용액의 확정을 구하는 신청의 방식)** 법 제110조제1항, 법 제113조제1항 또는 법 제114조제1항의 규정에 따른 신청은 서면으로 하여야 한다.

내로 제한되며, 이 경우 법원은 그에 관한 합리적 근거를 명확히 밝혀야 한다. 소취하, 청구의 포기·인낙, 화해의 경우 소송비용에 산입되는 변호사의 보수는 통상의 경우의 2분의 1에서 전액으로 변경되었다. 변호사가 변론이나 증거조사절차에 전혀 관여한 바 없으면 그에게 지급한 보수는 소송비용에 포함되지 않는다.

◆ 1항 : 구법과 달리 확정이 되지 않았어도 주문 중 소송비용부담부분에 가집행선고가 붙어 소송비용부담의 재판이 집행력을 갖게 된 후에 당사자의 신청을 받아 결정으로 그 소송비용액을 확정신청을 할 수 있다. 2005년 법원조직법 개정으로 사법보좌관이 소송비용액확정절차에서의 법원의 업무를 맡게 되었다.

◆ 소송비용 상환의무가 재판에 의하여 확정된 경우에, 소송비용액 확정절차에서는 상환할 소송비용의 수액을 정할 수 있을 뿐이고, 소송비용부담재판에서 확정한 상환의무 자체의 범위를 심리·판단하거나 변경할 수 없다. 따라서 변제·상계·화해 등 권리소멸의 항변이 허용되지 않는다.

◆ 3항 : 소송비용의 확정에 관하여 제1심법원이 산정한 비용액이 법규에 따라 정당하게 산출된 것인지에 관하여 항고심은 직권으로 살펴볼 의무가 있다(대법 2006.8.9, 2006마455). 다만 항고에 앞서 먼저 판사에게 사법보좌관의 처분에 대한 이의신청을 내야 하는데, 여기의 판사는 제1심 수소법원을 말한다. 따라서 합의사건의 소송비용확정신청에 대한 사법보좌관의 처분을 합의부가 아닌 단독판사가 인가하였다면, 이는 전속관할의 위반이 된다(대법 2008.6.23, 2007마634).

제111조(상대방에 대한 최고) ① 법원은 소송비용액을 결정하기 전에 상대방에게 비용계산서의 등본을 교부하고, 이에 대한 진술을 할 것과 일정한 기간 이내에 비용계산서와 비용액을 소명하는 데 필요한 서면을 제출할 것을 최고(催告)하여야 한다.
② 상대방이 제1항의 서면을 기간 이내에 제출하지 아니한 때에는 법원은 신청인의 비용에 대하여서만 결정할 수 있다. 다만, 상대방도 제110조제1항의 확정결정을 신청할 수 있다.

제112조(부담비용의 상계) 법원이 소송비용을 결정하는 경우에 당사자들이 부담할 비용은 대등한 금액에서 상계(相計)된 것으로 본다. 다만, 제111조제2항의 경우에는 그러하지 아니하다.

제113조(화해한 경우의 비용액확정) ① 제106조의 경우에 당사자가 소송비용부담의 원칙만을 정하고 그 액수를 정하지 아니한 때에는 법원은 당사자의 신청에 따라 결정으로 그 액수를 정하여야 한다.
② 제1항의 경우에는 제110조제2항·제3항, 제111조 및 제112조의 규정을 준용한다.

제114조(소송이 재판에 의하지 아니하고 끝난 경우) ① 제113조의 경우 외에 소송이 재판에 의하지 아니하고 끝나거나 참가 또는 이에 대한 이의신청이 취하된 경우에는 법원은 당사자의 신청에 따라 결정으로 소송비용의 액수를 정하고, 이를 부담하도록 명하여야 한다.
② 제1항의 경우에는 제98조 내지 제103조, 제110조제2항·제3항, 제111조 및 제112조의 규정을 준용한다.

제115조(법원사무관등에 의한 계산) 제110조제1항의 신청이 있는 때에는 법원은 법원사무관등에게 소송비용액을 계산하게 하여야 한다.

제116조(비용의 예납) ① 비용을 필요로 하는 소송행위에 대하여 법원은 당사자에게 그 비용을 미리 내게 할 수 있다.
② 비용을 미리 내지 아니하는 때에는 법원은 그 소송행위를 하지 아니할 수 있다.

> 민사소송규칙
> 제19조(소송비용의 예납의무자) ① 법 제116조제1항의 규정에 따라 법원이 소송비용을 미리 내게 할 수 있는 당사자는 그 소송행위로 이익을 받을 당사자로 하되, 다음 각호의 기준을 따라야 한다.
> 1. 송달료는 원고(상소심에서는 상소인을 말한다. 다음부

◆ 단서 : 상대방이 서면을 제출하지 않은 경우는 신청인의 비용만 결정하며(제111조 제2항), 상계하지 않는다.

◆ 화해 시 소송비용부담에 대해 특별히 정한 바가 없으면 그 비용은 당사자들이 각자 부담하여(제106조) 확정이 필요 없으나, 소송비용 부담에 대해 특별히 정한 경우 본조에 따라 비용액을 확정한다.

◆ 소송이 제113조 이외에 포기·인낙, 소취하, 탈퇴에 의하여 끝나거나, 참가 또는 이에 대한 이의신청이 취하된 때에는 당사자의 신청에 의하여 결정으로 소송비용액수를 정하고 그 부담을 명하여야 한다(제114조 제1항). 소의 일부취하·감축의 경우에도 마찬가지이다(대법 2017.2.7, 2016마937).

◆ 소송이 재판에 의하지 아니하고 완결된 경우에는 당해 소송이 완결된 당시에 소송계속 법원에 소송비용부담재판을 신청을 하여야 하고, 이를 제1심 수소법원에 소송비용액확정결정신청의 방법으로 할 수 없다. 따라서 항소심에서 항소취하가 된 경우에는 제1심 소송비용은 제1심 법원에, 항소심 소송비용은 항소심 법원에 각각 신청하고(대법 1992.11.30, 90마1003), 항소심에서 소취하가 된 경우에는 제1심을 포함한 총 소송비용에 관하여 항소심 법원에 신청해야 한다.

◆ 소송비용액 확정결정은 사법보좌관이하지만, 소송비용액 계산은 법원사무관이 담당한다.

◆ 예납명령의 불이행을 이유로 행한 불이익한 재판에 대하여는 독립하여 불복할 수 없다(2000으2).

터 이 조문 안에서 같다)
2. 변론의 속기 또는 녹음(듣거나 말하는 데 장애가 있는 사람을 위한 속기, 녹음 및 제37조에 따라 녹음에 준하여 이루어지는 녹화를 제외한다. 다음부터 이 조문 안에서 같다)에 드는 비용은 신청인. 다만, 직권에 의한 속기 또는 녹음의 경우에 그 속기 또는 녹음으로 이익을 받을 당사자가 분명하지 아니한 때에는 원고
3. 증거조사를 위한 증인·감정인·통역인(듣거나 말하는 데 장애가 있는 사람을 위한 통역인은 제외한다. 다음부터 이 조문 안에서 같다) 등에 대한 여비·일당·숙박료 및 감정인·통역인 등에 대한 보수와 법원 외에서의 증거조사를 위한 법관, 그 밖의 법원공무원의 여비·숙박료는 그 증거조사를 신청한 당사자. 다만, 직권에 의한 증거조사의 경우에 그 증거조사로 이익을 받을 당사자가 분명하지 아니한 때에는 원고
4. 상소법원에 소송기록을 보내는 비용은 상소인
② 제1항제2호의 속기 또는 녹음, 제1항제3호의 증거조사를 양쪽 당사자가 신청한 경우와 제1항제4호의 상소인이 양쪽 당사자인 경우에는 필요한 비용을 균등하게 나누어 미리 내게 하여야 한다. 다만, 사정에 따라 미리 낼 금액의 비율을 다르게 할 수 있다.

제19조의2(듣거나 말하는 데 장애가 있는 사람을 위한 비용 등) ① 듣거나 말하는 데 장애가 있는 사람을 위한 속기, 녹음 및 제37조에 따라 녹음에 준하여 이루어지는 녹화에 드는 비용은 국고에서 지급하고, 소송비용에는 산입하지 아니한다.
② 듣거나 말하는 데 장애가 있는 사람을 위한 통역인에게는 「민사소송비용규칙」에서 정하는 바에 따라 여비, 일당 및 숙박료를 지급하고 통역에 관한 특별요금은 법원이 정한 금액을 지급한다. 이에 소요되는 비용은 국고에서 지급하고, 소송비용에는 산입하지 아니한다. [본조신설 2020. 6. 26.]

제20조(소송비용 예납 불이행시의 국고대납) 법원은 소송비용을 미리 내야 할 사람이 내지 아니하여(부족액을 추가로 내지 아니하는 경우를 포함한다) 소송절차의 진행 또는 종료 후의 사무처리가 현저히 곤란한 때에는 그 소송비용을 국고에서 대납받아 지출할 수 있다.

제21조(소송비용의 대납지급 요청) ① 소송비용의 대납지급 요청은 재판장이 법원의 경비출납공무원에게 서면이나 재판사무시스템을 이용한 전자적인 방법으로 하여야 한다. 다만, 서류 송달료의 대납지급 요청은 법원사무관등이 한다. 〈개정 2009.12.3.〉
② 제1항의 요청은 소송비용을 지출할 사유가 발생할 때마다 하여야 한다. 다만, 서류의 송달료에 관하여는 필요한 범위 안에서 여러 번 실시할 비용의 일괄 지급을 요청할 수 있다.

제2절 소송비용의 담보

제117조(담보제공의무) ① 원고가 대한민국에 주소·사무소와 영업소를 두지 아니한 때 또는 소장·준비서면, 그 밖의 소송기록에 의하여 청구가 이유 없음이 명백한 때 등 소송비용에 대한 담보제공이 필요하다고 판단되는 경우에 피고의 신청이 있으면 법원은 원고에게 소송비용에 대한 담보를 제공하도록 명하여야 한다. 담보가 부족한 경우에도 또한 같다. 〈개정 2010.7.23.〉
② 제1항의 경우에 법원은 직권으로 원고에게 소송비용에 대한 담보를 제공하도록 명할 수 있다. 〈신설 2010.7.23.〉
③ 청구의 일부에 대하여 다툼이 없는 경우에는 그 액수가 담보로 충분하면 제1항의 규정을 적용하지 아니한다. 〈개정 2010.7.23.〉

- 원고가 패소하여 소송비용을 부담하게 되는 경우에 피고의 이익을 위하여 소송비용상환청구권의 용이한 실현을 미리 확보해 두기 위한 것이다.
- 2010년 개정법률은 제117조를 바꾸어 소송기록상 원고의 청구가 이유 없음이 명백한 때에도 담보제공을 명할 수 있도록 하였고 2항에서 직권으로 원고에게 소송비용에 대한 담보를 제공하도록 명할 수 있도록 하였다.

제118조(소송에 응함으로 말미암은 신청권의 상실) 담보를 제공할 사유가 있다는 것을 알고도 피고가 본안에 관하여 변론하거나 변론준비기일에서 진술한 경우에는 담보제공을 신청하지 못한다.

- 상소심에서 소송비용에 대한 담보제공 신청을 하려면 신청인이 과실 없이 담보제공을 신청할 수 없었거나 상소심에서 새로이 담보제공의 원인이 발생한 경우에 한한다.

제119조(피고의 거부권) 담보제공을 신청한 피고는 원고가 담보를 제공할 때까지 소송에 응하지 아니할 수 있다.

- 피고가 적법한 담보제공신청을 한 경우에는 그 후 응소를 거부하지 않고 본안에 관하여 변론 등을 하였더라도 이미 이루어진 담보제공신청의 효력이 상실되거나 그 신청이 부적법하게 되는 것은 아니다(대법 2018.06.01, 2018마5162).

제120조(담보제공결정) ① 법원은 담보를 제공하도록 명하는 결정에서 담보액과 담보제공의 기간을 정하여야 한다.
② 담보액은 피고가 각 심급에서 지출할 비용의 총액을 표준으로 하여 정하여야 한다.

제121조(불복신청) 담보제공신청에 관한 결정에 대하여는 즉시항고를 할 수 있다.

- 조문은 신청에 따른 결정만 즉시항고하는 것으로 규정되어 있으나, 법원의 직권에 의한 소송비용 담보제공 재판에 불복할 경우에도 원고는 민사소송법 제121조를 준용하여 즉시항고를 제기할 수 있다(대법 2011.5.2, 2010부8).

제122조(담보제공방식) 담보의 제공은 금전 또는 법원이 인정하는 유가증권을 공탁(供託)하거나, 대법원규칙이 정하는 바에 따라 지급을 보증하겠다는 위탁계약을 맺은 문서를 제출하는 방법으로 한다.

- 당사자들 사이에 특별한 약정이 없는 한 담보제공을 명하는 법원은 담보제공의 방법을 위 규정의 범위 내에서 재량에 따라 선택할 수 있다(대법 2018.06.01, 2018마5162).

다만, 당사자들 사이에 특별한 약정이 있으면 그에 따른다.

민사소송규칙
제22조(지급보증위탁계약) ① 법 제122조의 규정에 따라 지급보증위탁계약을 맺은 문서를 제출하는 방법으로 담보를 제공하려면 미리 법원의 허가를 받아야 한다.
② 제1항의 규정에 따른 지급보증위탁계약은 담보제공명령을 받은 사람이 은행법의 규정에 따른 금융기관이나 보험회사(다음부터 이 모두를 "은행등"이라 한다)와 맺은 것으로서 다음 각호의 요건을 갖춘 것이어야 한다.
  1. 은행등이 담보제공명령을 받은 사람을 위하여, 법원이 정한 금액 범위 안에서, 담보에 관계된 소송비용상환청구권에 관한 집행권원 또는 그 소송비용상환청구권의 존재를 확인하는 것으로서 확정판결과 같은 효력이 있는 것에 표시된 금액을 담보권리자에게 지급한다는 것
  2. 담보취소의 결정이 확정될 때까지 계약의 효력이 존속된다는 것
  3. 계약을 변경 또는 해제할 수 없다는 것
  4. 담보권리자가 신청한 때에는 은행등은 지급보증위탁계약을 맺은 사실을 증명하는 서면을 담보권리자에게 교부한다는 것
③ 법 제122조의 규정이 준용되는 다른 절차에는 제1항과 제2항의 규정을 준용한다.

제123조(담보물에 대한 피고의 권리) 피고는 소송비용에 관하여 제122조의 규정에 따른 담보물에 대하여 질권자와 동일한 권리를 가진다.

제124조(담보를 제공하지 아니한 효과) 담보를 제공하여야 할 기간 이내에 원고가 이를 제공하지 아니하는 때에는 법원은 변론없이 판결로 소를 각하할 수 있다. 다만, 판결하기 전에 담보를 제공한 때에는 그러하지 아니하다.

제125조(담보의 취소) ① 담보제공자가 담보하여야 할 사유가 소멸되었음을 증명하면서 취소신청을 하면, 법원은 담보취소결정을 하여야 한다.
② 담보제공자가 담보취소에 대한 담보권리자의 동의를 받았음을 증명한 때에도 제1항과 같다.
③ 소송이 완결된 뒤 담보제공자가 신청하면, 법원은 담보권리자에게 일정한 기간 이내에 그 권리를 행사하도록 최고하고, 담보권리자가 그 행사를 하지 아니하는 때에는 담보취소에 대하여 동의한 것으로 본다.
④ 제1항과 제2항의 규정에 따른 결정에 대하여는 즉시항고를 할 수 있다.

◆ 수소법원이 한 담보제공결정을 수소법원이 아닌 단독판사의 취소결정은 전속관할의 위반이 된다.

제126조(담보물변경) 법원은 담보제공자의 신청에 따라 결정으로 공탁한 담보물을 바꾸도록 명할 수 있다. 다만, 당사자가 계약에 의하여 공탁한 담보물을 다른 담보로 바꾸겠다고 신청한 때에는 그에 따른다.

> **민사소송규칙**
> 제23조(담보취소와 담보물변경 신청사건의 관할법원) ① 법 제125조의 규정에 따른 담보취소신청사건과 법 제126조의 규정에 따른 담보물변경신청사건은 담보제공결정을 한 법원 또는 그 기록을 보관하고 있는 법원이 관할한다.
> ② 법 제125조 또는 법 제126조의 규정이 준용되는 다른 절차에는 제1항의 규정을 준용한다.

제127조(준용규정) 다른 법률에 따른 소제기에 관하여 제공되는 담보에는 제119조, 제120조제1항, 제121조 내지 제126조의 규정을 준용한다.

제3절 소송구조

제128조(구조의 요건) ① 법원은 소송비용을 지출할 자금능력이 부족한 사람의 신청에 따라 또는 직권으로 소송구조(訴訟救助)를 할 수 있다. 다만, 패소할 것이 분명한 경우에는 그러하지 아니하다.
② 제1항 단서에 해당하는 경우 같은 항 본문에 따른 소송구조 신청에 필요한 소송비용과 제133조에 따른 불복신청에 필요한 소송비용에 대하여도 소송구조를 하지 아니한다. 〈신설 2023. 4. 18.〉
③ 제1항의 신청인은 구조의 사유를 소명하여야 한다.
④ 소송구조에 대한 재판은 소송기록을 보관하고 있는 법원이 한다.
⑤ 제1항에서 정한 소송구조요건의 구체적인 내용과 소송구조절차에 관하여 상세한 사항은 대법원규칙으로 정한다.

> **민사소송규칙**
> 제24조(구조신청의 방식) ① 법 제128조제1항의 규정에 따른 소송구조신청은 서면으로 하여야 한다.
> ② 제1항의 신청서에는 신청인 및 그와 같이 사는 가족의 자금능력을 적은 서면을 붙여야 한다.

- 비송사건을 대상으로 하는 소송구조 신청은 부적법하다.
- 자금능력이 부족한 경우란 소송비용을 전부 지출하면 가계에 지장을 주는 경우를 가리키므로 극빈자나 무자력자에 국한하는 것이 아니다.
- 소송구조제도의 운영에 관한 예규에 따르면 국민기초생활보장법, 기초노령연금법에 따른 수급자나 한부모가족지원법에 따른 보호대상자는 여기의 자금능력이 부족한 자로 보고, 다른 요건의 심사만으로 구조여부를 정할 수 있게 하였다.
- 소송구조는 외국인, 법인, 제3자 소송담당자도 신청할 수 있다.
- 1심에서 패소하였다는 사실만으로 항소심에서도 패소할 것이 명백하다고 추정되는 것은 아니다. 다만 신청인이 상고심에서 소송상의 구조를 신청하려면, 자신이 항소심에서는 패소하였지만, 항소심 판결에 법률상의 하자 등이 있어 그 판결이 취소될 개연성이 없지 않다는 점 등을 구체적으로 명시하여 그 사유를 소명하여야 한다.
- 소송구조결정은 당해 심급에 한하여 효력이 있으므로, 제1심에서 한 구조결정의 효력은 상소심에 미치지 않으며, 상소심에서 한 소송구조는 파기환

제129조(구조의 객관적 범위) ① 소송과 강제집행에 대한 소송구조의 범위는 다음 각호와 같다. 다만, 법원은 상당한 이유가 있는 때에는 다음 각호 가운데 일부에 대한 소송구조를 할 수 있다.
1. 재판비용의 납입유예
2. 변호사 및 집행관의 보수와 체당금(替當金)의 지급유예
3. 소송비용의 담보면제
4. 대법원규칙이 정하는 그 밖의 비용의 유예나 면제
② 제1항제2호의 경우에는 변호사나 집행관이 보수를 받지 못하면 국고에서 상당한 금액을 지급한다.

민사소송규칙
제25조(소송비용의 지급 요청) ① 법 제128조제1항의 규정에 따라 구조결정을 한 사건에 관하여 증거조사나 서류의 송달을 위한 비용, 그 밖에 당사자가 미리 내야 할 소송비용을 지출할 사유가 발생한 때에는 법원사무관등은 서면이나 재판사무시스템을 이용한 전자적인 방법으로 경비출납공무원에게 그 소송비용의 대납지급을 요청하여야 한다. 〈개정 2009.12.3.〉
② 제1항의 경우에는 제21조제2항의 규정을 준용한다.
제26조(변호사보수 등의 지급) ① 법 제129조제2항의 규정에 따른 변호사나 집행관의 보수는 구조결정을 한 법원이 보수를 받을 사람의 신청에 따라 그 심급의 소송절차가 완결된 때 또는 강제집행절차가 종료된 때에 지급한다.
② 제1항과 법 제129조제2항의 규정에 따라 지급할 변호사나 집행관의 보수액은 변호사보수의소송비용산입에관한규칙 또는 집행관수수료규칙을 참조하여 재판장의 감독 하에 법원사무관등이 정한다. 〈개정 2015.1.28.〉
③ 제1항의 규정에 따른 신청에는 법 제110조제2항(다만, 등본에 관한 부분을 제외한다)을 준용한다. 〈개정 2015.1.28.〉

제130조(구조효력의 주관적 범위) ① 소송구조는 이를 받은 사람에게만 효력이 미친다.
② 법원은 소송승계인에게 미루어 둔 비용의 납입을 명할 수 있다.

송 또는 이송된 경우에 하급심에 미치지 않고, 가압류·가처분 사건에서 한 구조의 효력은 본안사건에 미치지 않는다. 그러나 독촉절차에서 한 구조의 효력은 이의신청 후의 제1심 소송절차에 미친다.

- 신청서에는 1,000원 정액의 인지를 첨부하여야 한다(민인법 제9조 4항).
- 1항 : 소송비용은 민사소송비용법상의 법정비용뿐만 아니라, 널리 소송의 제기·준비·수행에 지출한 경비 외에 변호사선임비용 등 일체의 필요경비를 포함한다. 그러나 소송구조를 받을 사람의 상대방을 위한 변호사 보수는 포함되지 않는다(대법 2017.04.07, 2016다251994).
- 2항 : 소송구조결정이 나면 재판비용 등의 납입이 유예된다(제129조 제1항). 이러한 구조의 효과는 비용의 지급유예이지 비용면제가 아니므로, 나중에 구조 받은 자가 져서 종국판결로 소송비용의 부담재판을 받았다면 그가 이를 지급하지 않으면 안된다. 그러나 구조 받은 자의 무자력으로 받아내기가 불가능하면 국고부담으로 돌아간다.

제131조(구조의 취소) 소송구조를 받은 사람이 소송비용을 납입할 자금능력이 있다는 것이 판명되거나, 자금능력이 있게 된 때에는 소송기록을 보관하고 있는 법원은 직권으로 또는 이해관계인의 신청에 따라 언제든지 구조를 취소하고, 납입을 미루어 둔 소송비용을 지급하도록 명할 수 있다.

> **민사소송규칙**
> **제27조(구조의 취소 등)** ① 법 제131조의 규정에 따른 재판은 구조결정을 한 대상사건의 절차가 판결의 확정, 그 밖의 사유로 종료된 뒤 5년이 지난 때에는 할 수 없다.
> ② 소송구조를 받은 사람이 자금능력이 있게 된 때에는 구조결정을 한 법원에 그 사실을 신고하여야 한다. 다만, 제1항의 기간이 지난 때에는 그러하지 아니하다.

제132조(납입유예비용의 추심) ① 소송구조를 받은 사람에게 납입을 미루어 둔 비용은 그 부담의 재판을 받은 상대방으로부터 직접 지급받을 수 있다.
② 제1항의 경우에 변호사 또는 집행관은 소송구조를 받은 사람의 집행권원으로 보수와 체당금에 관한 비용액의 확정결정신청과 강제집행을 할 수 있다.
③ 변호사 또는 집행관은 보수와 체당금에 대하여 당사자를 대위(代位)하여 제113조 또는 제114조의 결정신청을 할 수 있다.

제133조(불복신청) 이 절에 규정한 재판에 대하여는 즉시항고를 할 수 있다. 다만, 상대방은 제129조제1항제3호의 소송구조결정을 제외하고는 불복할 수 없다.

- 상대방은 소송비용의 담보면제의 소송구조결정에 대해서는 불복할 수 있다.

제4장 소송절차

제1절 변론

제134조(변론의 필요성) ① 당사자는 소송에 대하여 법원에서 변론하여야 한다. 다만, 결정으로 완결할 사건에 대하여는 법원이 변론을 열 것인지 아닌지를 정한다.
② 제1항 단서의 규정에 따라 변론을 열지 아니할 경우에, 법원은 당사자와 이해관계인, 그 밖의 참고인을 심문할 수 있다.
③ 이 법에 특별한 규정이 있는 경우에는 제1항과 제2항의 규정을 적용하지 아니한다.

- 1항 : 판결로 재판할 때에는 필요적 변론, 결정으로 재판할 때에는 임의적 변론
- 2항 : 임의적 변론에 있어서 변론을 열지 않는 경우는 소송기록에 의한 서면심리만으로 재판할 수도 있고, 당사자, 이해관계인 기타 참고인을 심문할 수도 있다. 심문이란 적당한 방법으로 서면 또는 구술로 진술할 기회를 주는 것으로서 공개법정에서 할 필요가 없으며, 반드시 당사자 쌍방에 진술의 기회를 주어야 하는 것도 아니다.

민사소송규칙
제17조의2(기일 외 진술 등의 금지) ① 당사자나 대리인은 기일 외에서 구술, 전화, 휴대전화 문자전송, 그 밖에 이와 유사한 방법으로 사실상 또는 법률상 사항에 대하여 진술하는 등 법령이나 재판장의 지휘에 어긋나는 절차와 방식으로 소송행위를 하여서는 아니 된다.
② 재판장은 제1항을 어긴 당사자나 대리인에게 주의를 촉구하고 기일에서 그 위반사실을 알릴 수 있다. [본조신설 2016.9.6.]

제28조(변론의 방법) ① 변론은 당사자가 말로 중요한 사실상 또는 법률상 사항에 대하여 진술하거나, 법원이 당사자에게 말로 해당사항을 확인하는 방식으로 한다.
② 법원은 변론에서 당사자에게 중요한 사실상 또는 법률상 쟁점에 관하여 의견을 진술할 기회를 주어야 한다. [본조신설 2007.11.28.]

제28조의3(당사자 본인의 최종진술) ① 당사자 본인은 변론이 종결되기 전에 재판장의 허가를 받아 최종의견을 진술할 수 있다. 다만 변론에서 이미 충분한 의견진술 기회를 가졌거나 그 밖의 특별한 사정이 있는 경우에는 그러하지 아니하다.
② 재판장은 당사자 본인의 수가 너무 많은 경우에는 당사자 본인 중 일부에 대하여 최종의견 진술기회를 제한할 수 있다.
③ 재판장은 필요하다고 인정할 때에는 제1항에 따른 최종의견 진술시간을 제한할 수 있다.

◆ 3항 : 무변론판결을 할 수 있는 경우로 제124조(담보를 제공하지 아니한 효과), 제219조·제413조·제425조(변론 없이 하는 소의 각하, 상소의 각하), 제257조(변론 없이 하는 판결), 제429조(상고이유서를 제출하지 아니함으로 말미암은 상고기각), 제430조(상고심의 심리절차), 소액사건심판법 제9조(심리절차상의 특칙)가 있고, 결정으로 재판하는 경우 제317조(증언거부에 대한 재판), 제3자에 대하여 문서의 제출을 명하는 경우(제347조 3항), 제82조(인수승계)는 필요적 심문을 하며, 제467조(지급명령)은 심문이 금지된다.

◆ 소송대리인과 당사자의 친동생이 판사실에 임의로 드나드는 한편 상대방이 없는 자리에서 소송대리인과 주심판사 사이에서 사건핵심에 관한 말이 있었다는 사정을 기피사유로 보지 않는 것이 판례이나(대법 1968.09.03, 68마951), 규칙 제17조의2에 의해 이제는 기피사유로 보는 것이 타당.

제135조(재판장의 지휘권) ① 변론은 재판장(합의부의 재판장 또는 단독판사를 말한다. 이하 같다)이 지휘한다.
② 재판장은 발언을 허가하거나 그의 명령에 따르지 아니하는 사람의 발언을 금지할 수 있다.

◆ 2항 : 발언이 금지된 자는 해당기일에 한하여 변론능력이 없게 된다.

제136조(석명권·구문권 등) ① 재판장은 소송관계를 분명하게 하기 위하여 당사자에게 사실상 또는 법률상 사항에 대하여 질문할 수 있고, 증명을 하도록 촉구할 수 있다.
② 합의부원은 재판장에게 알리고 제1항의 행위를 할 수 있다.
③ 당사자는 필요한 경우 재판장에게 상대방에 대하여 설명을 요구하여 줄 것을 요청할 수 있다.
④ 법원은 당사자가 간과하였음이 분명하다고 인정되는 법률상 사항에 관하여 당사자에게 의견을 진술할 기회를 주어야 한다.

◆ 1항은 석명권, 3항은 구문권, 4항은 지적의무
◆ 2항 : 석명권의 주체는 재판장이나 합의부원이 못하는 것은 아님.

제137조(석명준비명령) 재판장은 제136조의 규정에 따라 당사자에게 설명 또는 증명하거나 의견을 진술할 사항을 지적하고 변론기일 이전에 이를 준비하

◆ 필요한 경우에는 미리 당사자에게 석명할 사항을 서면·구두로 지시하고 변론준비기일이나 변론기일 전에 준비할 것을 명할 수 있다.

도록 명할 수 있다.

제138조(합의부에 의한 감독) 당사자가 변론의 지휘에 관한 재판장의 명령 또는 제136조 및 제137조의 규정에 따른 재판장이나 합의부원의 조치에 대하여 이의를 신청한 때에는 법원은 결정으로 그 이의신청에 대하여 재판한다.

민사소송규칙
제28조의2(재판장의 명령 등에 관한 이의신청) ① 법 제138조의 규정에 따른 이의신청은 그 명령 또는 조치가 있은 후 바로 하여야 한다. 다만, 법 제151조 단서에 해당하는 사유가 있는 때에는 그러하지 아니하다.
② 제1항의 이의신청을 하는 때에는 그 이유를 구체적으로 밝혀야 한다.

제139조(수명법관의 지정 및 촉탁) ① 수명법관으로 하여금 그 직무를 수행하게 하고자 할 경우에는 재판장이 그 판사를 지정한다.
② 법원이 하는 촉탁은 특별한 규정이 없으면 재판장이 한다.

제140조(법원의 석명처분) ① 법원은 소송관계를 분명하게 하기 위하여 다음 각호의 처분을 할 수 있다.
1. 당사자 본인 또는 그 법정대리인에게 출석하도록 명하는 일
2. 소송서류 또는 소송에 인용한 문서, 그 밖의 물건으로서 당사자가 가지고 있는 것을 제출하게 하는 일
3. 당사자 또는 제3자가 제출한 문서, 그 밖의 물건을 법원에 유치하는 일
4. 검증을 하고 감정을 명하는 일
5. 필요한 조사를 촉탁하는 일
② 제1항의 검증·감정과 조사의 촉탁에는 이 법의 증거조사에 관한 규정을 준용한다.

민사소송규칙
제29조(법원의 석명처분) 법 제140조제1항의 규정에 따른 검증·감정과 조사의 촉탁에는 이 규칙의 증거조사

◆ 소송지휘권은 법원에 속함이 원칙이다(제140조 내지 제145조 참조). 합의체의 심리일 때에는 주로 재판장이 그 대표기관으로 맡게 되며, 이러한 재판장의 조치에 대하여 당사자로부터 이의가 있으면 합의체가 이에 대하여 재판한다(제138조). 이를 실무상 "재판진행에 대한 이의"라고 한다.

◆ 수명법관 : 합의체는 그 활동을 원활·신속하게 처리하기 위하여 구성법관 중에서 1인을 수명법관으로 정하여 일정한 사항의 처리를 위임할 수 있는데(제139조 1항), 화해의 권고, 법원 외에서의 증거조사, 당사자의 이의 없는 경우의 증인신문, 변론준비절차의 진행 등이다(직접주의원칙상 수명법관에게 모든 사항의 처리를 포괄위임하는 것은 불가능).

◆ 수탁판사 : 합의체의 기관은 아니나 수소법원이 같은 급의 다른 법원에 일정한 재판사항의 처리를 부탁한 경우에 그 처리를 맡은 다른 법원의 단독판사(제139조 제2항)를 말한다. 그 권한은 수명법관과 동일하다.

◆ 석명처분은 어디까지나 사건의 내용을 이해하기 위한 것으로서 증거자료의 수집만을 목적으로 하는 증거조사와 다르며, 석명처분에 의해 현출된 자료는 당사자가 원용한 경우에만 증거자료로 될 수 있고 그렇지 않으면 변론 전체의 취지만으로 참작될 뿐이다.

에 관한 규정을 준용한다.

제29조의2(당사자 본인 등에 대한 출석명령) ① 법원은 필요한 때에는 당사자 본인 또는 그 법정대리인에게 출석하도록 명할 수 있다.

② 법원은 필요한 때에는 소송대리인에게 당사자 본인 또는 그 법정대리인의 출석을 요청할 수 있다. [본조신설 2007.11.28.]

제30조(석명권의 행사 등에 따른 법원사무관등의 조치) 법 제136조 또는 법 제137조의 규정에 따른 조치나 법 제140조제1항의 규정에 따른 처분이 있는 경우에 재판장 또는 법원은 법원사무관등으로 하여금 그 조치나 처분의 이행여부를 확인하고 그 이행을 촉구하게 할 수 있다.

제141조(변론의 제한·분리·병합) 법원은 변론의 제한·분리 또는 병합을 명하거나, 그 명령을 취소할 수 있다.

- 공격방어방법이 여러 개 있는 경우에는 변론의 분리가 허용되지 않고 제한만 허용.
- 변론병합의 효과 : 병합된 후 소가를 합산하지 않음. 동일기일에 변론과 증거조사를 공통으로 함. 변론의 병합이 있게 되면 병합 전에 행한 변론과 증거조사의 결과는 원용이 없더라도 그대로 병합 후의 소송자료가 되나, 병합에 의해 공동소송으로 된 경우에는 당사자의 절차보장을 위해 원용을 요한다. 병합에 의하여 수소법원의 구성에 변경이 생겼을 때에는 제204조 2항의 변론의 갱신이 준용.

제142조(변론의 재개) 법원은 종결된 변론을 다시 열도록 명할 수 있다.

민사소송규칙
제43조(변론재개결정과 변론기일지정) 법 제142조에 따라 변론재개결정을 하는 때에는 재판장은 특별한 사정이 없으면 그 결정과 동시에 변론기일을 지정하고 당사자에게 변론을 재개하는 사유를 알려야 한다.

- 변론의 재개여부는 법원의 직권사항으로서 당사자는 변론재개신청권이 없고, 신청이 있다 하더라도 직권발동을 촉구하는 의미밖에 없으므로 이에 대해 허부결정을 해 줄 필요가 없으며, 기각한 결정에 대하여 항고를 할 수 없다.
- 재개의무가 있는 경우 : 재개사유로 재심사유를 제출하였을 때, 재개하여 기회를 주지 않고 패소시키는 것이 절차적 정의에 반할 때, 주장·증명의 대상이 관건적 요증사실일 때, 지적의무 위반

제143조(통역) ① 변론에 참여하는 사람이 우리말을 하지 못하거나, 듣거나 말하는 데 장애가 있으면 통역인에게 통역하게 하여야 한다. 다만, 위와 같은 장애가 있는 사람에게는 문자로 질문하거나 진술하게 할 수 있다.

② 통역인에게는 이 법의 감정인에 관한 규정을 준용한다.

- 통역이 있어야 하는 이들에게는 변론능력이 없다는 견해도 있으나, 통역은 어디까지나 이들이 변론기일에 출석하여 변론하는 과정에서 타인들과 의사소통이 되도록 보조하는 역할에 불과하므로 이들의 변론능력을 제한하는 사유가 된다고 보기는 어렵다.

제143조의2(진술 보조) ① 질병, 장애, 연령, 그 밖의 사유로 인한 정신적·신체적 제약으로 소송관계

를 분명하게 하기 위하여 필요한 진술을 하기 어려운 당사자는 법원의 허가를 받아 진술을 도와주는 사람과 함께 출석하여 진술할 수 있다.
② 법원은 언제든지 제1항의 허가를 취소할 수 있다.
③ 제1항 및 제2항에 따른 진술보조인의 자격 및 소송상 지위와 역할, 법원의 허가 요건·절차 등 허가 및 취소에 관한 사항은 대법원규칙으로 정한다. [본조신설 2016.2.3.]

민사소송규칙
제30조의2(진술 보조) ① 법 제143조의2에 따라 법원의 허가를 받아 진술보조인이 될 수 있는 사람은 다음 각 호 중 어느 하나에 해당하고, 듣거나 말하는 데 장애가 없어야 한다.
  1. 당사자의 배우자, 직계친족, 형제자매, 가족, 그 밖에 동거인으로서 당사자와의 생활관계에 비추어 상당하다고 인정되는 경우
  2. 당사자와 고용, 그 밖에 이에 준하는 계약관계 또는 신뢰관계를 맺고 있는 사람으로서 그 사람이 담당하는 사무의 내용 등에 비추어 상당하다고 인정되는 경우
② 제1항과 법 제143조의2제1항에 따른 허가신청은 심급마다 서면으로 하여야 한다.
③ 제1항과 법 제143조의2제1항에 따른 법원의 허가를 받은 진술보조인은 변론기일에 당사자 본인과 동석하여 다음 각 호의 행위를 할 수 있다. 이 때 당사자 본인은 진술보조인의 행위를 즉시 취소하거나 경정할 수 있다.
  1. 당사자 본인의 진술을 법원과 상대방, 그 밖의 소송관계인이 이해할 수 있도록 중개하거나 설명하는 행위
  2. 법원과 상대방, 그 밖의 소송관계인의 진술을 당사자 본인이 이해할 수 있도록 중개하거나 설명하는 행위
④ 법원은 제3항에 따라 진술보조인이 한 중개 또는 설명행위의 정확성을 확인하기 위하여 직접 진술보조인에게 질문할 수 있다.
⑤ 진술보조인이 변론에 출석한 때에는 조서에 그 성명을 기재하고, 제3항에 따라 중개 또는 설명행위를 한 때에는 그 취지를 기재하여야 한다.
⑥ 법원은 법 제143조의2제2항에 따라 허가를 취소한 경우 당사자 본인에게 그 취지를 통지하여야 한다. [본조신설 2017.2.2.]

제144조(변론능력이 없는 사람에 대한 조치) ① 법원은 소송관계를 분명하게 하기 위하여 필요한 진술을 할 수 없는 당사자 또는 대리인의 진술을 금지하고, 변론을 계속할 새 기일을 정할 수 있다.

◆ 1항 : 진술금지재판을 받은 자는 당해 변론기일에만 한정하는 것이 아니라 그 심급에 있어서 변론 전부에 미친다. 이점이 제135조 2항 발언금지명령을 받은 자와 다르다. 새 기일에 변론무능력자가

② 제1항의 규정에 따라 진술을 금지하는 경우에 필요하다고 인정하면 법원은 변호사를 선임하도록 명할 수 있다.
③ 제1항 또는 제2항의 규정에 따라 대리인에게 진술을 금지하거나 변호사를 선임하도록 명하였을 때에는 본인에게 그 취지를 통지하여야 한다.
④ 소 또는 상소를 제기한 사람이 제2항의 규정에 따른 명령을 받고도 제1항의 새 기일까지 변호사를 선임하지 아니한 때에는 법원은 결정으로 소 또는 상소를 각하할 수 있다.
⑤ 제4항의 결정에 대하여는 즉시항고를 할 수 있다.

제145조(화해의 권고) ① 법원은 소송의 정도와 관계없이 화해를 권고하거나, 수명법관 또는 수탁판사로 하여금 권고하게 할 수 있다.
② 제1항의 경우에 법원·수명법관 또는 수탁판사는 당사자 본인이나 그 법정대리인의 출석을 명할 수 있다.

제146조(적시제출주의) 공격 또는 방어의 방법은 소송의 정도에 따라 적절한 시기에 제출하여야 한다.

제147조(제출기간의 제한) ① 재판장은 당사자의 의견을 들어 한 쪽 또는 양 쪽 당사자에 대하여 특정한 사항에 관하여 주장을 제출하거나 증거를 신청할 기간을 정할 수 있다.
② 당사자가 제1항의 기간을 넘긴 때에는 주장을 제출하거나 증거를 신청할 수 없다. 다만, 당사자가 정당한 사유로 그 기간 이내에 제출 또는 신청하지 못하였다는 것을 소명한 경우에는 그러하지 아니하다.

> **민사소송규칙**
> **제108조(서증 사본의 제출기간)** 법 제147조제1항의 규정에 따라 재판장이 서증신청(문서를 제출하는 방식으로 하는 경우에 한한다)을 할 기간을 정한 때에는 당사자는 그 기간이 끝나기 전에 서증의 사본을 제출하여야 한다

제148조(한 쪽 당사자가 출석하지 아니한 경우) ① 원고 또는 피고가 변론기일에 출석하지 아니하거나, 출석하고서도 본안에 관하여 변론하지 아니한 때에는 그가 제출한 소장·답변서, 그 밖의 준비서면에 적혀 있는 사항을 진술한 것으로 보고 출석한 상대방에게 변론을 명할 수 있다.

거듭 출석하더라도 기일불출석으로 취급된다.
◆ 3항: 선정당사자에게 유추적용되어 변호사 선임명령이 선정자에게 통지되지 않으면 소각하결정을 못한다.

◆ 공격방어방법의 제출시기에 관한 기본원칙으로, 적절한 시기인지는 개개의 소송절차에서 구체적인 상황에 비추어 판단할 문제이다.
◆ 적시제출주의의 사전 유도책으로 제286조에 의해 변론준비절차에서도 준용되나, 서면에 의한 변론준비절차에서는 의견을 들을 수 없어 활용될 수 없다.

◆ 1항: 일방불출석시에만 적용되며, 진술간주 적용하느냐 기일을 연기하느냐는 법원의 재량이다.
◆ 2항·3항: 진술간주로 포기·인낙·화해는 성립하나, 변론관할·증거신청은 적용 없음.

② 제1항의 규정에 따라 당사자가 진술한 것으로 보는 답변서, 그 밖의 준비서면에 청구의 포기 또는 인낙의 의사표시가 적혀 있고 공증사무소의 인증을 받은 때에는 그 취지에 따라 청구의 포기 또는 인낙이 성립된 것으로 본다.
③ 제1항의 규정에 따라 당사자가 진술한 것으로 보는 답변서, 그 밖의 준비서면에 화해의 의사표시가 적혀 있고 공증사무소의 인증을 받은 경우에, 상대방 당사자가 변론기일에 출석하여 그 화해의 의사표시를 받아들인 때에는 화해가 성립된 것으로 본다.

제149조(실기한 공격·방어방법의 각하) ① 당사자가 제146조의 규정을 어기어 고의 또는 중대한 과실로 공격 또는 방어방법을 뒤늦게 제출함으로써 소송의 완결을 지연시키게 하는 것으로 인정할 때에는 법원은 직권으로 또는 상대방의 신청에 따라 결정으로 이를 각하할 수 있다.
② 당사자가 제출한 공격 또는 방어방법의 취지가 분명하지 아니한 경우에, 당사자가 필요한 설명을 하지 아니하거나 설명할 기일에 출석하지 아니한 때에는 법원은 직권으로 또는 상대방의 신청에 따라 결정으로 이를 각하할 수 있다.

- 1항 : 실기각하는 독립한 결정으로 하거나 종국판결 이유에서 판단가능. 독립한 실기각하결정의 경우 이에 대해 항고할 수 없고 종국판결에 대한 상소와 함께 불복함. 각하신청을 배척한 결정은 소송지휘에 관한 재판이므로 불복불가.
- 2항 : 석명에 불응하는 공격방어방법의 각하

제150조(자백간주) ① 당사자가 변론에서 상대방이 주장하는 사실을 명백히 다투지 아니한 때에는 그 사실을 자백한 것으로 본다. 다만, 변론 전체의 취지로 보아 그 사실에 대하여 다툰 것으로 인정되는 경우에는 그러하지 아니하다.
② 상대방이 주장한 사실에 대하여 알지 못한다고 진술한 때에는 그 사실을 다툰 것으로 추정한다.
③ 당사자가 변론기일에 출석하지 아니하는 경우에는 제1항의 규정을 준용한다. 다만, 공시송달의 방법으로 기일통지서를 송달받은 당사자가 출석하지 아니한 경우에는 그러하지 아니하다.

- 1항 변론전체의 취지 : 변론의 일체성을 뜻하는 것으로서 변론종결 당시의 상태에서 변론 전체를 관찰하여 구체적으로 정하여야 한다.
- 2항 : 부지의 진술은 부인한 것으로 추정한다.
- 3항 자백간주의 성립요건 : ① 출석한 당사자는 준비서면을 미리 제출하였을 것을 요한다(제276조 규정상). ② 불출석한 당사자는 준비서면을 제출하지 아니하였어야 한다(제148조 규정상). ③ 기일통지는 공시송달에 의하지 않은 것이어야 한다. 다만 일단 자백간주의 효과가 발생한 후에는 그 이후의 기일통지 또는 출석요구서가 송달불능으로 되어 공시송달로 진행되었다 하더라도 그 자백간주의 효과는 그대로 유지된다(87다카961). ④ 책임 없는 사유에 의해 불출석한 경우에는 쌍방심문주의의 원칙상 의제자백의 성립이 부정된다.

제151조(소송절차에 관한 이의권) 당사자는 소송절차에 관한 규정에 어긋난 것임을 알거나, 알 수 있었을 경우에 바로 이의를 제기하지 아니하면 그 권리를

- 소송절차에 관한 규정 중 임의규정에 한하여 이의권의 포기·상실의 대상이 된다. 훈시규정의 위배는 소송법상의 효력에 영향이 없으므로 아예 이의

잃는다. 다만, 그 권리가 포기할 수 없는 것인 때에는 그러하지 아니하다.

제152조(변론조서의 작성) ① 법원사무관등은 변론기일에 참여하여 기일마다 조서를 작성하여야 한다. 다만, 변론을 녹음하거나 속기하는 경우 그 밖에 이에 준하는 특별한 사정이 있는 경우에는 법원사무관등을 참여시키지 아니하고 변론기일을 열 수 있다.
② 재판장은 필요하다고 인정하는 경우 법원사무관등을 참여시키지 아니하고 변론기일 및 변론준비기일 외의 기일을 열 수 있다.
③ 제1항 단서 및 제2항의 경우에는 법원사무관등은 그 기일이 끝난 뒤에 재판장의 설명에 따라 조서를 작성하고, 그 취지를 덧붙여 적어야 한다.

민사소송규칙
제36조(조서의 작성 등) ① 법원사무관등이 법 제152조제3항에 따라 조서를 작성하는 때에는 재판장의 허가를 받아 녹음테이프 또는 속기록을 조서의 일부로 삼을 수 있다. 이 경우 녹음테이프와 속기록의 보관 등에 관하여는 제34조제1항·제2항을 준용한다.
② 제1항 전문 및 법 제159조제1항·제2항에 따라 녹음테이프 또는 속기록을 조서의 일부로 삼은 경우라도 재판장은 법원사무관등으로 하여금 당사자, 증인, 그 밖의 소송관계인의 진술 중 중요한 사항을 요약하여 조서의 일부로 기재하게 할 수 있다.〈개정 2014.12.30.〉
③ 제1항 전문 및 법 제159조제1항·제2항에 따라 녹음테이프를 조서의 일부로 삼은 경우 다음 각호 가운데 어느 하나에 해당하면 녹음테이프의 요지를 정리하여 조서를 작성하여야 한다. 다만, 제2항의 조서 기재가 있거나 속기록 또는 제35조에 따른 녹취서가 작성된 경우에는 그러하지 아니하다.〈개정 2014.12.30.〉
1. 상소가 제기된 때
2. 법관이 바뀐 때
④ 제3항 및 법 제159조제3항에 따라 조서를 작성하는 때에는, 재판장의 허가를 받아, 속기록 또는 제35조에 따른 녹취서 가운데 필요한 부분을 그 조서에 인용할 수 있다.〈개정 2014.12.30.〉
⑤ 제3항 및 법 제159조제3항에 따른 조서는 변론 당시의 법원사무관등이 조서를 작성할 수 없는 특별한 사정이 있는 때에는 당해 사건에 관여한 다른 법원사무관등이 작성할 수 있다.〈개정 2014.12.30.〉

권이 문제되지 아니하고, 효력규정중 공익성이 강한 강행규정의 위반은 당연무효로서 법원이 직권으로 조사할 사항이기에 이의권의 포기·상실을 통한 하자의 치유가 인정될 수 없다.

◆ 1항 : 조서작성권은 실제로 기일에 참여한 법원사무관등의 고유한 권한이며, 기일마다 작성하여야지 수회 기일분의 변론을 후일에 1개의 조서에 일괄 작성하는 것은 허용되지 않는다.
◆ 법원사무관의 참여 없이 기일 여는 경우 : 변론기일·변론준비기일은 녹음·속기에 의하는 경우(1항 단서), 그 밖의 기일인 화해기일·조정기일·증거조사기일·심문기일 등은 재판장이 필요하다고 인정하는 경우(2항).
◆ 3항 : 조서 작성을 생략할 수 있는 것이 아니다.

제153조(형식적 기재사항) 조서에는 법원사무관등이 다음 각호의 사항을 적고, 재판장과 법원사무관등이 기명날인 또는 서명한다. 다만, 재판장이 기명날인 또는 서명할 수 없는 사유가 있는 때에는 합의부원이 그 사유를 적은 뒤에 기명날인 또는 서명하며, 법관 모두가 기명날인 또는 서명할 수 없는 사유가 있는 때에는 법원사무관등이 그 사유를 적는다. 〈개정 2017.10.31.〉
1. 사건의 표시
2. 법관과 법원사무관등의 성명
3. 출석한 검사의 성명
4. 출석한 당사자·대리인·통역인과 출석하지 아니한 당사자의 성명
5. 변론의 날짜와 장소
6. 변론의 공개여부와 공개하지 아니한 경우에는 그 이유

제154조(실질적 기재사항) 조서에는 변론의 요지를 적되, 특히 다음 각호의 사항을 분명히 하여야 한다.
1. 화해, 청구의 포기·인낙, 소의 취하와 자백
2. 증인·감정인의 선서와 진술
3. 검증의 결과
4. 재판장이 적도록 명한 사항과 당사자의 청구에 따라 적는 것을 허락한 사항
5. 서면으로 작성되지 아니한 재판
6. 재판의 선고

제155조(조서기재의 생략 등) ① 조서에 적을 사항은 대법원규칙이 정하는 바에 따라 생략할 수 있다. 다만, 당사자의 이의가 있으면 그러하지 아니하다.
② 변론방식에 관한 규정의 준수, 화해, 청구의 포기·인낙, 소의 취하와 자백에 대하여는 제1항 본문의 규정을 적용하지 아니한다.

민사소송규칙
제32조(조서기재의 생략 등) ① 소송이 판결에 의하지 아니하고 완결된 때에는 재판장의 허가를 받아 증인·당사자 본인 및 감정인의 진술과 검증결과의 기재를 생략할 수 있다.
② 법원사무관등은 제1항의 재판장의 허가가 있는 때에는 바로 그 취지를 당사자에게 통지하여야 한다.
③ 당사자가 제2항의 통지를 받은 날부터 1주 안에 이의를 한 때에는 법원사무관등은 바로 그 증인·당사자 본인 및 감정인의 진술과 검증결과를 적은 조서를 작성하여야 한다.
④ 제1심에서 피고에게 법 제194조 내지 제196조에 따라

◆ 제153조의 기재사항 중 1호, 2호, 5호의 사항을 누락하면 조서 전체가 무효가 된다.
◆ 재판장이나 법원사무관 등의 기명날인이 없는 조서는 무효로서 증명력을 갖지 못하나, 기명만 있고 날인이 없는 때에는 재판장의 경우는 무효로 보고 법원사무관 등의 경우는 판결에 영향이 없는 위법(4290민상13).

◆ 변론의 요지 : 변론의 내용을 이루는 당사자나 법원의 소송행위 및 증거조사의 결과 등을 기재할 것이나, 구술주의·직접주의의 원칙상 그 내용의 전부를 기재할 필요는 없고 변론의 요지를 기재하면 된다. 실질적 기재사항은 형식적 기재사항과 달리 그것이 없어도 조서 자체가 무효가 되지 않는다.
◆ 5호 : 변론의 분리 결정 같은 소송지휘에 관한 재판

◆ 민사소송규칙 제32조 1항은 판결에 의하지 아니하고 소송이 완결되는 청구의 포기·인낙, 화해·조정, 소의 취하의 경우는 단독사건·합의사건을 막론하고 재판장의 허가를 얻어 증인·당사자 본인 및 감정인의 진술과 검증결과의 기재를 생략할 수 있도록 하였고, 4항은 공시송달사건 등에서는 서증목록 기재를 각 생략할 수 있도록 하였다
◆ 소액사건에 있어서는 통상사건과 달리 당사자의 이의가 없는 경우에는 판사의 허가를 얻어 조서의 기재를 생략할 수 있는 특례가 있다(소심 제11조).

송달을 한 사건의 경우, 법원사무관등은 재판장의 허가를 받아 서증 목록에 적을 사항을 생략할 수 있다. 다만, 공시송달 명령 또는 처분이 취소되거나 상소가 제기된 때에는 서증 목록을 작성하여야 한다. 〈신설 2007.11.28., 2015.6.29.〉

제156조(서면 등의 인용·첨부) 조서에는 서면, 사진, 그 밖에 법원이 적당하다고 인정한 것을 인용하고 소송기록에 붙여 이를 조서의 일부로 삼을 수 있다.

제157조(관계인의 조서낭독 등 청구권) 조서는 관계인이 신청하면 그에게 읽어 주거나 보여주어야 한다.

제158조(조서의 증명력) 변론방식에 관한 규정이 지켜졌다는 것은 조서로만 증명할 수 있다. 다만, 조서가 없어진 때에는 그러하지 아니하다.

◆ 변론의 방식이라 함은 변론의 일시·장소, 공개유무, 당사자와 대리인의 출석여부, 관여법관, 판결의 선고사실 및 그 일자 등의 외형적 형식을 말한다.

◆ 변론의 방식에 관한 법정증거주의 : 변론의 방식에 관한 규정이 지켜졌다는 것은 다른 증거방법이나 반증을 들어 다툴 수 없다. 이 한도에서 변론방식에 관한 한 자유심증주의를 버리고 법정증거주의를 채택한 것이다.

제159조(변론의 속기와 녹음) ① 법원은 필요하다고 인정하는 경우에는 변론의 전부 또는 일부를 녹음하거나, 속기자로 하여금 받아 적도록 명할 수 있으며, 당사자가 녹음 또는 속기를 신청하면 특별한 사유가 없는 한 이를 명하여야 한다.
② 제1항의 녹음테이프와 속기록은 조서의 일부로 삼는다.
③ 제1항 및 제2항의 규정에 따라 녹음테이프 또는 속기록으로 조서의 기재를 대신한 경우에, 소송이 완결되기 전까지 당사자가 신청하거나 그 밖에 대법원규칙이 정하는 때에는 녹음테이프나 속기록의 요지를 정리하여 조서를 작성하여야 한다.
④ 제3항의 규정에 따라 조서가 작성된 경우에는 재판이 확정되거나, 양 쪽 당사자의 동의가 있으면 법원은 녹음테이프와 속기록을 폐기할 수 있다. 이 경우 당사자가 녹음테이프와 속기록을 폐기한다는 통지를 받은 날부터 2주 이내에 이의를 제기하지 아니하면 폐기에 대하여 동의한 것으로 본다.

◆ 소액사건의 경우 2013. 5. 1.부터 당사자의 신청이 없어도 법원이 직권녹음을 하였는데, 2015. 1.부터는 일반 사건도 법정녹음에 의한 변론기록방안이 본격적으로 실시되게 되었다.

민사소송규칙
제33조(변론의 속기와 녹음) ① 법 제159조제1항의 규정에

따른 변론의 속기 또는 녹음의 신청은 변론기일을 열기 전까지 하여야 하며, 비용(듣거나 말하는 데 장애가 있는 사람을 위한 속기 또는 녹음에 필요한 비용은 제외한다)이 필요한 때에는 법원이 정하는 금액을 미리 내야 한다. 〈개정 2014. 12. 30., 2020. 6. 26.〉
② 당사자의 신청이 있음에도 불구하고 속기 또는 녹음을 하지 아니하는 때에는 재판장은 변론기일에 그 취지를 고지하여야 한다.

제34조(녹음테이프·속기록의 보관 등) ① 법 제159조제1항·제2항의 녹음테이프와 속기록은 소송기록과 함께 보관하여야 한다.
② 당사자나 이해관계를 소명한 제3자는 법원사무관등에게 제1항의 녹음테이프를 재생하여 들려줄 것을 신청할 수 있다.
③ 법 제159조제4항의 규정에 따라 녹음테이프 또는 속기록을 폐기한 때에는 법원사무관등은 그 취지와 사유를 소송기록에 표시하여야 한다.

제35조(녹취서의 작성) ① 재판장은 필요하다고 인정하는 때에는 법원사무관등 또는 속기자에게 녹음테이프에 녹음된 내용에 대하여 녹취서를 작성할 것을 명할 수 있다.
② 제1항의 규정에 따라 작성된 녹취서에 관하여는 제34조제1항·제3항과 법 제159조제4항의 규정을 준용한다.

제37조(준용규정) ① 녹화테이프, 컴퓨터용 자기디스크·광디스크, 그 밖에 이와 비슷한 방법으로 음성이나 영상을 녹음 또는 녹화하여 재생할 수 있는 매체를 이용하여 변론의 전부나 일부를 녹음 또는 녹화하는 때에는 제33조 내지 제36조 및 법 제159조의 규정을 준용한다.
② 법원·수명법관 또는 수탁판사의 신문 또는 심문과 증거조사에는 제31조 내지 제36조 및 제1항의 규정을 준용한다.

제160조(다른 조서에 준용하는 규정) 법원·수명법관 또는 수탁판사의 신문(訊問) 또는 심문과 증거조사에는 제152조 내지 제159조의 규정을 준용한다.

제161조(신청 또는 진술의 방법) ① 신청, 그 밖의 진술은 특별한 규정이 없는 한 서면 또는 말로 할 수 있다.
② 말로 하는 경우에는 법원사무관등의 앞에서 하여야 한다.
③ 제2항의 경우에 법원사무관등은 신청 또는 진술의 취지에 따라 조서 또는 그 밖의 서면을 작성한 뒤 기명날인 또는 서명하여야 한다. 〈개정 2017. 10. 31.〉

제162조(소송기록의 열람과 증명서의 교부청구) ① 당사자나 이해관계를 소명한 제3자는 대법원규칙이 정하는 바에 따라, 소송기록의 열람·복사, 재판서·조서의 정본·등본·초본의 교부 또는 소송에 관한 사항의 증명서의 교부를 법원사무관등에게 신청할 수 있다.
② 누구든지 권리구제·학술연구 또는 공익적 목적으로 대법원규칙으로 정하는 바에 따라 법원사무관등에게 재판이 확정된 소송기록의 열람을 신청할 수 있다. 다만, 공개를 금지한 변론에 관련된 소송기록에 대하여는 그러하지 아니하다. 〈신설 2007.5.17.〉
③ 법원은 제2항에 따른 열람 신청시 당해 소송관계인이 동의하지 아니하는 경우에는 열람하게 하여서는 아니 된다. 이 경우 당해 소송관계인의 범위 및 동의 등에 관하여 필요한 사항은 대법원규칙으로 정한다. 〈신설 2007.5.17.〉
④ 소송기록을 열람·복사한 사람은 열람·복사에 의하여 알게 된 사항을 이용하여 공공의 질서 또는 선량한 풍속을 해하거나 관계인의 명예 또는 생활의 평온을 해하는 행위를 하여서는 아니 된다. 〈신설 2007.5.17.〉
⑤ 제1항 및 제2항의 신청에 대하여는 대법원규칙이 정하는 수수료를 내야 한다. 〈개정 2007.5.17.〉
⑥ 재판서·조서의 정본·등본·초본에는 그 취지를 적고 법원사무관등이 기명날인 또는 서명하여야 한다. 〈개정 2007.5.17., 2017.10.31.〉

> **민사소송규칙**
> 제37조의2(소송기록의 열람과 증명서의 교부청구) ① 법 제162조제1항에 따라 소송기록의 열람·복사, 재판서·조서의 정본·등본·초본의 교부 또는 소송에 관한 증명서의 교부를 신청할 때에는 신청인의 자격을 적은 서면으로 하여야 한다.
> ② 법 제162조제2항에 따라 확정된 소송기록의 열람을 신청할 때에는 열람을 신청하는 이유와 열람을 신청하는 범위를 적은 서면으로 하여야 한다. [본조신설 2007.11.28.]
> 제37조의3(당해 소송관계인의 범위와 동의) ① 법 제162조제3항에 따른 당해 소송관계인은 소송기록의 열람과 이해관계가 있는 다음 각호의 사람이다.
>   1. 당사자 또는 법정대리인
>   2. 참가인
>   3. 증인
> ② 법원은 법 제162조제2항에 따른 신청이 있는 때에는 당해 소송관계인에게 그 사실을 통지하여야 한다.

◆ 1항 : 선고된 판결서에 대하여는 누구든지 열람 및 복사를 할 수 있고(제163조의2), 확정된 소송기록은 학술연구 등 일정한 목적 하에 열람할 수 있도록(제162조 제2항) 정한 반면, 미확정 상태의 소송기록에 관하여는 당사자나 이해관계를 소명한 제3자만이 열람 등이 가능하도록 정하고 있다.
◆ 제159조 2항에 의해 녹음테이프와 속기록은 조서의 일부이나, 제162조의 열람·복사의 대상이 될 수는 없다.

> ③ 제2항에 따른 통지는 소송기록에 표시된 당해 소송관계인의 최후 주소지에 등기우편으로 발송하는 방법으로 할 수 있다.
> ④ 제3항에 따라 발송한 때에는 발송한 때에 송달된 것으로 본다.
> ⑤ 제2항에 따른 통지를 받은 당해 소송관계인은 통지를 받은 날부터 2주 이내에 소송기록의 열람에 관한 동의 여부를 서면으로 밝혀야 한다. 다만, 당해 소송관계인이 위 기간 이내에 동의 여부에 관한 서면을 제출하지 아니한 때에는 소송기록의 열람에 관하여 동의한 것으로 본다.
> [본조신설 2007. 11. 28.]

제163조(비밀보호를 위한 열람 등의 제한) ① 다음 각호 가운데 어느 하나에 해당한다는 소명이 있는 경우에는 법원은 당사자의 신청에 따라 결정으로 소송기록중 비밀이 적혀 있는 부분의 열람·복사, 재판서·조서중 비밀이 적혀 있는 부분의 정본·등본·초본의 교부(이하 "비밀 기재부분의 열람 등"이라 한다)를 신청할 수 있는 자를 당사자로 한정할 수 있다.
  1. 소송기록 중에 당사자의 사생활에 관한 중대한 비밀이 적혀 있고, 제3자에게 비밀 기재부분의 열람 등을 허용하면 당사자의 사회생활에 지장이 클 우려가 있는 때
  2. 소송기록중에 당사자가 가지는 영업비밀(부정경쟁방지및영업비밀보호에관한법률 제2조제2호에 규정된 영업비밀을 말한다)이 적혀 있는 때
② 소송관계인의 생명 또는 신체에 대한 위해의 우려가 있다는 소명이 있는 경우에는 법원은 해당 소송관계인의 신청에 따라 결정으로 소송기록의 열람·복사·송달에 앞서 주소 등 대법원규칙으로 정하는 개인정보로서 해당 소송관계인이 지정하는 부분(이하 "개인정보 기재부분"이라 한다)이 제3자(당사자를 포함한다. 이하 제3항·제4항 중 이 항과 관련된 부분에서 같다)에게 공개되지 아니하도록 보호조치를 할 수 있다. 〈신설 2023. 7. 11.〉
③제1항 또는 제2항의 신청이 있는 경우에는 그 신청에 관한 재판이 확정될 때까지 제3자는 개인정보 기재부분 또는 비밀 기재부분의 열람 등을 신청할 수 없다. 〈개정 2023. 7. 11.〉
④소송기록을 보관하고 있는 법원은 이해관계를 소명한 제3자의 신청에 따라 제1항 또는 제2항의 사유가 존재하지 아니하거나 소멸되었음을 이유로

제1항 또는 제2항의 결정을 취소할 수 있다. 〈개정 2023. 7. 11.〉
⑤ 제1항 또는 제2항의 신청을 기각한 결정 또는 제4항의 신청에 관한 결정에 대하여는 즉시항고를 할 수 있다. 〈개정 2023. 7. 11.〉
⑥ 제4항의 취소결정은 확정되어야 효력을 가진다. 〈개정 2023. 7. 11.〉
[시행일: 2025. 7. 12.] 제163조

> **민사소송규칙**
> **제38조(열람 등 제한의 신청방식 등)** ① 법 제163조제1항의 규정에 따른 결정을 구하는 신청은 소송기록 가운데 비밀이 적혀 있는 부분을 특정하여 서면으로 하여야 한다.
> ② 법 제163조제1항의 규정에 따른 결정은 소송기록 가운데 비밀이 적혀 있는 부분을 특정하여 하여야 한다.

제163조의2(판결서의 열람·복사) ① 제162조에도 불구하고 누구든지 판결이 선고된 사건의 판결서(확정되지 아니한 사건에 대한 판결서를 포함하며, 「소액사건심판법」이 적용되는 사건의 판결서와 「상고심절차에 관한 특례법」 제4조 및 이 법 제429조 본문에 따른 판결서는 제외한다. 이하 이 조에서 같다)를 인터넷, 그 밖의 전산정보처리시스템을 통한 전자적 방법 등으로 열람 및 복사할 수 있다. 다만, 변론의 공개를 금지한 사건의 판결서로서 대법원규칙으로 정하는 경우에는 열람 및 복사를 전부 또는 일부 제한할 수 있다. 〈개정 2020. 12. 8.〉
② 제1항에 따라 열람 및 복사의 대상이 되는 판결서는 대법원규칙으로 정하는 바에 따라 판결서에 기재된 문자열 또는 숫자열이 검색어로 기능할 수 있도록 제공되어야 한다. 〈신설 2020. 12. 8.〉
③ 법원사무관등이나 그 밖의 법원공무원은 제1항에 따른 열람 및 복사에 앞서 판결서에 기재된 성명 등 개인정보가 공개되지 아니하도록 대법원규칙으로 정하는 보호조치를 하여야 한다. 〈개정 2020. 12. 8.〉
④ 제3항에 따라 개인정보 보호조치를 한 법원사무관등이나 그 밖의 법원공무원은 고의 또는 중대한 과실로 인한 것이 아니면 제1항에 따른 열람 및 복사와 관련하여 민사상·형사상 책임을 지지 아니한다. 〈개정 2020. 12. 8.〉
⑤ 제1항의 열람 및 복사에는 제162조제4항·제5항 및 제163조를 준용한다. 〈개정 2020. 12. 8.〉
⑥ 판결서의 열람 및 복사의 방법과 절차, 개인정보

보호조치의 방법과 절차, 그 밖에 필요한 사항은 대법원규칙으로 정한다. 〈개정 2020. 12. 8.〉
[본조신설 2011. 7. 18.] [제목개정 2020. 12. 8.]

제164조(조서에 대한 이의) 조서에 적힌 사항에 대하여 관계인이 이의를 제기한 때에는 조서에 그 취지를 적어야 한다.

- 조서의 기재에 관하여 불복이 있으면 제164조에 의한 이의의 방법에 의하여야 하고, 제223조의 법원사무관 등의 처분에 관한 이의사건으로 취급할 것이 아니며(89마694), 이를 상고이유로 삼을 수 없다(95누5097). 그 이의가 이유 없다고 인정될 경우에는 조서에 그 취지를 적어야 하고(제164조), 이의가 정당하면 조서의 기재를 정정한다.
- 조서의 기재내용이 재판장의 인식내용과 다르다고 생각되는 경우 재판장은 그 기재내용의 변경을 명할 수 있다. 이 경우 법원사무관은 자기의 인식 내용을 첨기할 수 있다. 그러나 조서에 법원사무관 등의 기명날인뿐만 아니라 재판장까지 기명날인을 완료하여 조서가 완성된 경우에는 조서의 안정이 우선되어야 하므로 재판장이라 할지라도 그 변경을 명할 수 없다.

제2절 전문심리위원 〈신설 2007.7.13.〉

제164조의2(전문심리위원의 참여) ① 법원은 소송관계를 분명하게 하거나 소송절차(증거조사·화해 등을 포함한다. 이하 이 절에서 같다)를 원활하게 진행하기 위하여 직권 또는 당사자의 신청에 따른 결정으로 제164조의4제1항에 따라 전문심리위원을 지정하여 소송절차에 참여하게 할 수 있다.
② 전문심리위원은 전문적인 지식을 필요로 하는 소송절차에서 설명 또는 의견을 기재한 서면을 제출하거나 기일에 출석하여 설명이나 의견을 진술할 수 있다. 다만, 재판의 합의에는 참여할 수 없다.
③ 전문심리위원은 기일에 재판장의 허가를 받아 당사자, 증인 또는 감정인 등 소송관계인에게 직접 질문할 수 있다.
④ 법원은 제2항에 따라 전문심리위원이 제출한 서면이나 전문심리위원의 설명 또는 의견의 진술에 관하여 당사자에게 구술 또는 서면에 의한 의견진술의 기회를 주어야 한다. [본조신설 2007.7.13.]

민사소송규칙
제38조의3(기일 외의 전문심리위원에 대한 설명 등의 요구와 조치) 재판장이 기일 외에서 전문심리위원에 대하여 설

- 1항의 소송절차 : 쟁점정리기일, 증인신문기일, 현장검증기일, 감정인 신문기일, 화해기일 등에 참여할 수 있으며, 민사소송절차뿐만 아니라 민사소송법이 준용되는 가사, 행정, 특허소송절차에도 참여할 수 있고, 심급의 제한도 없다. 그러나 조정절차에는 참여할 수 없다.
- 2항 : 전문심리위원의 설명이나 의견진술은 감정과 달리 증거가 되지 않는다. 특허법원의 기술심리관은 재판의 합의에서 의견진술을 할 수 있으나(법조 제54조의2), 전문심리위원은 합의에 참여할 수 없다.

명 또는 의견을 요구한 사항이 소송관계를 분명하게 하는 데 중요한 사항일 때에는 법원사무관등은 양쪽 당사자에게 그 사항을 통지하여야 한다.

제38조의4(서면의 사본 송부) 전문심리위원이 설명이나 의견을 기재 한 서면을 제출한 경우에는 법원사무관등은 양 쪽 당사자에게 그 사본을 보내야 한다.

제38조의5(전문심리위원에 대한 준비지시) ① 재판장은 전문심리위원을 소송절차에 참여시키기 위하여 필요하다고 인정한 때에는 전문심리위원에게 소송목적물의 확인 등 적절한 준비를 지시할 수 있다.

② 재판장이 제1항의 준비를 지시한 때에는 법원사무관등은 양쪽 당사자에게 그 취지를 통지하여야 한다.

제38조의6(증인신문기일에서의 재판장의 조치) 재판장은 전문심리위원의 말이 증인의 증언에 영향을 미치지 않게 하기 위하여 필요하다고 인정할 때에는 직권 또는 당사자의 신청에 따라 증인의 퇴정 등 적절한 조치를 취할 수 있다.

제38조의7(조서의 기재) ① 전문심리위원이 소송절차의 기일에 참여한 때에는 조서에 그 성명을 기재하여야 한다.

② 전문심리위원이 재판장, 수명법관 또는 수탁판사의 허가를 받아 소송관계인에게 질문을 한 때에는 조서에 그 취지를 기재하여야 한다.

제164조의3(전문심리위원 참여결정의 취소) ① 법원은 상당하다고 인정하는 때에는 직권이나 당사자의 신청으로 제164조의2제1항에 따른 결정을 취소할 수 있다.

② 제1항에도 불구하고 당사자가 합의로 제164조의2제1항에 따른 결정을 취소할 것을 신청하는 때에는 법원은 그 결정을 취소하여야 한다. [본조신설 2007.7.13.]

민사소송규칙
제38조의8(전문심리위원 참여결정의 취소 신청방식 등) ① 법 제164조의2제1항의 규정에 따른 결정의 취소 신청은 기일에서 하는 경우를 제외하고는 서면으로 하여야 한다.

② 제1항의 신청을 할 때에는 신청 이유를 밝혀야 한다. 다만, 양쪽 당사자가 동시에 신청할 때에는 그러하지 아니하다.

제164조의4(전문심리위원의 지정 등) ① 법원은 제164조의2제1항에 따라 전문심리위원을 소송절차에 참여시키는 경우 당사자의 의견을 들어 각 사건마다 1인 이상의 전문심리위원을 지정하여야 한다.

② 전문심리위원에게는 대법원규칙으로 정하는 바에 따라 수당을 지급하고, 필요한 경우에는 그 밖

의 여비, 일당 및 숙박료를 지급할 수 있다.
③ 전문심리위원의 지정에 관하여 그 밖에 필요한 사항은 대법원규칙으로 정한다. [본조신설 2007.7.13.]

> **민사소송규칙**
> 제38조의2(전문심리위원의 지정) 법원은 별도의 대법원규칙에 따라 정해진 전문심리위원후보자 중에서 전문심리위원을 지정하여야 한다.

제164조의5(전문심리위원의 제척 및 기피) ① 전문심리위원에게 제41조부터 제45조까지 및 제47조를 준용한다.
② 제척 또는 기피 신청을 받은 전문심리위원은 그 신청에 관한 결정이 확정될 때까지 그 신청이 있는 사건의 소송절차에 참여할 수 없다. 이 경우 전문심리위원은 당해 제척 또는 기피 신청에 대하여 의견을 진술할 수 있다. [본조신설 2007.7.13.]

제164조의6(수명법관 등의 권한) 수명법관 또는 수탁판사가 소송절차를 진행하는 경우에는 제164조의2 제2항부터 제4항까지의 규정에 따른 법원 및 재판장의 직무는 그 수명법관이나 수탁판사가 행한다. [본조신설 2007.7.13.]

> **민사소송규칙**
> 제38조의9(수명법관 등의 권한) 수명법관 또는 수탁판사가 소송절차를 진행하는 경우에는 제38조의5 내지 제38조의7의 규정에 따른 재판장의 직무는 그 수명법관이나 수탁판사가 행한다.

제164조의7(비밀누설죄) 전문심리위원 또는 전문심리위원이었던 자가 그 직무수행 중에 알게 된 다른 사람의 비밀을 누설하는 경우에는 2년 이하의 징역이나 금고 또는 1천만원 이하의 벌금에 처한다. [본조신설 2007.7.13.]

제164조의8(벌칙 적용에서의 공무원 의제) 전문심리위원은 「형법」 제129조부터 제132조까지의 규정에 따른 벌칙의 적용에서는 공무원으로 본다. [본조신설 2007.7.13.]

전문심리위원	기술심리관
민사·가사·행정·특허 사건에 참여 / 조정절차 불가	특허법원
당사자의 신청 또는 법원의 직권으로 채택	법원이 필요하다고 인정하는 경우
법원행정처장이 명단 작성	대법원장이 공무원의 파견근무 요청
설명이나 의견을 기재한 서면을 제출하거나 출석진술	심리에 참여
재판장의 허가를 받아 소송관계인에 질문	재판장의 허가를 받아 소송관계인에 질문
합의에는 참여 못함	합의에서 의견진술 가능. 재판의 구성원은 아님
제척·기피	제척·기피·회피

제3절 기일과 기간 〈개정 2007.7.13.〉

제165조(기일의 지정과 변경) ① 기일은 직권으로 또는 당사자의 신청에 따라 재판장이 지정한다. 다만, 수명법관 또는 수탁판사가 신문하거나 심문하는 기일은 그 수명법관 또는 수탁판사가 지정한다.
② 첫 변론기일 또는 첫 변론준비기일을 바꾸는 것은 현저한 사유가 없는 경우라도 당사자들이 합의하면 이를 허가한다.

법원조직법
제56조(개정의 장소) ① 공판(公判)은 법정에서 한다.
② 법원장은 필요에 따라 법원 외의 장소에서 개정(開廷)하게 할 수 있다. [전문개정 2014. 12. 30.]

민사소송규칙
제39조(변론 개정시간의 지정) 재판장은 사건의 변론 개정시간을 구분하여 지정하여야 한다.
제40조(기일변경신청) 기일변경신청을 하는 때에는 기일변경이 필요한 사유를 밝히고, 그 사유를 소명하는 자료를 붙여야 한다.
제41조(기일변경의 제한) 재판장등은 법 제165조제2항에 따른 경우 외에는 특별한 사정이 없으면 기일변경을 허가하여서는 아니 된다. [전문개정 2007.11.28.]
제42조(다음 기일의 지정) ① 기일을 변경하거나 변론을 연기 또는 속행하는 때에는 소송절차의 중단 또는 중지, 그 밖에 다른 특별한 사정이 없으면 다음 기일을 바로 지정하여야 한다. 다만, 법 제279조제2항에 따

- 1항 : 기일지정 시 반드시 재판의 형식에 의하여 시행하여야 하는 것이 아니고, 기일통지서가 양쪽 당사자에 송달되었으면 기일의 지정이 있는 것으로 볼 것이라는 태도(4290민상326). 법원청사 외에서 증거조사기일을 실시할 경우에는 법원장의 허가가 필요 없으나(제297조 제1항), 법원청사 외에서 변론기일을 실시하고자 할 경우 법원장의 허가가 필요하다(법원조직법 제56조 제2항).
- 2항 : 변경이란 기일개시 전에 그 지정을 취소하고 이에 갈음하여 새로운 기일을 지정하는 것. 첫 변론기일은 당사자 합의로 변경이 가능하나, 그 다음 기일부터는 특별한 사정이 있어야 함(규칙 제41조). 기일변경의 허부는 재판장의 직권사항으로서 그 허부재판에 대해서는 불복신청이 불허.

라 변론기일을 연 뒤에 바로 사건을 변론준비절차에 부치는 경우에는 그러하지 아니하다.
② 기일을 변경하는 때에는 바로 당사자에게 그 사실을 알려야 한다.[전문개정 2007.11.28.]
제44조(증인 등에 대한 기일변경통지) ① 증인·감정인 등 당사자 외의 사람에 대하여 출석요구를 한 후에 그 기일이 변경된 때에는 바로 그 취지를 출석요구를 받은 사람에게 통지하여야 한다. 다만, 통지할 시간적 여유가 없는 때에는 그러하지 아니하다.
② 증인·감정인 등 당사자 외의 사람에 대하여 출석요구를 한 후에 소의 취하, 그 밖의 사정으로 그 기일을 실시하지 아니하게 된 경우에는 제1항의 규정을 준용한다.

제166조(공휴일의 기일) 기일은 필요한 경우에만 공휴일로도 정할 수 있다.

◆ 당사자의 신청이 있는 때에는 공휴일에 송달하는 제190조와 비교.

제167조(기일의 통지) ① 기일은 기일통지서 또는 출석요구서를 송달하여 통지한다. 다만, 그 사건으로 출석한 사람에게는 기일을 직접 고지하면 된다.
② 법원은 대법원규칙이 정하는 간이한 방법에 따라 기일을 통지할 수 있다. 이 경우 기일에 출석하지 아니한 당사자·증인 또는 감정인 등에 대하여 법률상의 제재, 그 밖에 기일을 게을리 함에 따른 불이익을 줄 수 없다.

민사소송규칙
제45조(기일의 간이통지) ① 법 제167조제2항의 규정에 따른 기일의 간이통지는 전화·팩시밀리·보통우편 또는 전자우편으로 하거나, 그 밖에 상당하다고 인정되는 방법으로 할 수 있다.
② 제1항의 규정에 따라 기일을 통지한 때에는 법원사무관등은 그 방법과 날짜를 소송기록에 표시하여야 한다.
제46조(전화 등을 이용한 송달방법) ① 변호사인 소송대리인에 대한 송달은 법원사무관등이 전화·팩시밀리·전자우편 또는 휴대전화 문자전송을 이용하여 할 수 있다. 〈개정 2007.11.28.〉
② 제1항의 규정에 따른 송달을 한 경우 법원사무관등은 송달받은 변호사로부터 송달을 확인하는 서면을 받아 소송기록에 붙여야 한다.
③ 법원사무관등은 변호사인 소송대리인에 대한 송달을 하는 때에는 제1항에 따른 송달을 우선적으로 고려하여야 한다. 〈신설 2007.11.28.〉
제47조(변호사 사이의 송달) ① 양쪽 당사자가 변호사를 소송대리인으로 선임한 경우 한쪽 당사자의 소송대리인인 변호사가 상대방 소송대리인인 변호사에게 송달될 소송서류의 부본을 교부하거나 팩시밀리 또

는 전자우편으로 보내고 그 사실을 법원에 증명한 때에는 송달의 효력이 있다. 다만, 그 소송서류가 당사자 본인에게 교부되어야 할 경우에는 그러하지 아니하다.
② 제1항의 규정에 따른 송달의 증명은 소송서류의 부본을 교부받거나 팩시밀리 또는 전자우편으로 받은 취지와 그 날짜를 적고 송달받은 변호사가 기명날인 또는 서명한 영수증을 제출함으로써 할 수 있다. 다만, 소송서류 원본의 표면 여백에 송달받았다는 취지와 그 날짜를 적고 송달받은 변호사의 날인 또는 서명을 받아 제출하는 때에는 따로 영수증을 제출할 필요가 없다.
③ 제1항의 규정에 따라 소송서류를 송달받은 변호사는 제2항의 규정에 따른 송달의 증명절차에 협력하여야 하며, 제1항에 규정된 방법으로 소송서류를 송달한 변호사는 송달한 서류의 원본을 법원에 바로 제출하여야 한다.

제168조(출석승낙서의 효력) 소송관계인이 일정한 기일에 출석하겠다고 적은 서면을 제출한 때에는 기일통지서 또는 출석요구서를 송달한 것과 같은 효력을 가진다.

제169조(기일의 시작) 기일은 사건과 당사자의 이름을 부름으로써 시작된다.

제170조(기간의 계산) 기간의 계산은 민법에 따른다.

제171조(기간의 시작) 기간을 정하는 재판에 시작되는 때를 정하지 아니한 경우에 그 기간은 재판의 효력이 생긴 때부터 진행한다.

제172조(기간의 신축, 부가기간) ① 법원은 법정기간 또는 법원이 정한 기간을 늘이거나 줄일 수 있다. 다만, 불변기간은 그러하지 아니하다.
② 법원은 불변기간에 대하여 주소 또는 거소가 멀리 떨어진 곳에 있는 사람을 위하여 부가기간(附加期間)을 정할 수 있다.
③ 재판장·수명법관 또는 수탁판사는 제1항 및 제2항의 규정에 따라 법원이 정한 기간 또는 자신이 정한 기간을 늘이거나 줄일 수 있다.

제173조(소송행위의 추후보완) ① 당사자가 책임질 수 없는 사유로 말미암아 불변기간을 지킬 수 없었던 경우에는 그 사유가 없어진 날부터 2주 이내에 게을리 한 소송행위를 보완할 수 있다. 다만, 그 사유가 없어질 당시 외국에 있던 당사자에 대하여는

이 기간을 30일로 한다.
② 제1항의 기간에 대하여는 제172조의 규정을 적용하지 아니한다.

제4절 송달 〈개정 2007.7.13.〉

제174조(직권송달의 원칙) 송달은 이 법에 특별한 규정이 없으면 법원이 직권으로 한다.

◆ 공시송달(제194조)과 공휴일 등의 송달(제190조)의 경우에는 당사자의 신청에 의해서도 시행할 수 있게 하고 있다.

제175조(송달사무를 처리하는 사람) ① 송달에 관한 사무는 법원사무관등이 처리한다.
② 법원사무관등은 송달하는 곳의 지방법원에 속한 법원사무관등 또는 집행관에게 제1항의 사무를 촉탁할 수 있다.

◆ 송달사무라 함은 송달서류의 작성·수령, 송달받은 자·송달방법·송달장소의 결정, 송달실시기관에의 서류교부, 송달실시 후에 송달보고서의 수령 및 편철, 공시송달의 경우 송달서류의 보관

제176조(송달기관) ① 송달은 우편 또는 집행관에 의하거나, 그 밖에 대법원규칙이 정하는 방법에 따라서 하여야 한다.
② 우편에 의한 송달은 우편집배원이 한다.
③ 송달기관이 송달하는 데 필요한 때에는 경찰공무원에게 원조를 요청할 수 있다. 〈개정 2006.2.21.〉

◆ 재송달을 했음에도 수취인부재, 폐문부재 등으로 송달되지 않는 경우에 특별송달을 신청한다. 특별송달은 야간송달, 휴일송달 등으로 우편집배원이 아닌 법원의 집행관이 송달한다.

제177조(법원사무관등에 의한 송달) ① 해당 사건에 출석한 사람에게는 법원사무관등이 직접 송달할 수 있다.
② 법원사무관등이 그 법원안에서 송달받을 사람에게 서류를 교부하고 영수증을 받은 때에는 송달의 효력을 가진다.

◆ 법원사무관 등은 당해사건에 출석한 사람에게 직접 교부하여 송달할 수 있고(실무상 변호사에 대한 송달은 주로 이 방법에 의함), 우편송달(제187조)·송달함 송달(제188조)·공시송달(제195조)·간이통지 방식에 의한 송달(변호사에 대한 전화나 팩스송달)을 실시한다.

제178조(교부송달의 원칙) ① 송달은 특별한 규정이 없으면 송달받을 사람에게 서류의 등본 또는 부본을 교부하여야 한다.
② 송달할 서류의 제출에 갈음하여 조서, 그 밖의 서면을 작성한 때에는 그 등본이나 초본을 교부하여야 한다.

◆ 원본은 사건기록에 편철하여 보전하여야 하는 관계상, 송달은 보통 송달할 서류의 등본을 교부하여 실시한다.
◆ 원본을 송달하는 경우 : 기일통지서 또는 출석요구서의 송달(제167조 1항), ② 문서송부촉탁서, ③ 압류채권의 제3채무자에 대한 진술을 명하는 서면 (민집법 제237조 2항)
◆ 정본을 송달하는 경우 : 판결·화해조서·인낙조서·포기조서·경정결정·소송비용확정결정·담보제공결정·과태료결정·지급명령·가압류·가처분결정의 송달

민사소송규칙
제48조(부본제출의무 등) ① 송달을 하여야 하는 소송서류를 제출하는 때에는 특별한 규정이 없으면 송달에 필요한 수의 부본을 함께 제출하여야 한다.
② 법원은 필요하다고 인정하는 때에는 소송서류를 제출한 사람에게 그 문서의 전자파일을 전자우편이나 그 밖에 적당한 방법으로 법원에 보내도록 요청할 수 있다.

제179조(소송무능력자에게 할 송달) 소송무능력자에게 할 송달은 그의 법정대리인에게 한다.

> 국가를 당사자로 하는 소송에 관한 법률
> 제9조(송달의 대상) ① 국가소송에서 국가에 대한 송달은 수소법원(受訴法院)에 대응하는 검찰청(수소법원이 지방법원 지원인 경우에는 지방검찰청을 말한다)의 장에게 한다. 다만, 고등검찰청 소재지의 지방법원(산하 지방법원 지원을 포함한다)에 소(訴)가 제기된 경우에는 그 고등검찰청의 장에게 송달한다.
> ② 소송수행자 또는 소송대리인이 있는 경우에는 제1항에도 불구하고 소송수행자 또는 소송대리인에게 송달한다. [전문개정 2009. 1. 30.]

◆ 소송무능력자에게 한 송달은 무효이다.
◆ 제64조에 의해 법인에 준용되어 법인 등에 대한 송달은 그 대표자 또는 관리인에게 한다.

제180조(공동대리인에게 할 송달) 여러 사람이 공동으로 대리권을 행사하는 경우의 송달은 그 가운데 한 사람에게 하면 된다.

> 민사소송규칙
> 제49조(공동대리인에게 할 송달) 법 제180조의 규정에 따라 송달을 하는 경우에 그 공동대리인들이 송달을 받을 대리인 한 사람을 지정하여 신고한 때에는 지정된 대리인에게 송달하여야 한다.

◆ 법정대리인이 여러 명인 경우 공동대리하나, 송달은 1인에게 하면 된다.

제181조(군관계인에게 할 송달) 군사용의 청사 또는 선박에 속하여 있는 사람에게 할 송달은 그 청사 또는 선박의 장에게 한다.

제182조(구속된 사람 등에게 할 송달) 교도소·구치소 또는 국가경찰관서의 유치장에 체포·구속 또는 유치(留置)된 사람에게 할 송달은 교도소·구치소 또는 국가경찰관서의 장에게 한다. 〈개정 2006. 2. 21.〉

> 민사소송규칙
> 제50조(송달서류의 교부의무 등) ① 법 제181조와 법 제182조의 규정에 따라 송달을 받은 청사·선박·교도소·구치소 또는 경찰관서(다음부터 이 조문 안에서 이 모두를 "청사등"이라 한다)의 장은 송달을 받을 본인에게 송달된 서류를 바로 교부하여야 한다.
> ② 제1항의 청사등의 장은 부득이한 사유가 없는 한 송달을 받은 본인이 소송수행에 지장을 받지 아니하도록 조치하여야 한다.
> ③ 제1항의 청사등의 장은 제2항에 규정된 조치를 취하지 못할 사유가 있는 때에는 그 사유를 적은 서면을 법원에 미리 제출하여야 한다.

◆ 수감자의 종전 주소에서의 송달은 무효이며 수감자는 일종의 무능력자라 할 수 있어 반드시 교도소장 등에게 송달하여야 한다. 피고인의 수감 사실을 모른 채 종전 주·거소에 송달해도 마찬가지이며, 체포나 구속된 날 종전 주·거소로 송달되었다면 구속된 시각과 송달된 시간의 선후에 의하여 결정하지만, 명확하지 않으면 송달이 무효이다.
◆ 교도소장 등에게 서류가 교부되면 송달은 완료하고 그 효력이 발생한다. 따라서 피구속자에의 전달 여부는 송달의 효력에 영향이 없다.

제183조(송달장소) ① 송달은 받을 사람의 주소·거소·영업소 또는 사무소(이하 "주소등"이라 한다)에

◆ 이웃 주소지로 이사하였으나 종전 주소지에 주민등록을 둔 채 양쪽 집을 왕래하였다면 모두 송달

서 한다. 다만, 법정대리인에게 할 송달은 본인의 영업소나 사무소에서도 할 수 있다.
② 제1항의 장소를 알지 못하거나 그 장소에서 송달할 수 없는 때에는 송달받을 사람이 고용·위임 그 밖에 법률상 행위로 취업하고 있는 다른 사람의 주소등(이하 "근무장소"라 한다)에서 송달할 수 있다.
③ 송달받을 사람의 주소등 또는 근무장소가 국내에 없거나 알 수 없는 때에는 그를 만나는 장소에서 송달할 수 있다.
④ 주소등 또는 근무장소가 있는 사람의 경우에도 송달받기를 거부하지 아니하면 만나는 장소에서 송달할 수 있다.

- 장소이다.
- 여기의 영업소 또는 사무소는 그 자신 경영의 개인 영업소 또는 사무소만을 뜻하지 그가 경영하는 회사의 공장은 해당되지 않는다. 한시적 기간에만 설치·운영되어도 그곳에서 이루어지는 영업이나 사무의 내용, 기간 등에 비추어 볼 때 어느 정도 반복해서 송달이 이루어질 것이라고 객관적으로 기대할 수 있는 곳이라면 위 조항에서 규정한 영업소 또는 사무소에 해당한다.
- 1항 단서에 의해 법인의 경우에는 먼저 그 사무소에 송달하여 보고 송달불능이 되면 원칙인 1항 본문에 의해 그 대표자의 주소에 송달할 것이고 그곳으로 송달불능이 될 때에 주소보정을 명할 것
- 2항 : 주소 등에 송달을 시도하지도 아니한 채 근무장소로 한 송달은 무효. 근무장소란 현실의 근무장소를 말하는 것. 회사의 비상근 이사·감사 또는 사외이사의 직을 갖고 있는 사람에 대하여 그 회사의 본점은 '근무장소'에 해당하지 않는다. 지점근무자의 경우 본점이 아닌 그 지점에 송달하여야 한다.
- 3항, 4항 : 출회송달 또는 조우송달이라고 한다. 이러한 장소에서는 본인이 수령을 거부하면 그 정당한 사유의 유무를 불문하고 원칙적으로 유치송달을 할 수 없다.

제184조(송달받을 장소의 신고) 당사자·법정대리인 또는 소송대리인은 주소등 외의 장소(대한민국안의 장소로 한정한다)를 송달받을 장소로 정하여 법원에 신고할 수 있다. 이 경우에는 송달 영수인을 정하여 신고할 수 있다.

- 송달장소·송달영수인의 신고의무제를 폐지하고 이를 임의적인 것으로 하고 있다.

제185조(송달장소변경의 신고의무) ① 당사자·법정대리인 또는 소송대리인이 송달받을 장소를 바꿀 때에는 바로 그 취지를 법원에 신고하여야 한다.
② 제1항의 신고를 하지 아니한 사람에게 송달할 서류는 달리 송달할 장소를 알 수 없는 경우 종전에 송달받던 장소에 대법원규칙이 정하는 방법으로 발송할 수 있다.

- 원고 등 적극적 당사자의 경우 최초에 소장 등에 기재한 주소 등으로 피고의 답변서 부본이나 기일통지서를 송달한 결과 이사불명이나 현 소재지 불명을 이유로 송달불능이 된 경우에는 발송송달 할 수 있다.

제186조(보충송달·유치송달) ① 근무장소 외의 송달할 장소에서 송달받을 사람을 만나지 못한 때에는 그 사무원, 피용자(被用者) 또는 동거인으로서 사리를

- 1항 근무장소 외 : 주소·거소·영업소·사무소에서의 보충송달, 주민등록상의 주소지가 아니어도 됨.
- 동거인 : 기간은 상관없고, 동일세대에 속하여 생

분별할 지능이 있는 사람에게 서류를 교부할 수 있다.
② 근무장소에서 송달받을 사람을 만나지 못한 때에는 제183조제2항의 다른 사람 또는 그 법정대리인이나 피용자 그 밖의 종업원으로서 사리를 분별할 지능이 있는 사람이 서류의 수령을 거부하지 아니하면 그에게 서류를 교부할 수 있다.
③ 서류를 송달받을 사람 또는 제1항의 규정에 의하여 서류를 넘겨받을 사람이 정당한 사유 없이 송달받기를 거부하는 때에는 송달할 장소에 서류를 놓아둘 수 있다.

계를 같이하는 사람으로 부모와 딸이 별개의 세대를 구성하고 있더라도 실제로는 생활을 같이하고 있다면 포함. 이혼한 처라도 사실상 동일 세대에 소속되어 있으면 포함. 임차인은 동일세대가 아니나 송달수령권의 묵시적 위임이 있는 경우에는 보충송달로 적법.

◆ 사무원 또는 피용자 : 반드시 송달받을 사람과 고용관계가 있어야 하는 것이 아니고 평소 본인을 위하여 사무 등을 보조하는 자이면 충분. 빌딩이나 아파트의 경비원·관리인인 경우에 오로지 경비업무나 빌딩 자체의 관리업무만 맡긴 관계가 아니고, 평소에 우편물을 대신 수령하여 왔다면 송달수령권이 있다. 일시 방문객에게 송달된 경우는 무효이나, 수송달자에게 전달·교부되면 그때 송달이 완성.

◆ 사리를 분별할 지능 : 만 8세 10개월 된 자, 만 15세 7개월 된 가정부의 경우 있음. 단 만 8세 9개월 남짓의 아들에게 이를 교부하고 서명을 받은 사안에서는 보충송달이 적법하지 않다. 소송서류를 송달받을 본인과 소송에 관하여 이해의 대립 내지 상반된 이해관계가 있는 수령대행인에게 보충송달을 할 수 없다.

◆ 근무장소에서의 보충송달(2항)은 거부권이 있음.

◆ 유치송달(3항) : 송달받을 본인·대리인의 거부뿐만 아니라, 제186조 1항의 사무원·피용자·동거인의 거부도 포함되는 것으로 하였다. 근무장소에서 보충송달을 받을 수 있는 사람에게는 유치송달을 할 수 없음.

제187조(우편송달) 제186조의 규정에 따라 송달할 수 없는 때에는 법원사무관등은 서류를 등기우편 등 대법원규칙이 정하는 방법으로 발송할 수 있다.

민사소송규칙
제51조(발송의 방법) 법 제185조제2항과 법 제187조의 규정에 따른 서류의 발송은 등기우편으로 한다.

◆ 송달받을 자의 주소 등 송달하여야 할 장소는 밝혀져 있으나 송달받을 자는 물론이고 그 사무원, 고용인, 동거인 등 보충송달을 받을 사람도 없거나 부재하여서 원칙적 송달방법인 교부송달은 물론이고 보충송달도 할 수 없고 따라서 유치송달도 할 수 없는 경우(제187조), 당사자 등이 송달장소변경의 신고를 하지 아니하고 달리 송달할 장소를 알 수 없는 경우(제185조 2항)에 우편송달한다.

◆ 화해권고결정(제225조)·이행권고결정(소심법 제5조의 3)·채무명시명령(민집 제62조 5항)의 송달은 우편송달에 의할 수 없다.

◆ 발송송달이 부적법한 경우 : ⅰ) 원고가 주소보정

한 피고의 송달장소로 송달한 것이 송달불능이 되더라도 기록상 다른 주소가 현출되어 있는 경우에 그곳에 송달해 보지도 않고 바로 발송송달한 것은 위법, ii) 처음 송달이 불능이어서 다시 송달장소·송달영수인 신고가 있었는데 위 신고장소에 송달시도 없이 발송송달한 것은 잘못, iii) 피고소송대리인 사무실로 송달했으나 불능이 되어 기록에 현출된 피고본인 주소지에 송달을 실시해 보지 않고 피고소송대리인 주소지로 발송송달한 것은 부적법, iv) 소장과 항소장에 원고의 주소지로 기재되어 있기는 하나 당시 원고의 실제 생활근거지가 아닌 곳으로 변론기일 소환장을 우편송달한 것이 민사소송법 제187조나 제185조 제2항에 의한 우편송달로서의 효력이 없다.

제188조(송달함 송달) ① 제183조 내지 제187조의 규정에 불구하고 법원안에 송달할 서류를 넣을 함(이하 "송달함"이라 한다)을 설치하여 송달할 수 있다.
② 송달함을 이용하는 송달은 법원사무관등이 한다.
③ 송달받을 사람이 송달함에서 서류를 수령하여 가지 아니한 경우에는 송달함에 서류를 넣은 지 3일이 지나면 송달된 것으로 본다.
④ 송달함의 이용절차와 수수료, 송달함을 이용하는 송달방법 및 송달함으로 송달할 서류에 관한 사항은 대법원규칙으로 정한다.

> **민사소송규칙**
> **제52조(송달함을 이용한 송달절차)** ① 송달함의 이용신청은 법원장 또는 지원장에게 서면으로 하여야 한다.
> ② 송달함을 이용하는 사람은 그 수수료를 미리 내야 한다.
> ③ 송달함을 이용하는 사람은 송달함에서 서류를 대신 수령할 사람을 서면으로 지정할 수 있다.
> ④ 송달함을 설치한 법원 또는 지원은 송달함의 관리에 관한 장부를 작성·비치하여야 한다.
> ⑤ 법원장 또는 지원장은 법원의 시설, 송달업무의 부담 등을 고려하여 송달함을 이용할 사람·이용방법, 그 밖에 필요한 사항을 정할 수 있다.

제189조(발신주의) 제185조제2항 또는 제187조의 규정에 따라 서류를 발송한 경우에는 발송한 때에 송달된 것으로 본다.

제190조(공휴일 등의 송달) ① 당사자의 신청이 있는 때에는 공휴일 또는 해뜨기 전이나 해진 뒤에 집행관 또는 대법원규칙이 정하는 사람에 의하여 송

◆ 송달은 신속·확실을 위해 직권으로 하는 것이 원칙이다(제174조). 다만, 공시송달(제194조)과 공휴일 등의 송달(제190조)의 경우에는 당사자의 신청에

달할 수 있다.
② 제1항의 규정에 따라 송달하는 때에는 법원사무관등은 송달할 서류에 그 사유를 덧붙여 적어야 한다.
③ 제1항과 제2항의 규정에 어긋나는 송달은 서류를 교부받을 사람이 이를 영수한 때에만 효력을 가진다.

제191조(외국에서 하는 송달의 방법) 외국에서 하여야 하는 송달은 재판장이 그 나라에 주재하는 대한민국의 대사·공사·영사 또는 그 나라의 관할 공공기관에 촉탁한다.

제192조(전쟁에 나간 군인 또는 외국에 주재하는 군관계인 등에게 할 송달) ① 전쟁에 나간 군대, 외국에 주둔하는 군대에 근무하는 사람 또는 군에 복무하는 선박의 승무원에게 할 송달은 재판장이 그 소속 사령관에게 촉탁한다.
② 제1항의 송달에 대하여는 제181조의 규정을 준용한다.

제193조(송달통지) 송달한 기관은 송달에 관한 사유를 대법원규칙이 정하는 방법으로 법원에 알려야 한다.

> **민사소송규칙**
> 제53조(송달통지) 송달한 기관은 송달에 관한 사유를 서면으로 법원에 통지하여야 한다. 다만, 법원이 상당하다고 인정하는 때에는 전자통신매체를 이용한 통지로 서면통지에 갈음할 수 있다.

제194조(공시송달의 요건) ① 당사자의 주소등 또는 근무장소를 알 수 없는 경우 또는 외국에서 하여야 할 송달에 관하여 제191조의 규정에 따를 수 없거나 이에 따라도 효력이 없을 것으로 인정되는 경우에는 법원사무관등은 직권으로 또는 당사자의 신청에 따라 공시송달을 할 수 있다. 〈개정 2014.12.30.〉
② 제1항의 신청에는 그 사유를 소명하여야 한다.
③ 재판장은 제1항의 경우에 소송의 지연을 피하기 위하여 필요하다고 인정하는 때에는 공시송달을 명할 수 있다. 〈신설 2014.12.30.〉
④ 원고가 소권(항소권을 포함한다)을 남용하여 청구가 이유 없음이 명백한 소를 반복적으로 제기한 것에 대하여 법원이 변론 없이 판결로 소를 각하하는 경우에는 재판장은 직권으로 피고에 대하여 공시송달을 명할 수 있다. 〈신설 2023. 4. 18.〉

◆ 의해서도 시행할 수 있게 하고 있다.

◆ 외국 송달을 위한 중복되는 복잡한 절차를 피하고 송달에 드는 시간과 비용을 절감하기 위하여 외국에서 할 송달에 있어서는 다음 기일 및 그 다음 기일을 아울러 지정하여 통지하도록 하고 있다.

◆ 이 경우 수송달자와 관련하여 제181조는 군사용의 청사 또는 선박에 속하여 있는 사람에게 할 송달은 그 청사 또는 선박의 장에게 한다고 규정하고 있다.

◆ 송달보고서의 작성을 게을리한 경우에도 송달의 단순한 증명방법에 지나지 않으므로 송달의 효력에는 영향이 없다.
◆ 송달통지서는 송달이 적법하게 이루어졌는가에 관한 유일한 증거방법은 아니다.

◆ 당사자나 보조참가인, 소송의 피고지인, 소송인수인 등과 이들의 법정대리인·대표자 또는 관리인 등 당사자에 준하는 사람에 한하며, 증인·감정인에의 송달은 제외되고 당사자본인신문을 위하여 출석을 요구하는 경우에도 공시송달을 할 수 없다.
◆ 다른 송달방법에 의하는 것이 불가능한 때에 한하여 허용(공시송달의 보충성).
◆ 송달받을 자가 있는 경우를 전제로 하므로 송달받을 자가 없는 경우에는 허용되지 않는다.
◆ 공시송달의 신청이 각하된 때에는 신청인은 법원사무관 등의 처분에 대한 이의신청을 할 수 있다 (제223조).
◆ 공시송달을 받은 당사자에게는 자백간주(제150조 3항)·답변서제출의무(제256조 1항 단서)·외국판결의 승인규정(제217조 1항 2호)이 적용되지 아니하며,

⑤ 재판장은 직권으로 또는 신청에 따라 법원사무관 등의 공시송달처분을 취소할 수 있다. 〈신설 2014.12.30.〉

화해권고결정(제225조 2항)·이행권고결정(소심법 제5조의3 4항)·조정에 갈음하는 결정(민사조정법 제38조 2항)·환경분쟁 조정법에 의한 재정문서·지급명령(제466조)은 공시송달에 의할 수 없다.

제195조(공시송달의 방법) 공시송달은 법원사무관등이 송달할 서류를 보관하고 그 사유를 법원게시판에 게시하거나, 그 밖에 대법원규칙이 정하는 방법에 따라서 하여야 한다.

> **민사소송규칙**
> **제54조(공시송달의 방법)** ① 법 제194조제1항, 제3항에 따른 공시송달은 법원사무관등이 송달할 서류를 보관하고, 다음 각 호 가운데 어느 하나의 방법으로 그 사유를 공시함으로써 행한다. 〈개정 2015.6.29.〉
> 1. 법원게시판 게시
> 2. 관보·공보 또는 신문 게재
> 3. 전자통신매체를 이용한 공시
> ② 법원사무관등은 제1항에 규정된 방법으로 송달한 때에는 그 날짜와 방법을 기록에 표시하여야 한다.

제196조(공시송달의 효력발생) ① 첫 공시송달은 제195조의 규정에 따라 실시한 날부터 2주가 지나야 효력이 생긴다. 다만, 같은 당사자에게 하는 그 뒤의 공시송달은 실시한 다음 날부터 효력이 생긴다.
② 외국에서 할 송달에 대한 공시송달의 경우에는 제1항 본문의 기간은 2월로 한다.
③ 제1항 및 제2항의 기간은 줄일 수 없다.

제197조(수명법관 등의 송달권한) 수명법관 및 수탁판사와 송달하는 곳의 지방법원판사도 송달에 대한 재판장의 권한을 행사할 수 있다.

제5절 재판 〈개정 2007.7.13.〉

제198조(종국판결) 법원은 소송의 심리를 마치고 나면 종국판결(終局判決)을 한다.

제199조(종국판결 선고기간) 판결은 소가 제기된 날부터 5월 이내에 선고한다. 다만, 항소심 및 상고심에서는 기록을 받은 날부터 5월 이내에 선고한다.

◆ 훈시규정에 해당한다.
◆ 1심은 소제기시, 상소심은 기록을 받은 날부터 기산한다.

제200조(일부판결) ① 법원은 소송의 일부에 대한 심리를 마친 경우 그 일부에 대한 종국판결을 할 수 있다.
② 변론을 병합한 여러 개의 소송 가운데 한 개의 심리를 마친 경우와, 본소(本訴)나 반소의 심리를 마친 경우에는 제1항의 규정을 준용한다.

	일부판결 가능	일부판결 불가
1개의 청구	가분채권에서 수액이 확정된 부분	불가분 채권
청구병합	단순병합, 단 관련적 병합은 설대립	선택적·예비적 병합
반소	가능	동일목적의 형성청구, 동일한 법률관계
공동소송	통상공동소송	필수적 공동소송과 준용되는 소송
변론병합	가능	법률상 병합이 요구되는 경우

제201조(중간판결) ① 법원은 독립된 공격 또는 방어의 방법, 그 밖의 중간의 다툼에 대하여 필요한 때에는 중간판결(中間判決)을 할 수 있다.
② 청구의 원인과 액수에 대하여 다툼이 있는 경우에 그 원인에 대하여도 중간판결을 할 수 있다.

◆ 중간판결의 효력 : 자기구속력 / 실권효 / 독립상소 불가 / 종국판결이 아니므로 원칙적으로 소송비용에 대한 재판을 해서는 안 된다(제104조 참조).

제202조(자유심증주의) 법원은 변론 전체의 취지와 증거조사의 결과를 참작하여 자유로운 심증으로 사회정의와 형평의 이념에 입각하여 논리와 경험의 법칙에 따라 사실주장이 진실한지 아닌지를 판단한다.

◆ 자유심증주의란 사실의 진부판단에 있어서 법관이 증거법칙의 제약 없이 자유로운 심증으로 행할 수 있는 원칙을 말한다. 심증형성(사실인정)의 자료가 되는 것을 증거원인이라 하는데 여기에는 변론 전체의 취지와 증거조사의 결과가 있다.

제202조의2(손해배상 액수의 산정) 손해가 발생한 사실은 인정되나 구체적인 손해의 액수를 증명하는 것이 사안의 성질상 매우 어려운 경우에 법원은 변론 전체의 취지와 증거조사의 결과에 의하여 인정되는 모든 사정을 종합하여 상당하다고 인정되는 금액을 손해배상 액수로 정할 수 있다.
[본조신설 2016. 3. 29.]

제203조(처분권주의) 법원은 당사자가 신청하지 아니한 사항에 대하여는 판결하지 못한다.

◆ 당사자의 신청사항과 동일한 범위에서 재판하여야 하며, 일부인용은 가능하나, 신청의 상한을 초과하여 인용할 수 없다.

제204조(직접주의) ① 판결은 기본이 되는 변론에 관여한 법관이 하여야 한다.
② 법관이 바뀐 경우에 당사자는 종전의 변론결과를 진술하여야 한다.
③ 단독사건의 판사가 바뀐 경우에 종전에 신문한 증인에 대하여 당사자가 다시 신문신청을 한 때에

◆ 1항 : 판결의 선고에만 관여할 때에는 직접주의 적용이 없다.
◆ 2항 : 이송, 항소, 환송, 재심사건의 본안심리, 변론의 병합 후 변론의 갱신절차를 밟아야 한다. 다만 변론준비기일이 진행 중에 법관이 바뀐 경우, 소액

는 법원은 그 신문을 하여야 한다. 합의부 법관의 반수 이상이 바뀐 경우에도 또한 같다.

> **민사소송규칙**
> **제55조(종전 변론결과의 진술)** 법 제204조제2항에 따른 종전 변론결과의 진술은 당사자가 사실상 또는 법률상 주장, 정리된 쟁점 및 증거조사 결과의 요지 등을 진술하거나, 법원이 당사자에게 해당사항을 확인하는 방식으로 할 수 있다. [본조신설 2007.11.28.]
> **제127조의2(제1심 변론결과의 진술)** 제1심 변론결과의 진술은 당사자가 사실상 또는 법률상 주장, 정리된 쟁점 및 증거조사 결과의 요지 등을 진술하거나, 법원이 당사자에게 해당사항을 확인하는 방식으로 할 수 있다. [본조신설 2007.11.28.]

사건의 경우에는 갱신절차를 밟을 필요가 없다. 기타 직접심리주의 예외로 증거조사를 법정 내에서 실시하기 어려운 사정이 있을 때에는 수명법관·수탁판사에게 증거조사를 시키고 그 결과를 기재한 조서를 판결자료로 할 수 있도록 하고 있다(제297조, 제298조). 외국에서 증거조사를 하는 때에 외국 주재 우리나라 대사·공사·영사 또는 그 나라의 관할 공공기관에 촉탁하는 것도 같다(제296조).

◆ 변론의 갱신은 출석한 당사자만이 개괄적으로 종전 변론결과를 진술하는 것으로 족하고 종전의 변론내용을 구체적으로 하나씩 들어 다시 진술하는 것은 아니다.

제205조(판결의 효력발생) 판결은 선고로 효력이 생긴다.

◆ 판결은 선고로 대외적으로 성립되고 효력이 발생한다. 다만 심리불속행, 상고이유서부제출에 의한 상고기각판결은 송달로써 효력이 발생한다(상특법 제5조 2항).

제206조(선고의 방식) 판결은 재판장이 판결원본에 따라 주문을 읽어 선고하며, 필요한 때에는 이유를 간략히 설명할 수 있다.

◆ 소액사건의 경우에는 판결서에 이유기재를 생략할 수 있는 대신에 이유의 요지를 말로 설명하여야 한다(소액사건심판법 제11조의 2). 선고는 그에 앞서 판결원본이 반드시 작성되어 있어야 하며, 이미 내용이 확정된 판결을 고지하는 것이므로 변론에 관여하지 않은 법관이 하여도 무방하다.

제207조(선고기일) ① 판결은 변론이 종결된 날부터 2주 이내에 선고하여야 하며, 복잡한 사건이나 그 밖의 특별한 사정이 있는 때에도 변론이 종결된 날부터 4주를 넘겨서는 아니 된다.
② 판결은 당사자가 출석하지 아니하여도 선고할 수 있다.

◆ 1항 : 훈시규정에 해당

제208조(판결서의 기재사항 등) ① 판결서에는 다음 각 호의 사항을 적고, 판결한 법관이 서명날인하여야 한다.
1. 당사자와 법정대리인
2. 주문
3. 청구의 취지 및 상소의 취지
4. 이유
5. 변론을 종결한 날짜. 다만, 변론 없이 판결하는 경우에는 판결을 선고하는 날짜
6. 법원

◆ 소송대리인의 표시는 송달의 필요상 표시하는 것에 불과하며, 필요적 기재사항은 아니다.

◆ 소의 결론부분인 본안에 관한 주문을 쓰고 소송비용의 부담 및 가집행선고(제213조)나 그 면제선고도 함께 주문에 기재함이 원칙이다.

◆ 청구의 취지 및 상소의 취지 : 법원의 심판의 대상과 범위를 명백히 하여 소송물을 밝히면서 기판력의 객관적 범위를 파악케 하려는 취지이다.

◆ 이유 : 법원의 판결에 당사자가 주장한 사항에 대한 구체적·직접적인 판단이 표시되어 있지 않더

② 판결서의 이유에는 주문이 정당하다는 것을 인정할 수 있을 정도로 당사자의 주장, 그 밖의 공격·방어방법에 관한 판단을 표시한다.
③ 제2항의 규정에 불구하고 제1심 판결로서 다음 각 호 가운데 어느 하나에 해당하는 경우에는 청구를 특정함에 필요한 사항과 제216조제2항의 판단에 관한 사항만을 간략하게 표시할 수 있다.
 1. 제257조의 규정에 의한 무변론 판결
 2. 제150조제3항이 적용되는 경우의 판결
 3. 피고가 제194조 내지 제196조의 규정에 의한 공시송달로 기일통지를 받고 변론기일에 출석하지 아니한 경우의 판결
④ 법관이 판결서에 서명날인함에 지장이 있는 때에는 다른 법관이 판결에 그 사유를 적고 서명날인하여야 한다.

라도 판결 이유의 전반적인 취지에 비추어 그 주장을 인용하거나 배척하였음을 알 수 있는 정도라면 판단누락이라고 할 수 없고, 설령 실제로 판단을 하지 아니하였다고 하더라도 그 주장이 배척될 경우임이 분명한 때에는 판결 결과에 영향이 없어 판단누락의 위법이 있다고 할 수 없다.

◆ 변론을 종결한 날짜 : 기판력의 시적 범위에 있어서 표준시점이 된다.
◆ 법원 : 판결서에 서명날인하는 법관이 소속한 관서로서의 법원을 의미한다. 법원은 판결서의 첫머리에 표시한다.
◆ 2항 : 모든 절차에서 이유기재 간이화
◆ 3항 : 제1심에서만 적용되는 이유기재 간이화
◆ 4항 : 변론에 관여한 법관의 서명날인이 없는 때에는 판결원본이 있다 할 수 없고, 따라서 판결원본에 의한 판결선고가 아니기 때문에 선고의 효력이 없다.

제209조(법원사무관등에 대한 교부) 판결서는 선고한 뒤에 바로 법원사무관등에게 교부하여야 한다.

제210조(판결서의 송달) ① 법원사무관등은 판결서를 받은 날부터 2주 이내에 당사자에게 송달하여야 한다.
② 판결서는 정본으로 송달한다.

◆ 1항 : 훈시규정에 해당

> **민사소송규칙**
> **제55조의2(상소에 대한 고지)** 판결서의 정본을 송달하는 때에는 법원사무관등은 당사자에게 상소기간과 상소장을 제출할 법원을 고지하여야 한다.

제211조(판결의 경정) ① 판결에 잘못된 계산이나 기재, 그 밖에 이와 비슷한 잘못이 있음이 분명한 때에 법원은 직권으로 또는 당사자의 신청에 따라 경정결정(更正決定)을 할 수 있다.
② 경정결정은 판결의 원본과 정본에 덧붙여 적어야 한다. 다만, 정본에 덧붙여 적을 수 없을 때에는 결정의 정본을 작성하여 당사자에게 송달하여야 한다.
③ 경정결정에 대하여는 즉시항고를 할 수 있다. 다만, 판결에 대하여 적법한 항소가 있는 때에는 그러하지 아니하다.

◆ 1항 : 잘못이 법원의 과실 때문이든 청구의 잘못 때문이든 가리지 않는다. 판결서의 표현상의 잘못이 분명한 것인지 여부는 판결서의 기재 자체뿐만 아니라 소송기록과 대비하여 판단하여야 한다. 즉 명백한 잘못의 판단자료에 관하여 判例는 과거의 자료 외에 경정대상인 판결 이후에 제출된 자료나 집행과정에서 밝혀진 사실도 포함하고 있다.
◆ 2항 단서 : 이미 정본이 당사자에 송달된 경우에는 따로 결정의 정본을 송달하여야 한다.
◆ 제3항 본문의 반대해석 : 경정신청기각결정에 대해서는 불복할 수 없다(通說·判例). 경정신청기각결정에 대해서는 특별항고(제449조)가 허용될 수

제212조(재판의 누락) ① 법원이 청구의 일부에 대하여 재판을 누락한 경우에 그 청구부분에 대하여는 그 법원이 계속하여 재판한다.
② 소송비용의 재판을 누락한 경우에는 법원은 직권으로 또는 당사자의 신청에 따라 그 소송비용에 대한 재판을 한다. 이 경우 제114조의 규정을 준용한다.
③ 제2항의 규정에 따른 소송비용의 재판은 본안판결에 대하여 적법한 항소가 있는 때에는 그 효력을 잃는다. 이 경우 항소법원은 소송의 총비용에 대하여 재판을 한다.

- 있을 뿐이다.
- 1항 : 일부판결이 허용되는 법원이 청구의 전부에 대하여 재판할 의사로 재판을 하였지만 객관적으로는 청구의 일부에 대하여 재판을 누락하였을 때(제212조)는 추가판결로서 완결하여야 한다. 따라서 이 경우 누락부분에 대한 상소는 불복의 대상이 부존재하여 부적법하다. 재판의 누락이 있는지 여부는 우선 주문의 기재에 의하여 판정하여야 하고, 판결이유에서 청구가 이유 없다고 설시하고 있더라도 주문에서 설시가 없으면 특별한 사정이 없는 한 재판의 누락이 있다고 보아야 한다.
- 2항 : 법원은 당사자의 신청에 따라 결정으로 소송비용의 액수를 정하고, 이를 부담하도록 명하여야 한다.

제213조(가집행의 선고) ① 재산권의 청구에 관한 판결은 가집행(假執行)의 선고를 붙이지 아니할 상당한 이유가 없는 한 직권으로 담보를 제공하거나, 제공하지 아니하고 가집행을 할 수 있다는 것을 선고하여야 한다. 다만, 어음금·수표금 청구에 관한 판결에는 담보를 제공하게 하지 아니하고 가집행의 선고를 하여야 한다.
② 법원은 직권으로 또는 당사자의 신청에 따라 채권전액을 담보로 제공하고 가집행을 면제받을 수 있다는 것을 선고할 수 있다.
③ 제1항 및 제2항의 선고는 판결주문에 적어야 한다.

- 1항 : 직권에 의한 가집행 선고의 예외로 제406조 1항. 직권이므로 당사자의 신청에 허부재판을 안 했어도 판단누락 아님, 피고의 항소를 기각하면서 가집행을 선고한 것은 불이익변경이 아님
- 담보 여부는 법원의 재량
- 어음금·수표금 청구, 불복신청이 없는 하급심판결부분에 대한 상급심의 가집행선고는 무담보

제214조(소송비용담보규정의 준용) 제213조의 담보에는 제122조·제123조·제125조 및 제126조의 규정을 준용한다.

- 담보제공방식(제122조), 담보물에 대한 피고의 권리(제123조), 담보취소(제125조), 담보물변경(제126조)

제215조(가집행선고의 실효, 가집행의 원상회복과 손해배상) ① 가집행의 선고는 그 선고 또는 본안판결을 바꾸는 판결의 선고로 바뀌는 한도에서 그 효력을 잃는다.
② 본안판결을 바꾸는 경우에는 법원은 피고의 신청에 따라 그 판결에서 가집행의 선고에 따라 지급한 물건을 돌려 줄 것과, 가집행으로 말미암은 손해 또는 그 면제를 받기 위하여 입은 손해를 배상할 것을 원고에게 명하여야 한다.
③ 가집행의 선고를 바꾼 뒤 본안판결을 바꾸는 경우에는 제2항의 규정을 준용한다.

- 2항 : 가지급물반환신청은 소송중의 소의 일종으로서 그 성질은 예비적 반소라 할 것이므로 가집행선고가 붙은 제1심판결에 대하여 피고가 항소를 하였지만 피고의 항소가 기각된 경우 법원이 따로 가지급물반환신청에 대한 판단을 하지 아니한 것은 적법하다. 원상회복의무는 일종의 부당이득반환의무의 성격을 가진다. 따라서 상사채권에 기하여 가지급금이 지급되었더라도 가집행선고의 실효로 인한 원상회복의무의 지연손해금에 대하여는 민법 소정의 법정이율이 적용된다.
- 3항 : 가집행의 선고만이 취소된 때에는 그 후 본

제216조(기판력의 객관적 범위) ① 확정판결(確定判決)은 주문에 포함된 것에 한하여 기판력(旣判力)을 가진다.
② 상계를 주장한 청구가 성립되는지 아닌지의 판단은 상계하자고 대항한 액수에 한하여 기판력을 가진다.

제217조(외국재판의 승인) ① 외국법원의 확정판결 또는 이와 동일한 효력이 인정되는 재판(이하 "확정재판등"이라 한다)은 다음 각호의 요건을 모두 갖추어야 승인된다. 〈개정 2014.5.20.〉
  1. 대한민국의 법령 또는 조약에 따른 국제재판관할의 원칙상 그 외국법원의 국제재판관할권이 인정될 것
  2. 패소한 피고가 소장 또는 이에 준하는 서면 및 기일통지서나 명령을 적법한 방식에 따라 방어에 필요한 시간여유를 두고 송달받았거나(공시송달이나 이와 비슷한 송달에 의한 경우를 제외한다) 송달받지 아니하였더라도 소송에 응하였을 것
  3. 그 확정재판등의 내용 및 소송절차에 비추어 그 확정재판등의 승인이 대한민국의 선량한 풍속이나 그 밖의 사회질서에 어긋나지 아니할 것
  4. 상호보증이 있거나 대한민국과 그 외국법원이 속하는 국가에 있어 확정재판등의 승인요건이 현저히 균형을 상실하지 아니하고 중요한 점에서 실질적으로 차이가 없을 것
② 법원은 제1항의 요건이 충족되었는지에 관하여 직권으로 조사하여야 한다. 〈신설 2014.5.20.〉
[제목개정 2014.5.20.]

제217조의2(손해배상에 관한 확정재판등의 승인) ① 법원은 손해배상에 관한 확정재판등이 대한민국의 법률 또는 대한민국이 체결한 국제조약의 기본질서에 현저히 반하는 결과를 초래할 경우에는 해당 확정재판등의 전부 또는 일부를 승인할 수 없다.
② 법원은 제1항의 요건을 심리할 때에는 외국법원이 인정한 손해배상의 범위에 변호사보수를 비롯한 소송과 관련된 비용과 경비가 포함되는지와 그 범위를 고려하여야 한다. [본조신설 2014.5.20.]

제218조(기판력의 주관적 범위) ① 확정판결은 당사자, 변론을 종결한 뒤의 승계인(변론 없이 한 판결의 경

안판결이 변경된 때에 비로소 원상회복·손해배상 의무가 발생한다.

◆ 판결이유에서 판단된 사실확정, 법규의 해석적용, 선결적 법률관계, 항변 등에 관하여는 기판력이 미치지 않는 것이 원칙이다.

◆ 1항 두문 동일한 효력이 인정되는 재판 : 판결이 아닌 결정이라도 종국성·기판력·대세효 및 상소가능성이 있으면 포함된다. 청구의 포기·인낙·화해·조정조서 등이 승인의 대상이 될 수 있는지와 관련하여 判例는 부정(대법 2017.05.30, 2012다23832).
◆ 1항 1호 : 간접 국제재판관할권
◆ 1항 2호 : 송달의 적법성과 적시성은 판결한 외국의 법에 따른다. 제57조와 제296조 2항과 비교
◆ 1항 3호 : 외국판결의 주문뿐 아니라 이유 및 외국판결을 승인할 경우 발생할 결과까지 종합하여 검토하여야 한다.
◆ 1항 4호 : 상호보증을 위하여 조약이 체결되어 있을 필요는 없고 당해 외국에서 우리나라의 동종판결을 승인한 사례가 없더라도 실제로 승인할 것이라고 기대할 수 있는 상태라면 충분하다.

◆ 외국법원의 확정재판 등이 당사자가 실제로 입은 손해를 전보하는 손해배상을 명하는 경우에는 민사소송법 제217조의2 제1항을 근거로 승인을 제한할 수 없다.

우에는 판결을 선고한 뒤의 승계인) 또는 그를 위하여 청구의 목적물을 소지한 사람에 대하여 효력이 미친다.
② 제1항의 경우에 당사자가 변론을 종결할 때(변론 없이 한 판결의 경우에는 판결을 선고할 때)까지 승계사실을 진술하지 아니한 때에는 변론을 종결한 뒤(변론 없이 한 판결의 경우에는 판결을 선고한 뒤)에 승계한 것으로 추정한다.
③ 다른 사람을 위하여 원고나 피고가 된 사람에 대한 확정판결은 그 다른 사람에 대하여도 효력이 미친다.
④ 가집행의 선고에는 제1항 내지 제3항의 규정을 준용한다.

제219조(변론 없이 하는 소의 각하) 부적법한 소로서 그 흠을 보정할 수 없는 경우에는 변론 없이 판결로 소를 각하할 수 있다.

◆ 필요적 변론의 예외

제219조의2(소권 남용에 대한 제재) 원고가 소권(항소권을 포함한다)을 남용하여 청구가 이유 없음이 명백한 소를 반복적으로 제기한 경우에는 법원은 결정으로 500만원 이하의 과태료에 처한다.[본조신설 2023. 4. 18.]

제220조(화해, 청구의 포기·인낙조서의 효력) 화해, 청구의 포기·인낙을 변론조서·변론준비기일조서에 적은 때에는 그 조서는 확정판결과 같은 효력을 가진다.

◆ 포기조서나 인낙조서가 작성되면 상대방에 송달 없이도 확정판결과 동일한 효력이 있다.
◆ 조서의 작성방식에 있어서, 그 기일조서에는 청구의 포기·인낙이 있었다는 취지만을 기재하고, 청구의 포기·인낙조서를 별도로 작성하여야 하는 것이 원칙(규칙 제31조)이지만, 별도의 조서를 작성하지 않고 그 기일의 변론조서·변론준비조서에만 포기·인낙의 취지를 기재하여도 무효라고 할 수 없다.

민사소송규칙
제31조(화해 등 조서의 작성방식) 화해 또는 청구의 포기·인낙이 있는 경우에 그 기일의 조서에는 화해 또는 청구의 포기·인낙이 있다는 취지만을 적고, 별도의 용지에 법 제153조에 규정된 사항과 화해조항 또는 청구의 포기·인낙의 취지 및 청구의 취지와 원인을 적은 화해 또는 청구의 포기·인낙의 조서를 따로 작성하여야 한다. 다만, 소액사건심판법 제2조제1항의 소액사건에서는 특히 필요하다고 인정하는 경우 외에는 청구의 원인을 적지 아니한다.
제56조(화해 등 조서정본의 송달) 법원사무관등은 화해 또는 청구의 포기·인낙이 있는 날부터 1주 안에 그 조서의 정본을 당사자에게 송달하여야 한다.

제221조(결정·명령의 고지) ① 결정과 명령은 상당한 방법으로 고지하면 효력을 가진다.
② 법원사무관등은 고지의 방법·장소와 날짜를 재

◆ 결정·명령은 그 원본이 법원사무관 등에게 교부되었을 때에 성립하고, 상당한 방법으로 고지하면 효력이 발생. 제205조와 비교

판의 원본에 덧붙여 적고 날인하여야 한다.

제222조(소송지휘에 관한 재판의 취소) 소송의 지휘에 관한 결정과 명령은 언제든지 취소할 수 있다.

◆ 기속력의 배제 : 제222조, 제211조, 제446조

제223조(법원사무관등의 처분에 대한 이의) 법원사무관등의 처분에 관한 이의신청에 대하여는 그 법원사무관등이 속한 법원이 결정으로 재판한다.

◆ 공시송달의 신청이 각하된 때에는 신청인은 법원사무관 등의 처분에 대한 이의신청을 할 수 있다.
◆ 다만 작성되어 완성된 조서에 오류가 있는 경우 관계인은 이의를 제기할 수 있으나, 제223조의 법원사무관 등의 처분에 관한 이의사건으로 취급할 것은 아니다(89마694).

제224조(판결규정의 준용) ① 성질에 어긋나지 아니하는 한, 결정과 명령에는 판결에 관한 규정을 준용한다. 다만, 법관의 서명은 기명으로 갈음할 수 있고, 이유를 적는 것을 생략할 수 있다.
② 이 법에 따른 과태료재판에는 비송사건절차법 제248조 및 제250조 가운데 검사에 관한 규정을 적용하지 아니한다.

제6절 화해권고결정 〈개정 2007.7.13.〉

제225조(결정에 의한 화해권고) ① 법원·수명법관 또는 수탁판사는 소송에 계속중인 사건에 대하여 직권으로 당사자의 이익, 그 밖의 모든 사정을 참작하여 청구의 취지에 어긋나지 아니하는 범위안에서 사건의 공평한 해결을 위한 화해권고결정(和解勸告決定)을 할 수 있다.
② 법원사무관등은 제1항의 결정내용을 적은 조서 또는 결정서의 정본을 당사자에게 송달하여야 한다. 다만, 그 송달은 제185조제2항·제187조 또는 제194조에 규정한 방법으로는 할 수 없다.

◆ 1항 : 변론절차뿐만 아니라 변론준비절차에서도 가능. 화해권고결정을 하기 위하여 사전에 당사자에게 제145조에 따른 화해권고를 하였을 필요도 없다. 당사자의 신청은 직권발동촉구의미.
◆ 2항 : 우편송달·공시송달로는 불가
◆ 화해 또는 청구의 포기·인낙이 있는 경우에 그 기일의 조서에는 화해 또는 청구의 포기·인낙이 있다는 취지만을 적고, 별도의 용지에 법 제153조에 규정된 사항과 화해조항 또는 청구의 포기·인낙의 취지 및 청구의 취지와 원인을 적은 화해 또는 청구의 포기·인낙의 조서를 따로 작성하여야 한다. 다만, 소액사건심판법 제2조제1항의 소액사건에서는 특히 필요하다고 인정하는 경우 외에는 청구의 원인을 적지 아니한다(민소규칙 제31조).

민사소송규칙
제57조(화해권고결정서의 기재사항 등) ① 화해권고결정서에는 청구의 취지와 원인을 적어야 한다. 다만, 소액사건심판법 제2조제1항의 소액사건에서는 특히 필요하다고 인정하는 경우 외에는 청구의 원인을 적지 아니한다.
② 법 제225조제1항의 결정 내용을 적은 조서의 작성방식에 관하여는 제31조의 규정을 준용한다.
제58조(당사자에 대한 고지사항) 법 제225조제2항의 규정에 따라 화해권고결정 내용을 적은 조서 또는 결정서의 정본을 송달하는 때에는, 그 조서 또는 결정서의 정본을 송달받은 날부터 2주 안에 이의를 신청하지 아

> 니하면 화해권고결정이 재판상 화해와 같은 효력을 가지게 된다는 취지를 당사자에게 고지하여야 한다.
> **제59조(송달불능에 따른 소송복귀 등)** ① 법 제185조제2항, 법 제187조 또는 법 제194조 내지 법 제196조의 규정에 따른 송달 외의 방법으로 양쪽 또는 한쪽 당사자에게 법 제225조제2항의 조서 또는 결정서의 정본을 송달할 수 없는 때에는 법원은 직권 또는 당사자의 신청에 따라 화해권고결정을 취소하여야 한다.
> ② 제1항의 규정에 따라 화해권고결정이 취소된 경우에 관하여는 법 제232조제1항의 규정을 준용한다.

제226조(결정에 대한 이의신청) ① 당사자는 제225조의 결정에 대하여 그 조서 또는 결정서의 정본을 송달받은 날부터 2주 이내에 이의를 신청할 수 있다. 다만, 그 정본이 송달되기 전에도 이의를 신청할 수 있다.
② 제1항의 기간은 불변기간으로 한다.

제227조(이의신청의 방식) ① 이의신청은 이의신청서를 화해권고결정을 한 법원에 제출함으로써 한다.
② 이의신청서에는 다음 각호의 사항을 적어야 한다.
 1. 당사자와 법정대리인
 2. 화해권고결정의 표시와 그에 대한 이의신청의 취지
③ 이의신청서에는 준비서면에 관한 규정을 준용한다.
④ 제226조제1항의 규정에 따라 이의를 신청한 때에는 이의신청의 상대방에게 이의신청서의 부본을 송달하여야 한다.

◆ 이의신청 방식 : 제출한 서면에 이의한다는 취지가 나타나면 되고, 서면의 명칭은 문제되지 않는다.

제228조(이의신청의 취하) ① 이의신청을 한 당사자는 그 심급의 판결이 선고될 때까지 상대방의 동의를 얻어 이의신청을 취하할 수 있다.
② 제1항의 취하에는 제266조제3항 내지 제6항을 준용한다. 이 경우 "소"는 "이의신청"으로 본다.

◆ 2항 : 이의신청취하는 서면으로 한다. 변론 또는 변론준비기일에서는 말로 할 수 있다. 취하의 서면은 상대방에게 송달한다. 말로 취하한 경우 그 기일의 조서등본을 송달한다. 송달된 날부터 2주 이내에 상대방이 이의하지 않으면 취하에 동의한 것으로 본다.

제229조(이의신청권의 포기) ① 이의신청권은 그 신청 전까지 포기할 수 있다.
② 이의신청권의 포기는 서면으로 하여야 한다.
③ 제2항의 서면은 상대방에게 송달하여야 한다.

제230조(이의신청의 각하) ① 법원·수명법관 또는 수탁판사는 이의신청이 법령상의 방식에 어긋나거나 신청권이 소멸된 뒤의 것임이 명백한 경우에는 그 흠을 보정할 수 없으면 결정으로 이를 각하하

여야 하며, 수명법관 또는 수탁판사가 각하하지 아니한 때에는 수소법원이 결정으로 각하한다.
② 제1항의 결정에 대하여는 즉시항고를 할 수 있다.

제231조(화해권고결정의 효력) 화해권고결정은 다음 각 호 가운데 어느 하나에 해당하면 재판상 화해와 같은 효력을 가진다.
1. 제226조제1항의 기간 이내에 이의신청이 없는 때
2. 이의신청에 대한 각하결정이 확정된 때
3. 당사자가 이의신청을 취하하거나 이의신청권을 포기한 때

◆ 재판상 화해와 동일한 효력이 있으므로 제220조에 따라 확정판결과 동일한 효력이 있다. 따라서 화해권고결정은 기판력·집행력·형성력이 생기고, 判例에 의하면 창설적 효력도 생기며(대법 2012.5.10, 2010다2558), 집행권원도 된다(민사집행법 제56조 5호).

제232조(이의신청에 의한 소송복귀 등) ① 이의신청이 적법한 때에는 소송은 화해권고결정 이전의 상태로 돌아간다. 이 경우 그 이전에 행한 소송행위는 그대로 효력을 가진다.
② 화해권고결정은 그 심급에서 판결이 선고된 때에는 그 효력을 잃는다.

제7절 소송절차의 중단과 중지 〈개정 2007.7.13.〉

제233조(당사자의 사망으로 말미암은 중단) ① 당사자가 죽은 때에 소송절차는 중단된다. 이 경우 상속인·상속재산관리인, 그 밖에 법률에 의하여 소송을 계속하여 수행할 사람이 소송절차를 수계(受繼)하여야 한다.
② 상속인은 상속포기를 할 수 있는 동안 소송절차를 수계하지 못한다.

◆ 1항 : 소송계속 중 사망이며, 상속인이 있고, 승계가 가능한 소송물이며, 소송대리인이 없을 때 중단. 수계인은 ⅰ) 상속인, ⅱ) 상속인의 존부가 불명한 경우 민법 제1053조 1항에 따른 상속재산관리인의 선임을 기다려 그가 수계, ⅲ) 그 밖에 법률에 의하여 소송을 계속하여 수행할 사람 : 이혼판결 후 재심소송계속중에 재심피고가 사망한 경우에는 검사가(90므1135)

◆ 2항 : 상속인이 상속포기기간 안에 한 수계신청은 위법이나 상대방이 이의 없이 응소하면 이의권의 포기로 하자가 치유된다.

제234조(법인의 합병으로 말미암은 중단) 당사자인 법인이 합병에 의하여 소멸된 때에 소송절차는 중단된다. 이 경우 합병에 의하여 설립된 법인 또는 합병한 뒤의 존속법인이 소송절차를 수계하여야 한다.

◆ 법인이 합병 이외의 사유로 해산된 때에는 청산법인으로 존속하기 때문에 중단되지 않지만, 청산절차를 밟지 않고 법인이 소멸되는 경우에는 중단된다(예를 들어 법인의 권리의무가 상법상 회사분할의 법률규정에 의해 새로 설립된 법인에 승계된 경우).

제235조(소송능력의 상실, 법정대리권의 소멸로 말미암은 중단) 당사자가 소송능력을 잃은 때 또는 법정대리인

◆ 당사자가 변경되는 것은 아니지만 소송수행자가 교체되기 때문에 중단되는 경우이다.

이 죽거나 대리권을 잃은 때에 소송절차는 중단된다. 이 경우 소송능력을 회복한 당사자 또는 법정대리인이 된 사람이 소송절차를 수계하여야 한다.

제236조(수탁자의 임무가 끝남으로 말미암은 중단) 신탁으로 말미암은 수탁자의 위탁임무가 끝난 때에 소송절차는 중단된다. 이 경우 새로운 수탁자가 소송절차를 수계하여야 한다.

제237조(자격상실로 말미암은 중단) ① 일정한 자격에 의하여 자기 이름으로 남을 위하여 소송당사자가 된 사람이 그 자격을 잃거나 죽은 때에 소송절차는 중단된다. 이 경우 같은 자격을 가진 사람이 소송절차를 수계하여야 한다.
② 제53조의 규정에 따라 당사자가 될 사람을 선정한 소송에서 선정된 당사자 모두가 자격을 잃거나 죽은 때에 소송절차는 중단된다. 이 경우 당사자를 선정한 사람 모두 또는 새로 당사자로 선정된 사람이 소송절차를 수계하여야 한다.

제238조(소송대리인이 있는 경우의 제외) 소송대리인이 있는 경우에는 제233조제1항, 제234조 내지 제237조의 규정을 적용하지 아니한다.

> **민사소송규칙**
> 제61조(소송대리인에 의한 중단사유의 신고) 소송절차의 중단사유가 생긴 때에는 소송대리인은 그 사실을 법원에 서면으로 신고하여야 한다.

제239조(당사자의 파산으로 말미암은 중단) 당사자가 파산선고를 받은 때에 파산재단에 관한 소송절차는 중단된다. 이 경우 「채무자 회생 및 파산에 관한 법률」에 따른 수계가 이루어지기 전에 파산절차가 해지되면 파산선고를 받은 자가 당연히 소송절차를 수계한다. 〈개정 2005.3.31.〉

제240조(파산절차의 해지로 말미암은 중단) 「채무자 회생 및 파산에 관한 법률」에 따라 파산재단에 관한 소송의 수계가 이루어진 뒤 파산절차가 해지된 때에 소송절차는 중단된다. 이 경우 파산선고를 받은 자가 소송절차를 수계하여야 한다. 〈개정 2005.3.31.〉

제241조(상대방의 수계신청권) 소송절차의 수계신청은 상대방도 할 수 있다.

◆ 법정대리권 내지 대표권의 상실에는 가처분에 의한 직무집행정지도 포함되나, 법정대리권이나 대표권의 소멸은 상대방에게 통지하여야 효력이 생기기 때문에(제63조, 제64조) 통지가 있어야 중단된다.
◆ 명의 신탁관계는 포함되지 않는다.

◆ 1항 : 채권자대위소송에서의 채권자, 질권의 목적이 된 채권에 대하여 소송을 하는 채권질권자, 주주대표소송의 주주 등의 경우에는 여기에 해당하지 않고, 제233조의 문제이다.
◆ 2항 : 선정당사자 일부 만에 사망 또는 자격상실의 사유가 있어도 나머지 선정당사자가 소송을 수행할 수 있으므로 중단되지 않는다.

민사소송규칙
제60조(소송절차 수계신청의 방식) ① 소송절차의 수계신청은 서면으로 하여야 한다.
② 제1항의 신청서에는 소송절차의 중단사유와 수계할 사람의 자격을 소명하는 자료를 붙여야 한다.

제242조(수계신청의 통지) 소송절차의 수계신청이 있는 때에는 법원은 상대방에게 이를 통지하여야 한다.

- 상대방에 대한 관계에서는 통지 시에 중단이 해소된다.

제243조(수계신청에 대한 재판) ① 소송절차의 수계신청은 법원이 직권으로 조사하여 이유가 없다고 인정한 때에는 결정으로 기각하여야 한다.
② 재판이 송달된 뒤에 중단된 소송절차의 수계에 대하여는 그 재판을 한 법원이 결정하여야 한다.

- 1항 : 수계신청이 이유 있을 때에는 별도의 재판을 할 필요 없이 그대로 소송절차를 진행할 수 있다. 절차가 속행된 후 참칭수계인임이 밝혀진 경우 수계신청을 각하한다.
- 2항 재판이 송달된 뒤 중단되는 경우 : 판결정본 송달 후 중단사유 발생, 심급대리원칙상 소송대리권 소멸, 소송계속 중 중단사유를 간과하고 진행하여 판결이 선고되고 판결정본이 송달된 경우를 말하며, 이 경우 승계인이 수계신청을 하여 판결을 송달받아 상소하거나 또는 제2항에 불구하고 적법한 승계인들이 사실상 송달을 받아 상소장을 제출하고 상소심에서 수계절차를 밟은 경우에는 그 수계와 상소는 적법하다.

제244조(직권에 의한 속행명령) 법원은 당사자가 소송절차를 수계하지 아니하는 경우에 직권으로 소송절차를 계속하여 진행하도록 명할 수 있다.

제245조(법원의 직무집행 불가능으로 말미암은 중지) 천재지변, 그 밖의 사고로 법원이 직무를 수행할 수 없을 경우에 소송절차는 그 사고가 소멸될 때까지 중지된다.

- 당연중지 : 이때에는 따로 결정의 필요가 없으며 중지는 당연히 발생하고, 직무집행불능의 상태가 소멸하면 동시에 중지도 해소된다.

제246조(당사자의 장애로 말미암은 중지) ① 당사자가 일정하지 아니한 기간동안 소송행위를 할 수 없는 장애사유가 생긴 경우에는 법원은 결정으로 소송절차를 중지하도록 명할 수 있다.
② 법원은 제1항의 결정을 취소할 수 있다.

- 재판에 의한 중지 : 원은 직무를 행할 수 있지만, 당사자가 법원에 출석하여 소송행위를 할 수 없는 장애사유가 발생한 경우로서, 신청 또는 직권으로 법원의 결정에 의하여 중지되며, 그 취소결정에 의하여 해소된다.

제247조(소송절차 정지의 효과) ① 판결의 선고는 소송절차가 중단된 중에도 할 수 있다.
② 소송절차의 중단 또는 중지는 기간의 진행을 정지시키며, 소송절차의 수계사실을 통지한 때 또는 소송절차를 다시 진행한 때부터 전체기간이 새로이 진행된다.

- 1항 : 변론종결 후에 당사자가 죽은 때에는 수계절차를 밟을 필요가 없으며 판결선고에 지장이 없다.
- 2항 : 정지 중에 법원은 기일지정, 기일통지나 재판, 증거조사, 그 밖의 행위가 허용되지 않으며, 이에 위반하여 행한 법원의 재판은 상소로 불복할

수 있고, 그 밖의 법원의 소송행위는 당사자 양쪽과의 관계에서 무효로 된다.

제2편 제1심의 소송절차

제1장 소의 제기

제248조(소제기의 방식) ① 소를 제기하려는 자는 법원에 소장을 제출하여야 한다.
② 법원은 소장에 붙이거나 납부한 인지액이 「민사소송 등 인지법」 제13조제2항 각 호에서 정한 금액에 미달하는 경우 소장의 접수를 보류할 수 있다.
③ 법원에 제출한 소장이 접수되면 소장이 제출된 때에 소가 제기된 것으로 본다.
[전문개정 2023. 4. 18.]

> **민사소송규칙**
> **제2조(법원에 제출하는 서면의 기재사항)** ① 당사자 또는 대리인이 법원에 제출하는 서면에는 특별한 규정이 없으면 다음 각호의 사항을 적고 당사자 또는 대리인이 기명날인 또는 서명하여야 한다.
> 1. 사건의 표시
> 2. 서면을 제출하는 당사자와 대리인의 이름·주소와 연락처(전화번호·팩시밀리번호 또는 전자우편주소 등을 말한다. 다음부터 같다)
> 3. 덧붙인 서류의 표시
> 4. 작성한 날짜
> 5. 법원의 표시
>
> ② 당사자 또는 대리인이 제출한 서면에 적은 주소 또는 연락처에 변동사항이 없는 때에는 그 이후에 제출하는 서면에는 주소 또는 연락처를 적지 아니하여도 된다.
> **제3조(최고·통지)** ① 민사소송절차에서 최고와 통지는 특별한 규정이 없으면 상당하다고 인정되는 방법으로 할 수 있다.
> ② 제1항의 최고나 통지를 한 때에는 법원서기관·법원사무관·법원주사 또는 법원주사보(다음부터 이 모두를 "법원사무관등"이라 한다)는 그 취지와 최고 또는 통지의 방법을 소송기록에 표시하여야 한다.
> ③ 이 규칙에 규정된 통지(다만, 법에 규정된 통지를 제외한다)를 받을 사람이 외국에 있거나 있는 곳이 분명하지 아니한 때에는 통지를 하지 아니하여도 된다. 이 경우 법원사무관등은 그 사유를 소송기록에 표시하여야 한다.
> ④ 당사자, 그 밖의 소송관계인에 대한 통지는 법원사무

관등으로 하여금 그 이름으로 하게 할 수 있다.

제4조(소송서류의 작성방법 등) ① 소송서류는 간결한 문장으로 분명하게 작성하여야 한다.

② 소송서류는 특별한 사정이 없으면 다음 양식에 따라 세워서 적어야 한다. 〈개정 2016.8.1.〉
1. 용지는 A4(가로 210㎜×세로 297㎜) 크기로 하고, 위로부터 45㎜, 왼쪽 및 오른쪽으로부터 각각 20㎜, 아래로부터 30㎜(장수 표시 제외)의 여백을 둔다.
2. 글자크기는 12포인트(가로 4.2㎜×세로 4.2㎜) 이상으로 하고, 줄간격은 200% 또는 1.5줄 이상으로 한다.

③ 법원은 제출자의 의견을 들어 변론기일 또는 변론준비기일에서 진술되지 아니하거나 불필요한 소송서류를 돌려주거나 폐기할 수 있다. 〈신설 2016.8.1.〉

제5조(소송서류의 접수와 보정권고) ① 당사자, 그 밖의 소송관계인이 제출하는 소송서류는 정당한 이유 없이 접수를 거부하여서는 아니 된다.

② 소송서류를 접수한 공무원은 소송서류를 제출한 사람이 요청한 때에는 바로 접수증을 교부하여야 한다.

③ 법원사무관등은 접수된 소송서류의 보완을 위하여 필요한 사항을 지적하고 보정을 권고할 수 있다.

제249조(소장의 기재사항)
① 소장에는 당사자와 법정대리인, 청구의 취지와 원인을 적어야 한다.
② 소장에는 준비서면에 관한 규정을 준용한다.

◆ 2항 준비서면에 관한 규정 : 제274조

민사소송규칙

제62조(소장의 기재사항) 소장의 청구원인에는 다음 각호의 사항을 적어야 한다.
1. 청구를 뒷받침하는 구체적 사실
2. 피고가 주장할 것이 명백한 방어방법에 대한 구체적인 진술
3. 입증이 필요한 사실에 대한 증거방법 [본조신설 2007.11.28.]

제63조(소장의 첨부서류) ① 피고가 소송능력 없는 사람인 때에는 법정대리인, 법인인 때에는 대표자, 법인이 아닌 사단이나 재단인 때에는 대표자 또는 관리인의 자격을 증명하는 서면을 소장에 붙여야 한다.

② 부동산에 관한 사건은 그 부동산의 등기사항증명서, 친족·상속관계 사건은 가족관계기록사항에 관한 증명서, 어음 또는 수표사건은 그 어음 또는 수표의 사본을 소장에 붙여야 한다. 그 외에도 소장에는 증거로 될 문서 가운데 중요한 것의 사본을 붙여야 한다. 〈개정 2009.1.9., 2011.9.28.〉

③ 법 제252조제1항에 규정된 소의 소장에는 변경을 구하는 확정판결의 사본을 붙여야 한다.

제250조(증서의 진정여부를 확인하는 소)
확인의 소는 법률관계를 증명하는 서면이 진정한지 아닌지를 확

◆ 법률관계를 증명하는 서면 : 내용에 의하여 직접적으로 현재의 법률관계의 존재가 증명될 수 있는

정하기 위하여서도 제기할 수 있다.

경우를 말하는 것으로서, 어음·수표 등의 유가증권, 정관·매매계약서·차용증서 따위다. 判例는 세금계산서, 대차대조표나 회사결산보고서, 당사자본인신문조서는 사실관계의 보고문서에 지나지 않아 증서진부의 대상이 아니며, 임대차계약금의 영수증도 직접 임대차관계의 존부를 증명하는 서면이 아니라 하여 부정하였다.
- 진정여부 : 내용의 진정이 아니라, 위조·변조 여부를 의미한다.

제251조(장래의 이행을 청구하는 소) 장래에 이행할 것을 청구하는 소는 미리 청구할 필요가 있어야 제기할 수 있다.

- 변론종결시를 표준으로 하여 이행기가 장래에 도래하는 이행청구권을 주장하는 소
- 미리 청구할 필요 : 이행기가 도래하지 않았거나 조건 미성취의 청구권에 있어서는 채무자가 미리부터 채무의 존재를 다투기 때문에 이행기가 도래되거나 조건이 성취되었을 때에 임의의 이행을 기대할 수 없는 경우

제252조(정기금판결과 변경의 소) ① 정기금(定期金)의 지급을 명한 판결이 확정된 뒤에 그 액수산정의 기초가 된 사정이 현저하게 바뀜으로써 당사자 사이의 형평을 크게 침해할 특별한 사정이 생긴 때에는 그 판결의 당사자는 장차 지급할 정기금 액수를 바꾸어 달라는 소를 제기할 수 있다.
② 제1항의 소는 제1심 판결법원의 전속관할로 한다.

- 정기금 : 치료비·일실이익 등의 손해배상판결 뿐만 아니라, 부당이득금·임금·이자지급판결 등도 그 대상이 된다.
- 그 판결의 당사자 : 법률관계가 제3자에게 승계되고 그 제3자에게 기판력이 확장되는 관계인 경우에는 당사자가 될 수 있다.

제253조(소의 객관적 병합) 여러 개의 청구는 같은 종류의 소송절차에 따르는 경우에만 하나의 소로 제기할 수 있다.

본안사건과 가압류·가처분 사건	병합불허(2001다23225)
민사사건과 비송사건	병합불허
	가사소송인 이혼소송과 가사비송인 재산분할청구는 가소법 제14조 1항에 의해 병합허용
	부부간의 명의신탁해지를 원인으로 한 소유권이전등기청구나 부부공유재산분할청구는 통상의 민사사건이므로 여기에다가 가사소송·가사비송사건인 이혼 및 재산분할청구와 병합할 수 없다(2004므1378).
행정소송과 민사소송	원칙 불허
	행정소송에서 손해배상이나, 부당이득의 민사상의 관련청구를 병합하는 것은 예외적으로 허용(행소 제10조).

제권판결에 대한 불복의 소	불법행위 손해배상의 병합을 긍정(88다카7962). 제권판결 불복의 소와 같은 형성의 소는 그 판결이 확정됨으로써 비로소 권리변동의 효력이 발생하게 되므로 이에 의하여 형성되는 법률관계를 전제로 수표금청구의 이행의 소의 병합을 불허(2012다36661).
재심의 소	확정판결의 취소를 구하는 동시에 그 본소청구의 기각을 구하는 이외에 원고가 위 확정판결에 기하여 경료한 소유권이전등기의 말소절차의 이행을 구하는 청구나 원고명의로 부터 다시 소유권이전등기를 받은 제3자를 인수참가인으로 하여 그의 소유권이전등기에 대한 말소등기절차를 구하는 청구 등을 병합할 수 없다(71다8). 재심의 소에서 재심대상소송의 본안청구에 대한 선결관계에 있는 법률관계의 존부의 확인을 구하는 소를 인정하고(2007다69834·69841), 재심의 소를 제기함에 있어서 재심청구가 인용될 것을 전제로 당초의 청구를 교환적으로 변경하는 것은 인정(92다24608).
간접강제신청	정정보도 등 청구의 소에다가 강제집행절차인 간접강제신청의 병합제기가 인정, 부작위채무이행의 소송절차에다가 간접강제신청의 병합을 인정하여 본안의 소에 집행의 소의 병합을 허용(93다40614). 다만 부작위채무에 관한 소송절차의 변론종결 당시에서 보아 부작위채무를 명하는 집행권원이 성립하더라도 채무자가 이를 단기간 내에 위반할 개연성이 있고, 또한 판결절차에서 민사집행법 제261조에 의하여 명할 적정한 배상액을 산정할 수 있는 경우라야 한다(2011다31225).

제254조(재판장등의 소장심사권) ① 소장이 제249조제1항의 규정에 어긋나는 경우와 소장에 법률의 규정에 따른 인지를 붙이지 아니한 경우에는 재판장은 상당한 기간을 정하고, 그 기간 이내에 흠을 보정하도록 명하여야 한다. 재판장은 법원사무관등으로 하여금 위 보정명령을 하게 할 수 있다. 〈개정 2014.12.30.〉
② 원고가 제1항의 기간 이내에 흠을 보정하지 아니한 때에는 재판장은 명령으로 소장을 각하하여야 한다.
③ 제2항의 명령에 대하여는 즉시항고를 할 수 있다.
④ 재판장은 소장을 심사하면서 필요하다고 인정하는 경우에는 원고에게 청구하는 이유에 대응하는 증거방법을 구체적으로 적어 내도록 명할 수 있으며, 원고가 소장에 인용한 서증(書證)의 등본 또는

◆ 1항의 보정명령 또는 보정권고를 당사자 또는 대리인에게 고지하는 때에는 우편에 의한 송달 외로도 전화, 팩스, 이메일 등의 방법이 가능하다. 이러한 보정명령에 대해서는 독립하여 이의신청이나 항고를 할 수 없다.
◆ 재판장의 보정명령에는 시기적인 제한이 없으며, 독립하여 이의신청이나 항고를 할 수 없다.
◆ 소장부본 송달시까지만 소장각하명령을 내릴 수 있고, 그 이후에는 소각하판결을 한다.
◆ 각하명령을 한 재판장은 제446조 재도의 고안에 의한 각하명령의 취소를 할 수 없다.

사본을 붙이지 아니한 경우에는 이를 제출하도록 명할 수 있다.
[제목개정 2014.12.30.]

제255조(소장부본의 송달) ① 법원은 소장의 부본을 피고에게 송달하여야 한다.
② 소장의 부본을 송달할 수 없는 경우에는 제254조 제1항 내지 제3항의 규정을 준용한다.

> **민사소송규칙**
> 제64조(소장부본의 송달시기) ① 소장의 부본은 특별한 사정이 없으면 바로 피고에게 송달하여야 한다.
> ② 반소와 중간확인의 소의 소장, 필수적 공동소송인의 추가·참가·피고의 경정·청구의 변경신청서 등 소장에 준하는 서면이 제출된 때에도 제1항의 규정을 준용한다.

제256조(답변서의 제출의무) ① 피고가 원고의 청구를 다투는 경우에는 소장의 부본을 송달받은 날부터 30일 이내에 답변서를 제출하여야 한다. 다만, 피고가 공시송달의 방법에 따라 소장의 부본을 송달받은 경우에는 그러하지 아니하다.
② 법원은 소장의 부본을 송달할 때에 제1항의 취지를 피고에게 알려야 한다.
③ 법원은 답변서의 부본을 원고에게 송달하여야 한다.
④ 답변서에는 준비서면에 관한 규정을 준용한다.

> **민사소송규칙**
> 제65조(답변서의 기재사항 등) ① 답변서에는 법 제256조제4항에서 준용하는 법 제274조제1항의 각호 및 제2항에 규정된 사항과 청구의 취지에 대한 답변 외에 다음 각호의 사항을 적어야 한다.
> 1. 소장에 기재된 개개의 사실에 대한 인정 여부
> 2. 항변과 이를 뒷받침하는 구체적 사실
> 3. 제1호 및 제2호에 관한 증거방법
> ② 답변서에는 제1항제3호에 따른 증거방법 중 입증이 필요한 사실에 관한 중요한 서증의 사본을 첨부하여야 한다.
> ③ 제1항 및 제2항의 규정에 어긋나는 답변서가 제출된 때에는 재판장은 법원사무관등으로 하여금 방식에 맞는 답변서의 제출을 촉구하게 할 수 있다. [전문개정 2007.11.28.]

제257조(변론 없이 하는 판결) ① 법원은 피고가 제256조제1항의 답변서를 제출하지 아니한 때에는 청구의 원인이 된 사실을 자백한 것으로 보고 변론 없이 판결할 수 있다. 다만, 직권으로 조사할 사항이 있거나 판결이 선고되기까지 피고가 원고의 청

♦ i) 피고가 소장부본송달은 받은 날로부터 30일 이내에 답변서를 제출하지 아니하거나 자백하는 취지의 답변서를 제출하고 항변을 제출하지 아니할 것, ii) 소송요건을 갖추었을 것, iii) 원고의 청구가 법률상 이유가 있을 것

구를 다투는 취지의 답변서를 제출한 경우에는 그러하지 아니하다.
② 피고가 청구의 원인이 된 사실을 모두 자백하는 취지의 답변서를 제출하고 따로 항변을 하지 아니한 때에는 제1항의 규정을 준용한다.
③ 법원은 피고에게 소장의 부본을 송달할 때에 제1항 및 제2항의 규정에 따라 변론 없이 판결을 선고할 기일을 함께 통지할 수 있다.

제258조(변론기일의 지정) ① 재판장은 제257조제1항 및 제2항에 따라 변론 없이 판결하는 경우 외에는 바로 변론기일을 정하여야 한다. 다만, 사건을 변론준비절차에 부칠 필요가 있는 경우에는 그러하지 아니하다.
② 재판장은 변론준비절차가 끝난 경우에는 바로 변론기일을 정하여야 한다. [전문개정 2008.12.26.]

> 민사소송규칙
> 제69조(변론기일의 지정 등) ① 재판장은 답변서가 제출되면 바로 사건을 검토하여 가능한 최단기간 안의 날로 제1회 변론기일을 지정하여야 한다.
> ② 법원은 변론이 집중되도록 함으로써 변론이 가능한 한 속행되지 않도록 하여야 하고, 당사자는 이에 협력하여야 한다.
> ③ 법 제258조제1항 단서에 해당하는 경우, 재판장은 사건의 신속한 진행을 위하여 필요한 때에는 사건을 변론준비절차에 부침과 동시에 변론준비기일을 정하고 기간을 정하여 당사자로 하여금 준비서면, 그 밖의 서류를 제출하게 하거나 당사자 사이에 이를 교환하게 하고 주장 사실을 증명할 증거를 신청하게 할 수 있다. [전문개정 2009.1.9.]

제259조(중복된 소제기의 금지) 법원에 계속되어 있는 사건에 대하여 당사자는 다시 소를 제기하지 못한다.

제260조(피고의 경정) ① 원고가 피고를 잘못 지정한 것이 분명한 경우에는 제1심 법원은 변론을 종결할 때까지 원고의 신청에 따라 결정으로 피고를 경정하도록 허가할 수 있다. 다만, 피고가 본안에 관하여 준비서면을 제출하거나, 변론준비기일에서 진술하거나 변론을 한 뒤에는 그의 동의를 받아야 한다.
② 피고의 경정은 서면으로 신청하여야 한다.
③ 제2항의 서면은 상대방에게 송달하여야 한다. 다만, 피고에게 소장의 부본을 송달하지 아니한 경우에는 그러하지 아니하다.

◆ 무변론판결의 예외 : ⅰ) 공시송달 사건이나, ⅱ) 직권조사사항이 있는 사건, ⅲ) 판결선고기일까지 피고가 원고의 청구를 다투는 취지의 답변서를 제출하는 사건은 무변론의 판결선고를 할 수 없고, ⅳ) 당사자의 주장에 구속받지 않는 형식적 형성소송이나 자백간주의 법리가 적용되지 아니하는 사건(행정·가사소송)

◆ 민소규칙 제69조 3항 : 불필요한 서면공방의 단계를 단축시키는 것이 입법취지.

④ 피고가 제3항의 서면을 송달받은 날부터 2주 이내에 이의를 제기하지 아니하면 제1항 단서와 같은 동의를 한 것으로 본다.

> **민사소송규칙**
> **제66조(피고경정신청서의 기재사항)** 법 제260조제2항의 규정에 따른 피고의 경정신청서에는 새로 피고가 될 사람의 이름·주소와 경정신청의 이유를 적어야 한다.

제261조(경정신청에 관한 결정의 송달 등) ① 제260조제1항의 신청에 대한 결정은 피고에게 송달하여야 한다. 다만, 피고에게 소장의 부본을 송달하지 아니한 때에는 그러하지 아니하다.
② 신청을 허가하는 결정을 한 때에는 그 결정의 정본과 소장의 부본을 새로운 피고에게 송달하여야 한다.
③ 신청을 허가하는 결정에 대하여는 동의가 없었다는 사유로만 즉시항고를 할 수 있다.
④ 신청을 허가하는 결정을 한 때에는 종전의 피고에 대한 소는 취하된 것으로 본다.

- 3항 : 허가결정의 당부는 제261조 3항에 의한 즉시항고 외에는 불복할 수 없는 종국판결 전의 재판에 관한 것이어서 제392조 단서에 의하여 항소심 법원의 판단대상이 되지 아니한다.

제262조(청구의 변경) ① 원고는 청구의 기초가 바뀌지 아니하는 한도안에서 변론을 종결할 때(변론 없이 한 판결의 경우에는 판결을 선고할 때)까지 청구의 취지 또는 원인을 바꿀 수 있다. 다만, 소송절차를 현저히 지연시키는 경우에는 그러하지 아니하다.
② 청구취지의 변경은 서면으로 신청하여야 한다.
③ 제2항의 서면은 상대방에게 송달하여야 한다.

- 법률심인 상고심에서는 청구를 변경할 수 없으나, 항소심에서는 상대방의 동의 없이 청구변경이 가능. 제1심에서 전부승소하였으나 상대방의 항소가 있는 경우 피항소인인 원고는 항소심에서 청구취지를 확장할 수 있으며 이 경우 원고는 그 확장부분만큼 부대항소를 한 것으로 의제.
- 청구기초동일성 : 사익적 요청
- 2항 : 청구취지변경서만이 아니라 준비서면으로도 바꿀 수 있다. 다만 청구취지의 변경을 서면으로 하지 않고 송달도 하지 않는 경우라도 피고의 이의가 없으면 소송절차에 관한 이의권의 상실로 하자가 치유된다. 청구원인의 변경은 반드시 서면으로 할 필요가 없고 변론에서 구술로 하여도 무방하다.

제263조(청구의 변경의 불허가) 법원이 청구의 취지 또는 원인의 변경이 옳지 아니하다고 인정한 때에는 직권으로 또는 상대방의 신청에 따라 변경을 허가하지 아니하는 결정을 하여야 한다.

- 소의 변경을 신청한 경우 그 적법여부는 소송요건이므로 법원은 직권으로 이를 조사하여야 한다.

제264조(중간확인의 소) ① 재판이 소송의 진행중에 쟁점이 된 법률관계의 성립여부에 매인 때에 당사자는 따로 그 법률관계의 확인을 구하는 소를 제기

- 법률심인 상고심에서는 중간확인의 소를 제기할 수 없다.
- 쟁점이 된 법률관계 : 본소에 대해 선결적인 사실

할 수 있다. 다만, 이는 그 확인청구가 다른 법원의 관할에 전속되지 아니하는 때에 한한다.
② 제1항의 청구는 서면으로 하여야 한다.
③ 제2항의 서면은 상대방에게 송달하여야 한다.

제265조(소제기에 따른 시효중단의 시기) 시효의 중단 또는 법률상 기간을 지킴에 필요한 재판상 청구는 소를 제기한 때 또는 제260조제2항·제262조제2항 또는 제264조제2항의 규정에 따라 서면을 법원에 제출한 때에 그 효력이 생긴다.

제266조(소의 취하) ① 소는 판결이 확정될 때까지 그 전부나 일부를 취하할 수 있다.
② 소의 취하는 상대방이 본안에 관하여 준비서면을 제출하거나 변론준비기일에서 진술하거나 변론을 한 뒤에는 상대방의 동의를 받아야 효력을 가진다.
③ 소의 취하는 서면으로 하여야 한다. 다만, 변론 또는 변론준비기일에서 말로 할 수 있다.
④ 소장을 송달한 뒤에는 취하의 서면을 상대방에게 송달하여야 한다.
⑤ 제3항 단서의 경우에 상대방이 변론 또는 변론준비기일에 출석하지 아니한 때에는 그 기일의 조서 등본을 송달하여야 한다.
⑥ 소취하의 서면이 송달된 날부터 2주 이내에 상대방이 이의를 제기하지 아니한 경우에는 소취하에 동의한 것으로 본다. 제3항 단서의 경우에 있어서, 상대방이 기일에 출석한 경우에는 소를 취하한 날부터, 상대방이 기일에 출석하지 아니한 경우에는 제5항의 등본이 송달된 날부터 2주 이내에 상대방이 이의를 제기하지 아니하는 때에도 또한 같다.

제267조(소취하의 효과) ① 취하된 부분에 대하여는 소가 처음부터 계속되지 아니한 것으로 본다.
② 본안에 대한 종국판결이 있은 뒤에 소를 취하한 사람은 같은 소를 제기하지 못한다.

제268조(양 쪽 당사자가 출석하지 아니한 경우) ① 양 쪽 당사자가 변론기일에 출석하지 아니하거나 출석하였다 하더라도 변론하지 아니한 때에는 재판장은 다시 변론기일을 정하여 양 쪽 당사자에게 통지하여야 한다.
② 제1항의 새 변론기일 또는 그 뒤에 열린 변론기일

관계나 증서의 진정여부는 확인청구의 목적이 될 수 없고, 현재의 권리·법률관계이어야 한다. 또한 확인청구이어야 하므로 경계확정의 소와 같은 형성청구를 중간확인의 소로 청구할 수 없다.

◆ 본소의 계속은 중간확인의 소의 제기요건이자 존속요건이다.

◆ 소장·피고경정신청서·청구변경서·중간확인의 소장을 법우너에 제출했을 때 시효중단의 효력이 생긴다.

◆ 2항 : 준비서면 제출의 효과. 원고의 소취하에 대하여 피고가 일단 확정적으로 동의를 거절하면 원고의 소취하는 효력이 발생하지 않고, 이후 피고가 소취하에 동의하더라도 소취하의 효력이 다시 생기게 되는 것은 아니다.

◆ 3항은 "소의 취하는 서면으로 하여야 한다."고 규정하고 있을 뿐, 그 제출인이나 제출방법에 관하여는 따로 규정하는 바가 없고, 상대방이나 제3자에 의한 제출을 불허하는 규정도 찾아볼 수 없으므로, 당사자가 소취하서를 작성하여 제출할 경우 반드시 취하권자나 그 포괄승계인만이 이를 제출하여야 한다고 볼 수는 없고, 제3자에 의한 제출도 허용되며, 나아가 상대방에게 소취하서를 교부하여 그로 하여금 제출하게 하는 것도 상관없다.

◆ 4항 : 적법한 소 취하의 서면이 제출된 이상 그 서면이 상대방에게 송달되기 전·후를 묻지 않고 원고는 이를 임의로 철회할 수 없다.

◆ 1항 : 쌍방의 1회 불출석의 경우 속행 기일을 잡는다.
◆ 2항 : 쌍방이 단속적이라도 2회 불출석의 경우 1월 이내에 기일지정신청을 하지 않으면 소취하 간주, 기일지정신청은 쌍방 불출석 변론기일로부터 1월 내에 하여야 하는 것이지 신청인이 그 사실을 안

에 양 쪽 당사자가 출석하지 아니하거나 출석하였다 하더라도 변론하지 아니한 때에는 1월 이내에 기일지정신청을 하지 아니하면 소를 취하한 것으로 본다.
③ 제2항의 기일지정신청에 따라 정한 변론기일 또는 그 뒤의 변론기일에 양쪽 당사자가 출석하지 아니하거나 출석하였다 하더라도 변론하지 아니한 때에는 소를 취하한 것으로 본다.
④ 상소심의 소송절차에는 제1항 내지 제3항의 규정을 준용한다. 다만, 상소심에서는 상소를 취하한 것으로 본다.

민사소송규칙
제67조(소취하의 효력을 다투는 절차) ① 소의 취하가 부존재 또는 무효라는 것을 주장하는 당사자는 기일지정신청을 할 수 있다.
② 제1항의 신청이 있는 때에는 법원은 변론을 열어 신청사유에 관하여 심리하여야 한다.
③ 법원이 제2항의 규정에 따라 심리한 결과 신청이 이유 없다고 인정하는 경우에는 판결로 소송의 종료를 선언하여야 하고, 신청이 이유 있다고 인정하는 경우에는 취하 당시의 소송정도에 따라 필요한 절차를 계속하여 진행하고 중간판결 또는 종국판결에 그 판단을 표시하여야 한다.
④ 종국판결이 선고된 후 상소기록을 보내기 전에 이루어진 소의 취하에 관하여 제1항의 신청이 있는 때에는 다음 각호의 절차를 따른다.
  1. 상소의 이익 있는 당사자 모두가 상소를 한 경우(당사자 일부가 상소하고 나머지 당사자의 상소권이 소멸된 경우를 포함한다)에는 판결법원의 법원사무관등은 소송기록을 상소법원으로 보내야 하고, 상소법원은 제2항과 제3항에 규정된 절차를 취하여야 한다.
  2. 제1호의 경우가 아니면 판결법원은 제2항에 규정된 절차를 취한 후 신청이 이유 없다고 인정하는 때에는 판결로 소송의 종료를, 신청이 이유 있다고 인정하는 때에는 판결로 소의 취하가 무효임을 각 선언하여야 한다.
⑤ 제4항제2호 후단의 소취하무효선언판결이 확정된 때에는 판결법원은 종국판결 후에 하였어야 할 절차를 계속하여 진행하여야 하고, 당사자는 종국판결 후에 할 수 있었던 소송행위를 할 수 있다. 이 경우 상소기간은 소취하무효선언판결이 확정된 다음날부터 전체 기간이 새로이 진행된다.
제68조(준용규정) 법 제268조(법 제286조의 규정에 따라 준용되는 경우를 포함한다)의 규정에 따른 취하간주의 효력을 다투는 경우에는 제67조제1항 내지 제3항의 규정을 준용한다.

때로부터 그 기간을 기산할 수는 없다.
◆ 3항 : 당사자의 기일지정신청에 따른 기일 또는 직권에 의한 기일에 3회 불출석이면 소취하 간주

제269조(반소) ① 피고는 소송절차를 현저히 지연시키지 아니하는 경우에만 변론을 종결할 때까지 본소가 계속된 법원에 반소를 제기할 수 있다. 다만, 소송의 목적이 된 청구가 다른 법원의 관할에 전속되지 아니하고 본소의 청구 또는 방어의 방법과 서로 관련이 있어야 한다.
② 본소가 단독사건인 경우에 피고가 반소로 합의사건에 속하는 청구를 한 때에는 법원은 직권 또는 당사자의 신청에 따른 결정으로 본소와 반소를 합의부에 이송하여야 한다. 다만, 반소에 관하여 제30조의 규정에 따른 관할권이 있는 경우에는 그러하지 아니하다.

- 제2항 : 제1심에 한하는 것으로 단독사건에 대한 항소사건을 심판하는 도중에 지법합의부관할에 속하는 반소가 제기되어도 이송의 여지가 없다(2011그65).

제270조(반소의 절차) 반소는 본소에 관한 규정을 따른다.

- 본소가 각하된 경우는 여기에 해당하지 않는다.

제271조(반소의 취하) 본소가 취하된 때에는 피고는 원고의 동의 없이 반소를 취하할 수 있다.

제2장 변론과 그 준비

제272조(변론의 집중과 준비) ① 변론은 집중되어야 하며, 당사자는 변론을 서면으로 준비하여야 한다.
② 단독사건의 변론은 서면으로 준비하지 아니할 수 있다. 다만, 상대방이 준비하지 아니하면 진술할 수 없는 사항은 그러하지 아니하다.

- 단독사건과 합의사건의 차이

	단독사건	합의사건
비변호사의 소송대리	허용	불허
준비서면 제출	원칙적 부제출	제출
사정변경에 의한 관할변동	인정	불인정
항소심	지법 항소부	고등법원

제273조(준비서면의 제출 등) 준비서면은 그것에 적힌 사항에 대하여 상대방이 준비하는 데 필요한 기간을 두고 제출하여야 하며, 법원은 상대방에게 그 부본을 송달하여야 한다.

> 민사소송규칙
> 제69조의 3 (준비서면의 제출기간) 새로운 공격방어방법을 포함한 준비서면은 변론기일 또는 변론준비기일의 7일 전까지 상대방에게 송달될 수 있도록 적당한 시기에 제출하여야 한다.

제274조(준비서면의 기재사항) ① 준비서면에는 다음 각 호의 사항을 적고, 당사자 또는 대리인이 기명날인 또는 서명한다.
1. 당사자의 성명·명칭 또는 상호와 주소

2. 대리인의 성명과 주소
3. 사건의 표시
4. 공격 또는 방어의 방법
5. 상대방의 청구와 공격 또는 방어의 방법에 대한 진술
6. 덧붙인 서류의 표시
7. 작성한 날짜
8. 법원의 표시

② 제1항제4호 및 제5호의 사항에 대하여는 사실상 주장을 증명하기 위한 증거방법과 상대방의 증거방법에 대한 의견을 함께 적어야 한다.

> 민사소송규칙
> 제69조의4(준비서면의 분량 등) ① 준비서면의 분량은 30쪽을 넘어서는 아니 된다. 다만, 제70조제4항에 따라 그에 관한 합의가 이루어진 경우에는 그러하지 아니하다.
> ② 재판장, 수명법관 또는 법 제280조제4항의 판사(이하 "재판장등"이라 한다)는 제1항 본문을 어긴 당사자에게 해당 준비서면을 30쪽 이내로 줄여 제출하도록 명할 수 있다.
> ③ 준비서면에는 소장, 답변서 또는 앞서 제출한 준비서면과 중복·유사한 내용을 불필요하게 반복 기재하여서는 아니 된다. [본조신설 2016.8.1.]

제275조(준비서면의 첨부서류) ① 당사자가 가지고 있는 문서로서 준비서면에 인용한 것은 그 등본 또는 사본을 붙여야 한다.
② 문서의 일부가 필요한 때에는 그 부분에 대한 초본을 붙이고, 문서가 많을 때에는 그 문서를 표시하면 된다.
③ 제1항 및 제2항의 문서는 상대방이 요구하면 그 원본을 보여주어야 한다.

제276조(준비서면에 적지 아니한 효과) 준비서면에 적지 아니한 사실은 상대방이 출석하지 아니한 때에는 변론에서 주장하지 못한다. 다만, 제272조제2항 본문의 규정에 따라 준비서면을 필요로 하지 아니하는 경우에는 그러하지 아니하다.

◆ 금지되는 사실에는 주요사실·간접사실 등도 포함되나, 법률상의 진술(참고사항이므로)이나 상대방의 주장에 대한 부인·부지의 진술(상대방으로서 능히 예상할 수 있는 사항이므로)은 이에 포함되지 않는다.
◆ 증거신청이 포함되는지 다투어지는데 증거신청 가운데 적어도 상대방이 예상할 수 있는 사실에 관한 증거신청 정도이면 여기의 사실에서 배제시켜 허용함이 절차촉진을 위하여 바람직하다.
◆ 단서 규정에 의해 준비서면 제출이 필요하지 않은 단독사건에서는 예고하지 않은 사실도 상대방이 불출석시에 주장할 수 있다.

제277조(번역문의 첨부) 외국어로 작성된 문서에는 번역문을 붙여야 한다.

제278조(요약준비서면) 재판장은 당사자의 공격방어방법의 요지를 파악하기 어렵다고 인정하는 때에는 변론을 종결하기에 앞서 당사자에게 쟁점과 증거의 정리 결과를 요약한 준비서면을 제출하도록 할 수 있다.

> **민사소송규칙**
> 제69조의5(요약준비서면 작성방법) 법 제278조에 따른 요약준비서면을 작성할 때에는 특정 부분을 참조하는 뜻을 적는 방법으로 소장, 답변서 또는 앞서 제출한 준비서면의 전부 또는 일부를 인용하여서는 아니 된다. [본조신설 2016.8.1.]

제279조(변론준비절차의 실시) ① 변론준비절차에서는 변론이 효율적이고 집중적으로 실시될 수 있도록 당사자의 주장과 증거를 정리하여야 한다. 〈개정 2008.12.26.〉
② 재판장은 특별한 사정이 있는 때에는 변론기일을 연 뒤에도 사건을 변론준비절차에 부칠 수 있다.

> **민사소송규칙**
> 제69조의2(당사자의 조사의무) 당사자는 주장과 입증을 충실히 할 수 있도록 사전에 사실관계와 증거를 상세히 조사하여야 한다. [제69조에서 이동 〈2007.11.28.〉]

제280조(변론준비절차의 진행) ① 변론준비절차는 기간을 정하여, 당사자로 하여금 준비서면, 그 밖의 서류를 제출하게 하거나 당사자 사이에 이를 교환하게 하고 주장사실을 증명할 증거를 신청하게 하는 방법으로 진행한다.
② 변론준비절차의 진행은 재판장이 담당한다.
③ 합의사건의 경우 재판장은 합의부원을 수명법관으로 지정하여 변론준비절차를 담당하게 할 수 있다.
④ 재판장은 필요하다고 인정하는 때에는 변론준비절차의 진행을 다른 판사에게 촉탁할 수 있다.

> **민사소송규칙**
> 제70조(변론준비절차의 시행방법) ① 재판장등은 변론준비절차에서 쟁점과 증거의 정리, 그 밖에 효율적이고 신속한 변론진행을 위한 준비가 완료되도록 노력하여야 하며, 당사자는 이에 협력하여야 한다. 〈개정 2016.8.1.〉
> ② 당사자는 제1항에 규정된 사항에 관하여 상대방과 협의를 할 수 있다. 재판장등은 당사자에게 변론진행의 준비를 위하여 필요한 협의를 하도록 권고할 수 있다.

구민소법	2002년 신법	2008 개정법
임의절차	원칙적 절차	임의절차
합의사건	합의사건 + 단독사건	합의사건 + 단독사건
법원의 결정	재판장 직권회부	재판장 직권회부

제1회 변론기일 전 / 변론절차 후에도 가능(제279조 2항) / 항소심 가능 / 상고심 불가

③ 재판장등은 변론준비절차에서 효율적이고 신속한 변론진행을 위하여 당사자와 변론의 준비와 진행 및 변론에 필요한 시간에 관한 협의를 할 수 있다. 〈신설 2007.11.28.〉
④ 재판장등은 당사자와 준비서면의 제출횟수, 분량, 제출기간 및 양식에 관한 협의를 할 수 있고, 이에 관한 합의가 이루어진 경우 당사자는 그 합의에 따라 준비서면을 제출하여야 한다. 〈신설 2007.11.28.〉
⑤ 재판장등은 기일을 열거나 당사자의 의견을 들어 양쪽 당사자와 음성의 송수신에 의하여 동시에 통화를 할 수 있는 방법으로 제3항 및 제4항에 따른 협의를 할 수 있다. 〈신설 2007.11.28.〉

제70조의3(절차이행의 촉구) ① 법 제280조에 따른 변론준비절차를 진행하는 경우 재판장등은 법원사무관등으로 하여금 그 이름으로 준비서면, 증거신청서 및 그 밖의 서류의 제출을 촉구하게 할 수 있다.
② 법원이나 재판장등의 결정, 명령, 촉탁 등에 대한 회신 등 절차이행이 지연되는 경우 재판장등은 법원사무관등으로 하여금 그 이름으로 해당 절차이행을 촉구하게 할 수 있다. [본조신설 2015.1.28.]

제281조(변론준비절차에서의 증거조사) ① 변론준비절차를 진행하는 재판장, 수명법관, 제280조제4항의 판사(이하 "재판장등"이라 한다)는 변론의 준비를 위하여 필요하다고 인정하면 증거결정을 할 수 있다.
② 합의사건의 경우에 제1항의 증거결정에 대한 당사자의 이의신청에 관하여는 제138조의 규정을 준용한다.
③ 재판장등은 제279조제1항의 목적을 달성하기 위하여 필요한 범위안에서 증거조사를 할 수 있다. 다만, 증인신문 및 당사자신문은 제313조에 해당되는 경우에만 할 수 있다.
④ 제1항 및 제3항의 경우에는 재판장등이 이 법에서 정한 법원과 재판장의 직무를 행한다.

	구민소법	신민소법
사실주장	○	○
증거신청	○	○
채부결정	×	증거결정 가능, 단 합의사건의 증거결정에 당사자가 이의하면 법원이 결정
증거조사	×	쟁점정리를 위하여 필요한 범위 안에서 증인신문과 당사자신문을 제외한(단, 제313조의 경우는 예외) 모든 증거조사
형성된 심증에 따른 권한	×	화해권고나 조정, 나아가 화해권고결정을 할 수 있고, 재판장 등의 면전에서 소의 취하, 청구의 포기·인낙, 화해를 할 수 있다.
재판가부	×	재판장 등은 여기에서 중간·종국을 막론하고 판결을 할 수는 없으며, 이송결정, 참가의 허가여부의 결정, 소송수계허가여부의 결정 등 소송상의 재판도 할 수 없다. 변론의 제한·분리·병합 역시 마찬가지이다.

제282조(변론준비기일) ① 재판장등은 변론준비절차를 진행하는 동안에 주장 및 증거를 정리하기 위하여 필요하다고 인정하는 때에는 변론준비기일을 열어 당사자를 출석하게 할 수 있다.
② 사건이 변론준비절차에 부쳐진 뒤 변론준비기일

이 지정됨이 없이 4월이 지난 때에는 재판장등은 즉시 변론준비기일을 지정하거나 변론준비절차를 끝내야 한다.
③ 당사자는 재판장등의 허가를 얻어 변론준비기일에 제3자와 함께 출석할 수 있다.
④ 당사자는 변론준비기일이 끝날 때까지 변론의 준비에 필요한 주장과 증거를 정리하여 제출하여야 한다.
⑤ 재판장등은 변론준비기일이 끝날 때까지 변론의 준비를 위한 모든 처분을 할 수 있다.

> **민사소송규칙**
> 제70조의2(변론준비기일에서의 주장과 증거의 정리방법) 변론준비기일에서는 당사자가 말로 변론의 준비에 필요한 주장과 증거를 정리하여 진술하거나, 법원이 당사자에게 말로 해당사항을 확인하여 정리하여야 한다.
> [본조신설 2007.11.28.]

제283조(변론준비기일의 조서) ① 변론준비기일의 조서에는 당사자의 진술에 따라 제274조제1항제4호와 제5호에 규정한 사항을 적어야 한다. 이 경우 특히 증거에 관한 진술은 명확히 하여야 한다.
② 변론준비기일의 조서에는 제152조 내지 제159조의 규정을 준용한다.

> **민사소송규칙**
> 제71조(변론준비기일의 조서) ① 변론준비기일의 조서에는 법 제283조제1항에 규정된 사항 외에 제70조의 규정에 따른 변론준비절차의 시행결과를 적어야 한다.
> ② 변론준비기일의 조서에는 제31조 내지 제37조제1항의 규정을 준용한다.

제284조(변론준비절차의 종결) ① 재판장등은 다음 각호 가운데 어느 하나에 해당하면 변론준비절차를 종결하여야 한다. 다만, 변론의 준비를 계속하여야 할 상당한 이유가 있는 때에는 그러하지 아니하다.
1. 사건을 변론준비절차에 부친 뒤 6월이 지난 때
2. 당사자가 제280조제1항의 규정에 따라 정한 기간 이내에 준비서면 등을 제출하지 아니하거나 증거의 신청을 하지 아니한 때
3. 당사자가 변론준비기일에 출석하지 아니한 때
② 변론준비절차를 종결하는 경우에 재판장등은 변론기일을 미리 지정할 수 있다.

제285조(변론준비기일을 종결한 효과) ① 변론준비기일에 제출하지 아니한 공격방어방법은 다음 각호 가운데 어느 하나에 해당하여야만 변론에서 제출할

- 1항 : 변론준비기일을 거친 경우의 새로운 주장의 제한
- 2항 : 1항의 각호에 해당하여 실권되지 않는 경우

수 있다.
1. 그 제출로 인하여 소송을 현저히 지연시키지 아니하는 때
2. 중대한 과실 없이 변론준비절차에서 제출하지 못하였다는 것을 소명한 때
3. 법원이 직권으로 조사할 사항인 때
② 제1항의 규정은 변론에 관하여 제276조의 규정을 적용하는 데에 영향을 미치지 아니한다.
③ 소장 또는 변론준비절차전에 제출한 준비서면에 적힌 사항은 제1항의 규정에 불구하고 변론에서 주장할 수 있다. 다만, 변론준비절차에서 철회되거나 변경된 때에는 그러하지 아니하다.

제286조(준용규정) 변론준비절차에는 제135조 내지 제138조, 제140조, 제142조 내지 제151조, 제225조 내지 제232조, 제268조 및 제278조의 규정을 준용한다.

> 민사소송규칙
> 제73조(준용규정) 변론준비절차에는 제28조의2 내지 제30조의 규정을 준용한다. 〈개정 2007.11.28.〉

제287조(변론준비절차를 마친 뒤의 변론) ① 법원은 변론준비절차를 마친 경우에는 첫 변론기일을 거친 뒤 바로 변론을 종결할 수 있도록 하여야 하며, 당사자는 이에 협력하여야 한다.
② 당사자는 변론준비기일을 마친 뒤의 변론기일에서 변론준비기일의 결과를 진술하여야 한다.
③ 법원은 변론기일에 변론준비절차에서 정리된 결과에 따라서 바로 증거조사를 하여야 한다.

> 민사소송규칙
> 제72조(변론준비절차를 거친 사건의 변론기일지정 등) ① 변론준비절차를 거친 사건의 경우 그 심리에 2일 이상이 소요되는 때에는 가능한 한 종결에 이르기까지 매일 변론을 진행하여야 한다. 다만, 특별한 사정이 있는 경우에도 가능한 최단기간 안의 날로 다음 변론기일을 지정하여야 한다.
> ② 변론준비기일을 거친 사건의 경우 변론기일을 지정하는 때에는 당사자의 의견을 들어야 한다.
> ③ 제1항의 규정에 따라 지정된 변론기일은 사실과 증거에 관한 조사가 충분하지 아니하다는 이유로 변경할 수 없다.
> 제72조의2(변론준비기일 결과의 진술) 변론준비기일 결과의 진술은 당사자가 정리된 쟁점 및 증거조사 결과의 요지 등을 진술하거나, 법원이 당사자에게 해당사항을 확인하는 방식으로 할 수 있다. [본조신설 2007.11.28.]

라도 준비서면으로 예고하지 아니한 사실은 상대방이 출석하지 아니한 때에는 변론에서 주장하지 못한다.
◆ 3항 : 준비서면 제출의 효과로서 실권효의 예외, 단 변론준비절차에서 철회되거나 변경된 때에는 실권.

◆ 제141조 변론의 제한·분리·병합과 제276조 예고 없는 사실주장 금지는 준용하지 않음.

제287조의2(비디오 등 중계장치 등에 의한 기일) ① 재판장·수명법관 또는 수탁판사는 상당하다고 인정하는 때에는 당사자의 신청을 받거나 동의를 얻어 비디오 등 중계장치에 의한 중계시설을 통하거나 인터넷 화상장치를 이용하여 변론준비기일 또는 심문기일을 열 수 있다.
② 법원은 교통의 불편 또는 그 밖의 사정으로 당사자가 법정에 직접 출석하기 어렵다고 인정하는 때에는 당사자의 신청을 받거나 동의를 얻어 비디오 등 중계장치에 의한 중계시설을 통하거나 인터넷 화상장치를 이용하여 변론기일을 열 수 있다. 이 경우 법원은 심리의 공개에 필요한 조치를 취하여야 한다.
③ 제1항과 제2항에 따른 기일에 관하여는 제327조의2제2항 및 제3항을 준용한다.
[본조신설 2021. 8. 17.]

> **민사소송규칙**
> **제73조의2**(비디오 등 중계장치 등에 의한 기일의 신청 및 동의) ① 법 제287조의2제1항 및 제2항에 따른 기일(이하 "영상기일"이라 한다)의 신청은 기일에서 하는 경우를 제외하고는 서면으로 하여야 한다. 이 경우 신청의 대상이 되는 영상기일의 종류와 신청의 이유를 밝혀야 한다.
> ② 법 제287조의2제1항의 재판장등 또는 같은 조 제2항의 법원(이하 "재판장등 또는 법원"이라 한다)은 영상기일의 신청에 이유가 없다고 인정하거나 비디오 등 중계장치에 의한 중계시설 또는 인터넷 화상장치를 이용하기 곤란한 사정이 있는 때에는 영상기일을 열지 아니할 수 있다.
> ③ 영상기일의 신청이 있는 경우 재판장등 또는 법원은 지체 없이 영상기일의 실시 여부를 당사자에게 통지하여야 한다. 이 경우 서면으로 통지할 시간적 여유가 없는 때에는 제45조에 따른 간이한 방법으로 통지할 수 있다.
> ④ 다음 각 호의 어느 하나에 해당하는 경우에는 영상기일을 열지 아니하는 것으로 본다.
> 1. 영상기일의 신청 이후 법정에 직접 출석하는 기일을 지정하는 경우
> 2. 법정에 직접 출석하는 기일의 개정시간까지 제3항의 통지가 없는 경우
> ⑤ 당사자는 서면으로 영상기일의 신청을 취하하거나 동의를 철회할 수 있다. 다만, 양 쪽 당사자의 신청 또는 동의에 따라 영상기일이 지정된 이후에는 상대방의 동의를 받아야 한다.
> ⑥ 재판장등 또는 법원은 한 쪽 당사자로부터 영상기일의 신청 또는 동의가 있는 경우 양 쪽 당사자에 대한

영상기일이 필요하다고 인정하는 때에는 상대방에 대하여 영상기일 동의 여부를 확인할 수 있다.
⑦ 재판장등 또는 법원은 영상기일을 연기 또는 속행하는 때에는 당사자의 동의 여부를 확인하여 다음 기일의 영상기일 실시 여부를 정할 수 있다.
[본조신설 2021. 10. 29.]

제73조의3(영상기일의 실시) ① 영상기일은 당사자, 그 밖의 소송관계 인을 비디오 등 중계장치에 의한 중계시설에 출석하게 하거나 인터넷 화상장치를 이용하여 지정된 인터넷주소에 접속하게 하고, 영상과 음향의 송수신에 의하여 법관, 당사자, 그 밖의 소송관계인이 상대방을 인식할 수 있는 방법으로 한다.
② 제1항의 비디오 등 중계장치에 의한 중계시설은 법원 청사 안에 설치하되, 필요한 경우 법원 청사 밖의 적당한 곳에 설치할 수 있다.
③ 재판장등 또는 법원은 제2항 후단에 따라 비디오 등 중계장치에 의한 중계시설이 설치된 관공서나 그 밖의 공사단체의 장에게 영상기일의 원활한 진행에 필요한 조치를 요구할 수 있다.
④ 영상기일에서 제96조제1항의 문서 등을 제시하는 경우 비디오 등 중계장치에 의한 중계시설, 인터넷 화상장치 또는 「민사소송 등에서의 전자문서 이용 등에 관한 규칙」 제2조제1호에 정한 전자소송시스템을 이용하거나 모사전송, 전자우편, 그 밖에 이에 준하는 방법으로 할 수 있다.
⑤ 인터넷 화상장치를 이용하는 경우 영상기일에 지정된 인터넷 주소에 접속하지 아니한 때에는 불출석한 것으로 본다. 다만, 당사자가 책임질 수 없는 사유로 접속할 수 없었던 때에는 그러하지 아니하다.
⑥ 통신불량, 소음, 문서 등 확인의 불편, 제3자 관여 우려 등의 사유로 영상기일의 실시가 상당하지 아니한 당사자가 있는 경우 재판장등 또는 법원은 영상기일을 연기 또는 속행하면서 그 당사자가 법정에 직접 출석하는 기일을 지정할 수 있다.
⑦ 영상기일에 「법원조직법」 제58조제2항에 따른 명령을 위반하는 행위, 같은 법 제59조에 위반하는 행위, 심리방해행위 또는 재판의 위신을 현저히 훼손하는 행위가 있는 경우 감치 또는 과태료에 처하는 재판에 관하여는 「법정등의질서유지를위한재판에관한규칙」 에 따른다.
⑧ 영상기일을 실시한 경우 그 취지를 조서에 적어야 한다.
[본조신설 2021. 10. 29.]

제73조의4(개정의 장소 및 심리의 공개) ① 영상기일은 법원 청사 내 의 적당한 장소에서 열되, 법원장의 허가가 있는 경우 법원 청사 외의 장소에서 열 수 있다.
② 법 제287조의2제2항에 따른 변론기일을 법정에서 열지 아니하는 경우 다음 각 호 중 하나의 방법으로 심리를 공개하여야 한다. 다만, 「법원조직법」 제57조

> 제1항 단서에 의해 비공개 결정을 한 경우에는 그러하지 아니하다.
> 1. 법정 등 법원 청사 내 공개된 장소에서의 중계
> 2. 법원행정처장이 정하는 방법에 따른 인터넷 중계
> [본조신설 2021. 10. 29.]

제3장 증거

제1절 총칙

제288조(불요증사실) 법원에서 당사자가 자백한 사실과 현저한 사실은 증명을 필요로 하지 아니한다. 다만, 진실에 어긋나는 자백은 그것이 착오로 말미암은 것임을 증명한 때에는 취소할 수 있다.

- 현저한 사실 : 공지의 사실 + 법원이 직무상 경험으로 알고 있는 사실
- 자백을 취소하려면 반진실과 착오 두 가지를 아울러 증명하여야 한다. 다만 착오는 변론전체의 취지에 의해서도 인정할 수 있다.

제289조(증거의 신청과 조사) ① 증거를 신청할 때에는 증명할 사실을 표시하여야 한다.
② 증거의 신청과 조사는 변론기일전에도 할 수 있다.

- 증거신청은 서면 또는 말에 의하여 증명할 사실, 특정의 증거방법, 증명취지를 구체적으로 밝혀야 한다.

> **민사소송규칙**
> **제74조(증거신청)** 증거를 신청하는 때에는 증거와 증명할 사실의 관계를 구체적으로 밝혀야 한다.

제290조(증거신청의 채택여부) 법원은 당사자가 신청한 증거를 필요하지 아니하다고 인정한 때에는 조사하지 아니할 수 있다. 다만, 그것이 당사자가 주장하는 사실에 대한 유일한 증거인 때에는 그러하지 아니하다.

- 증거의 채부결정은 소송지휘의 재판이므로 어느 때나 취소·변경할 수 있으며(제222조), 독립하여 불복할 수 없다(89마694).
- 제290조 단서 : 유일한 증거는 쟁점단위로, 전 심급을 통관하여, 실제조사한 증거가 있는지를 기준으로 판단한다. 직접증거, 본증에 한한다.

> **민사소송규칙**
> **제77조(증거조사비용의 예납)** ① 법원이 증거조사의 결정을 한 때에는 바로 제19조제1항제3호 또는 같은 조 제2항의 규정에 따라 그 비용을 부담할 당사자에게 필요한 비용을 미리 내게 하여야 한다.
> ② 증거조사를 신청한 사람은 제1항의 명령이 있기 전에도 필요한 비용을 미리 낼 수 있다.
> ③ 법원은 당사자가 제1항의 명령에 따른 비용을 내지 아니하는 경우에는 증거조사결정을 취소할 수 있다.

제291조(증거조사의 장애) 법원은 증거조사를 할 수 있을지, 언제 할 수 있을지 알 수 없는 경우에는 그 증거를 조사하지 아니할 수 있다.

제292조(직권에 의한 증거조사) 법원은 당사자가 신청한 증거에 의하여 심증을 얻을 수 없거나, 그 밖에 필

- 직권증거조사는 보충적·재량적이나, 소액사건의 경우에는 원칙적 직권증거조사가 가능하고(소액사

요하다고 인정한 때에는 직권으로 증거조사를 할 수 있다.

제293조(증거조사의 집중) 증인신문과 당사자신문은 당사자의 주장과 증거를 정리한 뒤 집중적으로 하여야 한다.

제294조(조사의 촉탁) 법원은 공공기관·학교, 그 밖의 단체·개인 또는 외국의 공공기관에게 그 업무에 속하는 사항에 관하여 필요한 조사 또는 보관중인 문서의 등본·사본의 송부를 촉탁할 수 있다.

> **민사소송규칙**
> **제76조(감정서 등 부본 제출)** 법원이 감정을 명하거나 법 제294조 또는 법 제341조의 규정에 따라 촉탁을 하는 때에는 감정서 또는 회답서 등의 부본을 제출하게 할 수 있다.
> **제76조의2(민감정보 등의 처리)** ① 법원은 재판업무 수행을 위하여 필요한 범위 내에서「개인정보 보호법」제23조의 민감정보, 제24조의 고유식별정보, 제24조의2의 주민등록번호 및 그 밖의 개인정보를 처리할 수 있다. 〈개정 2014.8.6.〉
> ② 법원이 법 제294조 또는 법 제352조에 따라 촉탁을 하는 때에는 필요한 범위 내에서 제1항의 민감정보, 고유식별정보, 주민등록번호 및 그 밖의 개인정보가 포함된 자료의 송부를 요구할 수 있다. 〈개정 2014.8.6.〉
> ③ 법원사무관등은 소송관계인의 특정을 위한 개인정보를 재판사무시스템을 이용한 전자적인 방법으로 관리한다. 〈신설 2018.1.31.〉
> ④ 당사자는 법원사무관등에게 서면으로 제3항의 개인정보에 대한 정정을 신청할 수 있다. 그 신청서에는 정정 사유를 소명하는 자료를 붙여야 한다. 〈신설 2018.1.31.〉
> ⑤ 법원은 재판서가 보존되어 있는 동안 제3항의 개인정보를 보관하여야 한다. 〈신설 2018.1.31.〉

제295조(당사자가 출석하지 아니한 경우의 증거조사) 증거조사는 당사자가 기일에 출석하지 아니한 때에도

건심판법 제10조), 조사의 촉탁(제294조), 감정의 촉탁(제341조), 당사자신문(제367조)은 직권증거조사가 가능하다.

	쟁점정리기일 전	쟁점정리기일	증거조사기일
검증·감정·사실조회	증거조사 실시	의견진술기회	
서증	사본미리제출 / 문서제출명령, 송부촉탁	원본을 제출하여 증거조사	
증인, 당사자 신문	일괄 신청완료	일괄 채부결정고지, 증언방식결정	집중하여 실시

사실조회 제294조	감정촉탁 제341조
공공기관, 학교, 단체, 외국의 공공기관, 개인	공공기관, 학교, 상당한 설비가 있는 단체, 외국의 공공기관
쉽게 조사할 수 있는 사실확인, 등·사본의 송부촉탁	특별한 지식경험, 전문적 의견

◆ 신청 외에 직권으로도 가능하다(제140조 1항 5호).

할 수 있다.

제296조(외국에서 시행하는 증거조사) ① 외국에서 시행할 증거조사는 그 나라에 주재하는 대한민국 대사·공사·영사 또는 그 나라의 관할 공공기관에 촉탁한다.
② 외국에서 시행한 증거조사는 그 나라의 법률에 어긋나더라도 이 법에 어긋나지 아니하면 효력을 가진다.

제297조(법원밖에서의 증거조사) ① 법원은 필요하다고 인정할 때에는 법원밖에서 증거조사를 할 수 있다. 이 경우 합의부원에게 명하거나 다른 지방법원 판사에게 촉탁할 수 있다.
② 수탁판사는 필요하다고 인정할 때에는 다른 지방법원 판사에게 증거조사를 다시 촉탁할 수 있다. 이 경우 그 사유를 수소법원과 당사자에게 통지하여야 한다.

◆ 1항 : 이 경우에는 변론기일과 증거조사기일이 분리되게 되는데, 당사자가 새로운 주장 등 변론을 할 수 없으며, 재판상의 자백도 성립되지 않는다. 또 공개도 필요 없다.
◆ 법원청사 외에서 증거조사기일을 실시할 경우에는 법원장의 허가가 필요 없으나(제297조 제1항), 법원청사 외에서 변론기일을 실시하고자 할 경우 법원장의 허가가 필요하다(법원조직법 제56조 제2항).
◆ 2항 2문 : 증거조사에의 참여권

제298조(수탁판사의 기록송부) 수탁판사는 증거조사에 관한 기록을 바로 수소법원에 보내야 한다.

제299조(소명의 방법) ① 소명은 즉시 조사할 수 있는 증거에 의하여야 한다.
② 법원은 당사자 또는 법정대리인으로 하여금 보증금을 공탁하게 하거나, 그 주장이 진실하다는 것을 선서하게 하여 소명에 갈음할 수 있다.
③ 제2항의 선서에는 제320조, 제321조제1항·제3항·제4항 및 제322조의 규정을 준용한다.

◆ 1항 : 소명이란 저도의 개연성 즉 법관이 일응 확실할 것이라는 추측을 얻은 상태 또는 그와 같은 상태에 이르도록 증거를 제출하는 당사자의 노력을 말한다. 증거방법의 제한.
◆ 3항 : 제320조 위증에 대한 벌의 경고, 제321조 선서의 방식, 제322조 선서무능력

제300조(보증금의 몰취) 제299조제2항의 규정에 따라 보증금을 공탁한 당사자 또는 법정대리인이 거짓 진술을 한 때에 법원은 결정으로 보증금을 몰취(沒取)한다.

제301조(거짓 진술에 대한 제재) 제299조제2항의 규정에 따라 선서한 당사자 또는 법정대리인이 거짓 진술을 한 때에 법원은 결정으로 200만원 이하의 과태료에 처한다.

제302조(불복신청) 제300조 및 제301조의 결정에 대하여는 즉시항고를 할 수 있다.

제2절 증인신문

제303조(증인의 의무) 법원은 특별한 규정이 없으면 누구든지 증인으로 신문할 수 있다.

- 우리나라의 재판권에 복종하는 사람이면 누구든지 증인으로서 신문에 응할 공법상의 의무를 진다. 치외법권자도 임의로 신문에 응하면 증인으로 될 수 있다.

제304조(대통령·국회의장·대법원장·헌법재판소장의 신문) 대통령·국회의장·대법원장 및 헌법재판소장 또는 그 직책에 있었던 사람을 증인으로 하여 직무상 비밀에 관한 사항을 신문할 경우에 법원은 그의 동의를 받아야 한다.

제305조(국회의원·국무총리·국무위원의 신문) ① 국회의원 또는 그 직책에 있었던 사람을 증인으로 하여 직무상 비밀에 관한 사항을 신문할 경우에 법원은 국회의 동의를 받아야 한다.
② 국무총리·국무위원 또는 그 직책에 있었던 사람을 증인으로 하여 직무상 비밀에 관한 사항을 신문할 경우에 법원은 국무회의의 동의를 받아야 한다.

제306조(공무원의 신문) 제304조와 제305조에 규정한 사람 외의 공무원 또는 공무원이었던 사람을 증인으로 하여 직무상 비밀에 관한 사항을 신문할 경우에 법원은 그 소속 관청 또는 감독관청의 동의를 받아야 한다.

> **민사소송규칙**
> 제78조(직무상 비밀에 관한 증언) ① 법 제304조와 제305조에 규정한 사람 외의 공무원 또는 공무원이었던 사람이 직무상 비밀에 관한 사항에 대하여 증언하게 된 때에는 증언할 사항이 직무상 비밀에 해당하는 사유를 구체적으로 밝혀 법원에 미리 신고하여야 한다.
> ② 제1항의 신고가 있는 경우 법원은 필요하다고 인정하는 때에는 그 소속관청 또는 감독관청에 대하여 신문할 사항이 직무상 비밀에 해당하는지 여부에 관하여 조회할 수 있다.

제307조(거부권의 제한) 제305조와 제306조의 경우에 국회·국무회의 또는 제306조의 관청은 국가의 중대한 이익을 해치는 경우를 제외하고는 동의를 거부하지 못한다.

제308조(증인신문의 신청) 당사자가 증인신문을 신청하고자 하는 때에는 증인을 지정하여 신청하여야 한다.

- 규칙 제75조 : 일괄하여 신청이라 함은 한꺼번에 신청하여야 한다는 뜻이 아니라, 쟁점정리기일 이전까지 모두 신청하라는 의미.

> **민사소송규칙**
> **제75조(증인신문과 당사자신문의 신청)** ① 증인신문은 부득이한 사정이 없는 한 일괄하여 신청하여야 한다. 당사자신문을 신청하는 경우에도 마찬가지이다.
> ② 증인신문을 신청하는 때에는 증인의 이름·주소·연락처·직업, 증인과 당사자의 관계, 증인이 사건에 관여하거나 내용을 알게 된 경위, 증인신문에 필요한 시간 및 증인의 출석을 확보하기 위한 협력방안을 밝혀야 한다. 〈개정 2007.11.28.〉

제309조(출석요구서의 기재사항) 증인에 대한 출석요구서에는 다음 각호의 사항을 적어야 한다.
1. 당사자의 표시
2. 신문 사항의 요지
3. 출석하지 아니하는 경우의 법률상 제재

> **민사소송규칙**
> **제81조(증인 출석요구서의 기재사항 등)** ① 증인의 출석요구서에는 법 제309조에 규정된 사항 외에 다음 각호의 사항을 적어야 한다.
> 1. 출석하지 아니하는 경우에는 그 사유를 밝혀 신고하여야 한다는 취지
> 2. 제1호의 신고를 하지 아니하는 경우에는 정당한 사유 없이 출석하지 아니한 것으로 인정되어 법률상 제재를 받을 수 있다는 취지
> ② 증인에 대한 출석요구서는 출석할 날보다 2일 전에 송달되어야 한다. 다만, 부득이한 사정이 있는 경우에는 그러하지 아니하다.
> **제82조(증인의 출석 확보)** 증인이 채택된 때에는 증인신청을 한 당사자는 증인이 기일에 출석할 수 있도록 노력하여야 한다.
> **제83조(불출석의 신고)** 증인이 출석요구를 받고 기일에 출석할 수 없을 경우에는 바로 그 사유를 밝혀 신고하여야 한다.

제310조(증언에 갈음하는 서면의 제출) ① 법원은 증인과 증명할 사항의 내용 등을 고려하여 상당하다고 인정하는 때에는 출석·증언에 갈음하여 증언할 사항을 적은 서면을 제출하게 할 수 있다.
② 법원은 상대방의 이의가 있거나 필요하다고 인정하는 때에는 제1항의 증인으로 하여금 출석·증언하게 할 수 있다.

> **민사소송규칙**
> **제79조(증인진술서의 제출 등)** ① 법원은 효율적인 증인신문을 위하여 필요하다고 인정하는 때에는 증인을 신청한 당사자에게 증인진술서를 제출하게 할 수 있다.
> ② 증인진술서에는 증언할 내용을 그 시간 순서에 따라

◆ 1항 : 신법은 상대방의 동의를 요하지 않고 공정증서 정본의 제출을 요하지 않음으로써 절차상의 효율을 도모하였다. 법원에 제출된 서면증언은 변론기일에 현출됨으로써 증언으로서의 효력을 갖는다.

◆ 상당하다고 인정하는 때 : ① 공시송달사건이나 피고가 형식적인 답변서만 제출하고 출석하지 아니하는 경우, ② 진단서의 진정성립을 위하여 작성자인 의사를 증인으로 신문하여야 하는 경우, ③ 나아가 증인이 중환자나 원거리에 살아 출석이 곤란한 경우나 반대신문을 하지 아니하여도 신빙성

적고, 증인이 서명날인하여야 한다.
③ 증인진술서 제출명령을 받은 당사자는 법원이 정한 기한까지 원본과 함께 상대방의 수에 2(다만, 합의부에서는 상대방의 수에 3)를 더한 만큼의 사본을 제출하여야 한다.
④ 법원사무관등은 증인진술서 사본 1통을 증인신문기일 전에 상대방에게 송달하여야 한다.

제80조(증인신문사항의 제출 등) ① 증인신문을 신청한 당사자는 법원이 정한 기한까지 상대방의 수에 3(다만, 합의부에서는 상대방의 수에 4)을 더한 통수의 증인신문사항을 적은 서면을 제출하여야 한다. 다만, 제79조의 규정에 따라 증인진술서를 제출하는 경우로서 법원이 증인신문사항을 제출할 필요가 없다고 인정하는 때에는 그러하지 아니하다.
② 법원사무관등은 제1항의 서면 1통을 증인신문기일 전에 상대방에게 송달하여야 한다.
③ 재판장은 제출된 증인신문사항이 개별적이고 구체적이지 아니하거나 제95조제2항 각호의 신문이 포함되어 있는 때에는 증인신문사항의 수정을 명할 수 있다. 다만, 같은 항 제2호 내지 제4호의 신문에 관하여 정당한 사유가 있는 경우에는 그러하지 아니하다.

제84조(서면에 의한 증언) ① 법 제310조제1항의 규정에 따라 출석·증언에 갈음하여 증언할 사항을 적은 서면을 제출하게 하는 경우 법원은 증인을 신청한 당사자의 상대방에 대하여 그 서면에서 회답을 바라는 사항을 적은 서면을 제출하게 할 수 있다.
② 법원이 법 제310조제1항의 규정에 따라 출석·증언에 갈음하여 증언할 사항을 적은 서면을 제출하게 하는 때에는 다음 각호의 사항을 증인에게 고지하여야 한다.
 1. 증인에 대한 신문사항 또는 신문사항의 요지
 2. 법원이 출석요구를 하는 때에는 법정에 출석·증언하여야 한다는 취지
 3. 제출할 기한을 정한 때에는 그 취지
③ 증인은 증언할 사항을 적은 서면에 서명날인하여야 한다.

제311조(증인이 출석하지 아니한 경우의 과태료 등) ① 증인이 정당한 사유 없이 출석하지 아니한 때에 법원은 결정으로 증인에게 이로 말미암은 소송비용을 부담하도록 명하고 500만원 이하의 과태료에 처한다.
② 법원은 증인이 제1항의 규정에 따른 과태료의 재판을 받고도 정당한 사유 없이 다시 출석하지 아니한 때에는 결정으로 증인을 7일 이내의 감치(監置)에 처한다.
③ 법원은 감치재판기일에 증인을 소환하여 제2항의 정당한 사유가 있는지 여부를 심리하여야 한다.
④ 감치에 처하는 재판은 그 재판을 한 법원의 재판

이 있는 진술을 기대할 수 있는 경우
♦ 2항 : 이의는 직권발동 촉구의미.

	증인진술서	서면증언
증거조사 방식	서증	증언
명령의 상대방	당사자에 제출을 명함	증인에 대해 제출을 명함
절차	증인의 출석과 증언을 요함	서면의 제출과 법정에 현출

♦ 즉시항고 시 집행정지의 효과가 없는 것 : 간이각하결정에 대한 즉시항고(제47조 3항), 고필공 추가허가결정에 대한 즉시항고(제68조 5항), 증인불출석 시 과태료나 감치결정에 대한 즉시항고(제311조 8항), 제3자의 문서제출명령 불이행시 과태료 부과에 대한 즉시항고(제351조, 제318조, 제311조 8항)

장의 명령에 따라 법원공무원 또는 경찰공무원이 경찰서유치장·교도소 또는 구치소에 유치함으로써 집행한다. 〈개정 2006.2.21.〉
⑤ 감치의 재판을 받은 증인이 제4항에 규정된 감치시설에 유치된 때에는 당해 감치시설의 장은 즉시 그 사실을 법원에 통보하여야 한다.
⑥ 법원은 제5항의 통보를 받은 때에는 바로 증인신문기일을 열어야 한다.
⑦ 감치의 재판을 받은 증인이 감치의 집행중에 증언을 한 때에는 법원은 바로 감치결정을 취소하고 그 증인을 석방하도록 명하여야 한다.
⑧ 제1항과 제2항의 결정에 대하여는 즉시항고를 할 수 있다. 다만, 제447조의 규정은 적용하지 아니한다.
⑨ 제2항 내지 제8항의 규정에 따른 재판절차 및 그 집행 그 밖에 필요한 사항은 대법원규칙으로 정한다.

> **민사소송규칙**
> **제85조(증인에 대한 과태료 등)** ① 법 제311조제1항의 규정에 따른 과태료와 소송비용 부담의 재판은 수소법원이 관할한다.
> ② 제1항과 법 제311조제1항의 규정에 따른 재판절차에 관하여는 비송사건절차법 제248조와 제250조(다만, 제248조제3항 후문과 검사에 관한 부분을 제외한다)의 규정을 준용한다.
> **제86조(증인에 대한 감치)** ① 법 제311조제2항 내지 제8항의 규정에 따른 감치재판은 수소법원이 관할한다.
> ② 감치재판절차는 법원의 감치재판개시결정에 따라 개시된다. 이 경우 감치사유가 발생한 날부터 20일이 지난 때에는 감치재판개시결정을 할 수 없다.
> ③ 감치재판절차를 개시한 후 감치결정 전에 그 증인이 증언을 하거나 그 밖에 감치에 처하는 것이 상당하지 아니하다고 인정되는 때에는 법원은 불처벌결정을 하여야 한다.
> ④ 제2항의 감치재판개시결정과 제3항의 불처벌결정에 대하여는 불복할 수 없다.
> ⑤ 법 제311조제7항의 규정에 따라 증인을 석방한 때에는 재판장은 바로 감치시설의 장에게 그 취지를 서면으로 통보하여야 한다.
> ⑥ 제1항 내지 제5항 및 법 제311조제2항 내지 제8항의 규정에 따른 감치절차에 관하여는 법정등의질서유지를위한재판에관한규칙 제6조 내지 제8조, 제10조, 제11조, 제13조, 제15조 내지 제19조, 제21조 내지 제23조 및 제25조제1항·제2항(다만, 제13조중 의견서에 관한 부분은 삭제하고, 제19조제2항 중 "3일"은 "1주"로, 제23조 제8항 중 "감치의 집행을 한 날"은 "법 제311조제5항의 규정에 따른 통보를 받은 날"로 고쳐 적용한다)의 규정을 준용한다.

제312조(출석하지 아니한 증인의 구인) ① 법원은 정당한 사유 없이 출석하지 아니한 증인을 구인(拘引)하도록 명할 수 있다.
② 제1항의 구인에는 형사소송법의 구인에 관한 규정을 준용한다.

> 민사소송규칙
> 제87조(증인의 구인) 정당한 사유 없이 출석하지 아니한 증인의 구인에 관하여는 형사소송규칙중 구인에 관한 규정을 준용한다.

제313조(수명법관·수탁판사에 의한 증인신문) 법원은 다음 각호 가운데 어느 하나에 해당하면 수명법관 또는 수탁판사로 하여금 증인을 신문하게 할 수 있다.
1. 증인이 정당한 사유로 수소법원에 출석하지 못하는 때
2. 증인이 수소법원에 출석하려면 지나치게 많은 비용 또는 시간을 필요로 하는 때
3. 그 밖의 상당한 이유가 있는 경우로서 당사자가 이의를 제기하지 아니하는 때

◆ 증인이 질병 등 정당한 사유로 출석하지 못할 때에는 수명법관·수탁판사로 하여금 증인을 신문하게 할 수 있다

제314조(증언거부권) 증인은 그 증언이 자기나 다음 각호 가운데 어느 하나에 해당하는 사람이 공소제기되거나 유죄판결을 받을 염려가 있는 사항 또는 자기나 그들에게 치욕이 될 사항에 관한 것인 때에는 이를 거부할 수 있다. 〈개정 2005.3.31.〉
1. 증인의 친족 또는 이러한 관계에 있었던 사람
2. 증인의 후견인 또는 증인의 후견을 받는 사람

◆ 민사소송절차에서 재판장이 증인에게 증언거부권을 고지하지 아니하였다 하여 절차위반의 위법이 있다고 할 수 없다.
◆ 단순히 징계처분을 받을 우려가 있는 사항은 증언거부사유가 아니다.

제315조(증언거부권) ① 증인은 다음 각호 가운데 어느 하나에 해당하면 증언을 거부할 수 있다.
1. 변호사·변리사·공증인·공인회계사·세무사·의료인·약사, 그 밖에 법령에 따라 비밀을 지킬 의무가 있는 직책 또는 종교의 직책에 있거나 이러한 직책에 있었던 사람이 직무상 비밀에 속하는 사항에 대하여 신문을 받을 때
2. 기술 또는 직업의 비밀에 속하는 사항에 대하여 신문을 받을 때
② 증인이 비밀을 지킬 의무가 면제된 경우에는 제1항의 규정을 적용하지 아니한다.

제316조(거부이유의 소명) 증언을 거부하는 이유는 소명하여야 한다.

제317조(증언거부에 대한 재판) ① 수소법원은 당사자를

◆ 심문여부는 자유재량이나, 증언거부에 대한 재판

심문하여 증언거부가 옳은 지를 재판한다.
② 당사자 또는 증인은 제1항의 재판에 대하여 즉시항고를 할 수 있다.

제318조(증언거부에 대한 제재) 증언의 거부에 정당한 이유가 없다고 한 재판이 확정된 뒤에 증인이 증언을 거부한 때에는 제311조제1항, 제8항 및 제9항의 규정을 준용한다.

제319조(선서의 의무) 재판장은 증인에게 신문에 앞서 선서를 하게 하여야 한다. 다만, 특별한 사유가 있는 때에는 신문한 뒤에 선서를 하게 할 수 있다.

제320조(위증에 대한 벌의 경고) 재판장은 선서에 앞서 증인에게 선서의 취지를 밝히고, 위증의 벌에 대하여 경고하여야 한다.

제321조(선서의 방식) ① 선서는 선서서에 따라서 하여야 한다.
② 선서서에는 "양심에 따라 숨기거나 보태지 아니하고 사실 그대로 말하며, 만일 거짓말을 하면 위증의 벌을 받기로 맹세합니다."라고 적어야 한다.
③ 재판장은 증인으로 하여금 선서서를 소리내어 읽고 기명날인 또는 서명하게 하며, 증인이 선서서를 읽지 못하거나 기명날인 또는 서명하지 못하는 경우에는 참여한 법원사무관등이나 그 밖의 법원공무원으로 하여금 이를 대신하게 한다.
④ 증인은 일어서서 엄숙하게 선서하여야 한다.

제322조(선서무능력) 다음 각호 가운데 어느 하나에 해당하는 사람을 증인으로 신문할 때에는 선서를 시키지 못한다.
1. 16세 미만인 사람
2. 선서의 취지를 이해하지 못하는 사람

제323조(선서의 면제) 제314조에 해당하는 증인으로서 증언을 거부하지 아니한 사람을 신문할 때에는 선서를 시키지 아니할 수 있다.

제324조(선서거부권) 증인이 자기 또는 제314조 각호에 규정된 어느 한 사람과 현저한 이해관계가 있는 사항에 관하여 신문을 받을 때에는 선서를 거부할 수 있다.

(제317조 1항)과 인수승계(제82조 2항), 제3자에게 문서제출명령을 내리는 경우(제347조 3항)는 필수적 심문이다. 지급명령(제467조)은 심문이 금지된다.

◆ 증인에게 이로 말미암은 소송비용을 부담하도록 명하고 500만원 이하의 과태료에 처한다(제311조 1항). 감치를 할 수는 없다.

◆ 재판장이 선서거부권이 있음을 고지하지 아니하였다고 하여 위법이라고 할 수 없다(71다452).

제325조(조서에의 기재) 선서를 시키지 아니하고 증인을 신문한 때에는 그 사유를 조서에 적어야 한다.

제326조(선서거부에 대한 제재) 증인이 선서를 거부하는 경우에는 제316조 내지 제318조의 규정을 준용한다.

◆ 제316조(거부이유의 소명), 제317조(증언거부에 대한 재판), 제318조(증언거부에 대한 제재)

제327조(증인신문의 방식) ① 증인신문은 증인을 신청한 당사자가 먼저 하고, 다음에 다른 당사자가 한다.
② 재판장은 제1항의 신문이 끝난 뒤에 신문할 수 있다.
③ 재판장은 제1항과 제2항의 규정에 불구하고 언제든지 신문할 수 있다.
④ 재판장이 알맞다고 인정하는 때에는 당사자의 의견을 들어 제1항과 제2항의 규정에 따른 신문의 순서를 바꿀 수 있다.
⑤ 당사자의 신문이 중복되거나 쟁점과 관계가 없는 때, 그 밖에 필요한 사정이 있는 때에 재판장은 당사자의 신문을 제한할 수 있다.
⑥ 합의부원은 재판장에게 알리고 신문할 수 있다.

> **민사소송규칙**
> 제88조(증인의 동일성 확인) 재판장은 증인으로부터 주민등록증 등 신분증을 제시받거나 그 밖의 적당한 방법으로 증인임이 틀림없음을 확인하여야 한다. [전문개정 2006.3.23.]
> 제89조(신문의 순서) ① 법 제327조제1항의 규정에 따른 증인의 신문은 다음 각호의 순서를 따른다. 다만, 재판장은 주신문에 앞서 증인으로 하여금 그 사건과의 관계와 쟁점에 관하여 알고 있는 사실을 개략적으로 진술하게 할 수 있다.
> 1. 증인신문신청을 한 당사자의 신문(주신문)
> 2. 상대방의 신문(반대신문)
> 3. 증인신문신청을 한 당사자의 재신문(재주신문)
> ② 제1항의 순서에 따른 신문이 끝난 후에는 당사자는 재판장의 허가를 받은 때에만 다시 신문할 수 있다.
> ③ 재판장은 정리된 쟁점별로 제1항의 순서에 따라 신문하게 할 수 있다. 〈신설 2007.11.28.〉
> 제90조(주신문을 할 당사자가 출석하지 아니한 경우의 신문) 증인신문을 신청한 당사자가 신문기일에 출석하지 아니한 경우에는 재판장이 그 당사자에 갈음하여 신문을 할 수 있다.
> 제91조(주신문) ① 주신문은 증명할 사항과 이에 관련된 사항에 관하여 한다.
> ② 주신문에서는 유도신문을 하여서는 아니된다. 다만, 다음 각호 가운데 어느 하나에 해당하는 경우에는 그러하지 아니하다.
> 1. 증인과 당사자의 관계, 증인의 경력, 교우관계 등 실질적인 신문에 앞서 미리 밝혀둘 필요가 있는 준비적인 사항에 관한 신문의 경우

2. 증인이 주신문을 하는 사람에 대하여 적의 또는 반감을 보이는 경우
3. 증인이 종전의 진술과 상반되는 진술을 하는 때에 그 종전 진술에 관한 신문의 경우
4. 그 밖에 유도신문이 필요한 특별한 사정이 있는 경우
③ 재판장은 제2항 단서의 각호에 해당하지 아니하는 경우의 유도신문은 제지하여야 하고, 유도신문의 방법이 상당하지 아니하다고 인정하는 때에는 제한할 수 있다.

제92조(반대신문) ① 반대신문은 주신문에 나타난 사항과 이에 관련된 사항에 관하여 한다.
② 반대신문에서 필요한 때에는 유도신문을 할 수 있다.
③ 재판장은 유도신문의 방법이 상당하지 아니하다고 인정하는 때에는 제한할 수 있다.
④ 반대신문의 기회에 주신문에 나타나지 아니한 새로운 사항에 관하여 신문하고자 하는 때에는 재판장의 허가를 받아야 한다.
⑤ 제4항의 신문은 그 사항에 관하여는 주신문으로 본다.

제93조(재주신문) ① 재주신문은 반대신문에 나타난 사항과 이와 관련된 사항에 관하여 한다.
② 재주신문은 주신문의 예를 따른다.
③ 재주신문에 관하여는 제92조제4항·제5항의 규정을 준용한다.

제94조(증언의 증명력을 다투기 위하여 필요한 사항의 신문) ① 당사자는 증언의 증명력을 다투기 위하여 필요한 사항에 관한 신문을 할 수 있다.
② 제1항에 규정된 신문은 증인의 경험·기억 또는 표현의 정확성 등 증언의 신빙성에 관련된 사항 및 증인의 이해관계·편견 또는 예단 등 증인의 신용성에 관련된 사항에 관하여 한다.

제95조(증인신문의 방법) ① 신문은 개별적이고 구체적으로 하여야 한다.
② 재판장은 직권 또는 당사자의 신청에 따라 다음 각호 가운데 어느 하나에 해당하는 신문을 제한할 수 있다. 다만, 제2호 내지 제4호에 규정된 신문에 관하여 정당한 사유가 있는 때에는 그러하지 아니하다.
1. 증인을 모욕하거나 증인의 명예를 해치는 내용의 신문
2. 제91조 내지 제94조의 규정에 어긋나는 신문
3. 의견의 진술을 구하는 신문
4. 증인이 직접 경험하지 아니한 사항에 관하여 진술을 구하는 신문

제327조의2(비디오 등 중계장치에 의한 증인신문) ① 법원은 다음 각 호의 어느 하나에 해당하는 사람을 증인으로 신문하는 경우 상당하다고 인정하는 때에는 당사자의 의견을 들어 비디오 등 중계장치에 의한 중계시설을 통하거나 인터넷 화상장치를 이

◆ 감정인에 대한 제339조의3은 감정인이 법정에 직접 출석하기 어려운 특별한 사정이 있는 경우와 감정인이 외국에 거주하는 경우를 중계장치에 의한 신문사유로 하고 있다.

용하여 신문할 수 있다.
1. 증인이 멀리 떨어진 곳 또는 교통이 불편한 곳에 살고 있거나 그 밖의 사정으로 말미암아 법정에 직접 출석하기 어려운 경우
2. 증인이 나이, 심신상태, 당사자나 법정대리인과의 관계, 신문사항의 내용, 그 밖의 사정으로 말미암아 법정에서 당사자 등과 대면하여 진술하면 심리적인 부담으로 정신의 평온을 현저하게 잃을 우려가 있는 경우

② 제1항에 따른 증인신문은 증인이 법정에 출석하여 이루어진 증인신문으로 본다.
③ 제1항에 따른 증인신문의 절차와 방법, 그 밖에 필요한 사항은 대법원규칙으로 정한다.
[본조신설 2016.3.29.]

> **민사소송규칙**
> **제95조의2(비디오 등 중계장치에 의한 증인신문)** ① 법 제327조의2에 따른 증인신문은 증인을 법정 아닌 곳으로서 비디오 등 중계장치에 의한 중계시설이 설치된 곳에 출석하게 하고, 영상과 음향의 송수신에 의하여 법정 안의 법관, 당사자, 그 밖의 소송관계인과 법정 밖의 증인이 상대방을 인식할 수 있는 방법으로 한다.
> ② 제1항의 비디오 등 중계장치에 의한 중계시설은 법원 안에 설치하되, 필요한 경우 법원 밖의 적당한 곳에도 설치할 수 있다.
> ③ 제96조제1항에 따라 증인을 신문하는 경우 문서 등의 제시는 비디오 등 중계장치에 의한 중계시설 또는 「민사소송 등에서의 전자문서 이용 등에 관한 규칙」제2조제1호에 정한 전자소송시스템을 이용하거나 모사전송, 전자우편, 그 밖에 이에 준하는 방법으로 하여야 한다.
> ④ 법 제327조의2에 따라 증인을 신문한 때에는 그 취지와 증인이 출석하여 진술한 곳을 조서에 적어야 한다. [본조신설 2016.9.6.]

제328조(격리신문과 그 예외) ① 증인은 따로따로 신문하여야 한다.
② 신문하지 아니한 증인이 법정(法廷)안에 있을 때에는 법정에서 나가도록 명하여야 한다. 다만, 필요하다고 인정한 때에는 신문할 증인을 법정안에 머무르게 할 수 있다.

> **민사소송규칙**
> **제98조(재정인의 퇴정)** 법정 안에 있는 특정인 앞에서는 충분히 진술하기 어려운 현저한 사유가 있는 때에는 재판장은 당사자의 의견을 들어 그 증인이 진술하는 동안 그 사람을 법정에서 나가도록 명할 수 있다.

제329조(대질신문) 재판장은 필요하다고 인정한 때에는 증인 서로의 대질을 명할 수 있다.

제330조(증인의 행위의무) 재판장은 필요하다고 인정한 때에는 증인에게 문자를 손수 쓰게 하거나 그 밖의 필요한 행위를 하게 할 수 있다.

> **민사소송규칙**
> 제99조(서면에 따른 질문 또는 회답의 낭독) 듣지 못하는 증인에게 서면으로 물은 때 또는 말을 못하는 증인에게 서면으로 답하게 한 때에는 재판장은 법원사무관등으로 하여금 질문 또는 회답을 적은 서면을 낭독하게 할 수 있다.

제331조(증인의 진술원칙) 증인은 서류에 의하여 진술하지 못한다. 다만, 재판장이 허가하면 그러하지 아니하다.

◆ 서류에 의하여 : '서류를 보면서'의 의미

> **민사소송규칙**
> 제96조(문서 등을 이용한 신문) ① 당사자는 재판장의 허가를 받아 문서·도면·사진·모형·장치, 그 밖의 물건(다음부터 이 조문 안에서 이 모두를 "문서등"이라 한다)을 이용하여 신문할 수 있다.
> ② 제1항의 경우에 문서등이 증거조사를 하지 아니한 것인 때에는 신문에 앞서 상대방에게 열람할 기회를 주어야 한다. 다만, 상대방의 이의가 없는 때에는 그러하지 아니하다.
> ③ 재판장은 조서에 붙이거나 그 밖에 다른 필요가 있다고 인정하는 때에는 당사자에게 문서등의 사본(사본으로 제출할 수 없는 경우에는 그 사진이나 그 밖의 적당한 물건)을 제출할 것을 명할 수 있다.

제332조(수명법관·수탁판사의 권한) 수명법관 또는 수탁판사가 증인을 신문하는 경우에는 법원과 재판장의 직무를 행한다.

> **민사소송규칙**
> 제97조(이의신청) ① 증인신문에 관한 재판장의 명령 또는 조치에 대한 이의신청은 그 명령 또는 조치가 있은 후 바로 하여야 하며, 그 이유를 구체적으로 밝혀야 한다.
> ② 법원은 제1항의 규정에 따른 이의신청에 대하여 바로 결정으로 재판하여야 한다.
> 제100조(수명법관·수탁판사의 권한) 수명법관 또는 수탁판사가 증인신문을 하는 경우에는 이 절에 규정된 법원과 재판장의 직무를 행한다.

제3절 감정

제333조(증인신문규정의 준용) 감정에는 제2절의 규정을 준용한다. 다만, 제311조제2항 내지 제7항, 제312조, 제321조제2항, 제327조 및 제327조의2는 그러하지 아니하다. 〈개정 2016.3.29.〉

- 제311조제2항 내지 제7항의 불출석시 감치에 관한 규정과 제312조의 구인은 준용하지 않는다.
- 선서방식(제321조 2항)도 제338조가 적용. 증인신문의 방식인 교호신문(제327조)이 아니라, 제339조와 제339조의2에 따른 석명권에 준하여 직권신문
- 비디오 등 중계장치에 의한 증인신문(제327조의2)도 제339조의3에 따라 사유가 다름

> **민사소송규칙**
> **제101조(감정사항의 결정 등)** ① 감정을 신청하는 때에는 감정을 구하는 사항을 적은 서면을 함께 제출하여야 한다. 다만, 부득이한 사유가 있는 때에는 재판장이 정하는 기한까지 제출하면 된다.
> ② 제1항의 서면은 상대방에게 송달하여야 한다. 다만, 그 서면의 내용을 고려하여 법원이 송달할 필요가 없다고 인정하는 때에는 그러하지 아니하다.
> ③ 상대방은 제1항의 서면에 관하여 의견이 있는 때에는 의견을 적은 서면을 법원에 제출할 수 있다. 이 경우 재판장은 미리 그 제출기한을 정할 수 있다. 〈개정 2016.9.6.〉
> ④ 법원은 제1항의 서면을 토대로 하되, 제3항의 규정에 따라 의견이 제출된 때에는 그 의견을 고려하여 감정사항을 정하여야 한다. 이 경우 법원이 감정사항을 정하기 위하여 필요한 때에는 감정인의 의견을 들을 수 있다.
> ⑤ 삭제 〈2016.9.6.〉
> **제104조(증인신문규정의 준용)** 감정에는 그 성질에 어긋나지 아니하는 범위 안에서 제2절의 규정을 준용한다.

제334조(감정의무) ① 감정에 필요한 학식과 경험이 있는 사람은 감정할 의무를 진다.
② 제314조 또는 제324조의 규정에 따라 증언 또는 선서를 거부할 수 있는 사람과 제322조에 규정된 사람은 감정인이 되지 못한다.

- 감정할 의무 : 출석·선서·감정의견 보고의무
- 감정인 결격 : 제314조(증언거부권), 제324조(선서거부권), 제322조(선서무능력)

제335조(감정인의 지정) 감정인은 수소법원·수명법관 또는 수탁판사가 지정한다.

- 증인은 신청자가 지정

제335조의2(감정인의 의무) ① 감정인은 감정사항이 자신의 전문분야에 속하지 아니하는 경우 또는 그에 속하더라도 다른 감정인과 함께 감정을 하여야 하는 경우에는 곧바로 법원에 감정인의 지정 취소 또는 추가 지정을 요구하여야 한다.
② 감정인은 감정을 다른 사람에게 위임하여서는 아니 된다. [본조신설 2016.3.29.]

제336조(감정인의 기피) 감정인이 성실하게 감정할 수 없는 사정이 있는 때에 당사자는 그를 기피할 수

있다. 다만, 당사자는 감정인이 감정사항에 관한 진술을 하기 전부터 기피할 이유가 있다는 것을 알고 있었던 때에는 감정사항에 관한 진술이 이루어진 뒤에 그를 기피하지 못한다.

> **민사소송규칙**
> **제102조(기피신청의 방식)** ① 감정인에 대한 기피는 그 이유를 밝혀 신청하여야 한다.
> ② 기피하는 이유와 소명방법은 신청한 날부터 3일 안에 서면으로 제출하여야 한다.

제337조(기피의 절차) ① 기피신청은 수소법원·수명법관 또는 수탁판사에게 하여야 한다.
② 기피하는 사유는 소명하여야 한다.
③ 기피하는 데 정당한 이유가 있다고 한 결정에 대하여는 불복할 수 없고, 이유가 없다고 한 결정에 대하여는 즉시항고를 할 수 있다.

제338조(선서의 방식) 선서서에는 "양심에 따라 성실히 감정하고, 만일 거짓이 있으면 거짓감정의 벌을 받기로 맹세합니다."라고 적어야 한다.

◆ 비교 제321조 2항 : 선서서에는 "양심에 따라 숨기거나 보태지 아니하고 사실 그대로 말하며, 만일 거짓말을 하면 위증의 벌을 받기로 맹세합니다."라고 적어야 한다.

> **민사소송규칙**
> **제100조의2(감정인 의무의 고지)** 법원은 감정인에게 선서를 하게 하기에 앞서 법 제335조의2에 따른 의무를 알려야 한다. [본조신설 2016.9.6.]

제339조(감정진술의 방식) ① 재판장은 감정인으로 하여금 서면이나 말로써 의견을 진술하게 할 수 있다.
② 재판장은 여러 감정인에게 감정을 명하는 경우에는 다 함께 또는 따로따로 의견을 진술하게 할 수 있다.
③ 법원은 제1항 및 제2항에 따른 감정진술에 관하여 당사자에게 서면이나 말로써 의견을 진술할 기회를 주어야 한다. 〈신설 2016.3.29.〉

◆ 비교 제331조 : 증인은 서류에 의하여 진술하지 못한다. 다만, 재판장이 허가하면 그러하지 아니하다.
◆ 비교 제328조 : 증인은 따로따로 신문하여야 한다.

> **민사소송규칙**
> **제101조의2(감정에 필요한 자료제공 등)** ① 법원은 감정에 필요한 자료를 감정인에게 보낼 수 있다.
> ② 당사자는 감정에 필요한 자료를 법원에 내거나 법원의 허가를 받아 직접 감정인에게 건네줄 수 있다.
> ③ 감정인은 부득이한 사정이 없으면 제1항, 제2항에 따른 자료가 아닌 자료를 감정의 전제가 되는 사실 인정에 사용할 수 없다.
> ④ 법원은 감정인에게 감정에 사용한 자료를 제출하게 하거나 그 목록을 보고하게 할 수 있다. [본조신설 2016.9.6.]
> **제101조의3(감정의견에 관한 의견진술)** ① 법원은 법 제339

조제1항, 제2항에 따른 감정인의 의견진술이 있는 경우에 당사자에게 기한을 정하여 그에 관한 의견을 적은 서면을 제출하게 할 수 있다.
② 법원은 법 제339조제1항, 제2항에 따른 감정인의 서면 의견진술이 있는 경우에 그에 관하여 말로 설명할 필요가 있다고 인정하는 때에는 감정인에게 법정에 출석하게 할 수 있다.
③ 제2항의 경우 법원은 당사자에게 기한을 정하여 감정인에게 질문할 사항을 적은 서면을 감정인이 출석할 신문기일 전에 제출하게 할 수 있다.
④ 법원사무관등은 제3항에 따른 서면의 부본을 감정인이 출석할 신문기일 전에 상대방에게 송달하여야 한다. [본조신설 2016.9.6.]

제339조의2(감정인신문의 방식) ① 감정인은 재판장이 신문한다.
② 합의부원은 재판장에게 알리고 신문할 수 있다.
③ 당사자는 재판장에게 알리고 신문할 수 있다. 다만, 당사자의 신문이 중복되거나 쟁점과 관계가 없는 때, 그 밖에 필요한 사정이 있는 때에는 재판장은 당사자의 신문을 제한할 수 있다. [본조신설 2016.3.29.]

◆ 교호신문 방식에 의하는 증인신문과 다르다. 석명권(제136조)와 유사

제339조의3(비디오 등 중계장치 등에 의한 감정인신문) ① 법원은 다음 각 호의 어느 하나에 해당하는 사람을 감정인으로 신문하는 경우 상당하다고 인정하는 때에는 당사자의 의견을 들어 비디오 등 중계장치에 의한 중계시설을 통하여 신문하거나 인터넷 화상장치를 이용하여 신문할 수 있다.
1. 감정인이 법정에 직접 출석하기 어려운 특별한 사정이 있는 경우
2. 감정인이 외국에 거주하는 경우
② 제1항에 따른 감정인신문에 관하여는 제327조의2 제2항 및 제3항을 준용한다. [본조신설 2016.3.29.]

◆ 제327조의2와 사유 비교 : 증인이 나이, 심신상태, 당사자나 법정대리인과의 관계, 신문사항의 내용, 그 밖의 사정으로 말미암아 법정에서 당사자 등과 대면하여 진술하면 심리적인 부담으로 정신의 평온을 현저하게 잃을 우려가 있는 경우

민사소송규칙
제103조의2(비디오 등 중계장치 등에 의한 감정인신문 등) ① 법 제339조의3에 따른 감정인신문은 감정인을 법정 아닌 곳으로서 비디오 등 중계장치에 의한 중계시설이나 인터넷 화상장치가 설치된 곳에 출석하게 하고, 영상과 음향의 송수신에 의하여 법정 안의 법관, 당사자, 그 밖의 소송관계인과 법정 밖의 감정인이 상대방을 인식할 수 있는 방법으로 한다. 이 경우 제95조의2제2항부터 제4항까지를 준용한다.
② 법 제340조 단서에 따른 감정증인신문과 법 제341조 제3항에 따른 감정서 설명에 관하여는 제1항을 준용한다. [본조신설 2016.9.6.]

제340조(감정증인) 특별한 학식과 경험에 의하여 알게 된 사실에 관한 신문은 증인신문에 관한 규정을 따른다. 다만, 비디오 등 중계장치 등에 의한 감정증인신문에 관하여는 제339조의3을 준용한다. 〈개정 2016.3.29.〉

제341조(감정의 촉탁) ① 법원이 필요하다고 인정하는 경우에는 공공기관·학교, 그 밖에 상당한 설비가 있는 단체 또는 외국의 공공기관에 감정을 촉탁할 수 있다. 이 경우에는 선서에 관한 규정을 적용하지 아니한다.
② 제1항의 경우에 법원은 필요하다고 인정하면 공공기관·학교, 그 밖의 단체 또는 외국 공공기관이 지정한 사람으로 하여금 감정서를 설명하게 할 수 있다.
③ 제2항의 경우에는 제339조의3을 준용한다. 〈신설 2016.3.29.〉

사실조회 제294조	감정촉탁 제341조
공공기관, 학교, 단체, 외국의 공공기관, 개인	공공기관, 학교, 상당한 설비가 있는 단체, 외국의 공공기관
쉽게 조사할 수 있는 사실확인, 등·사본의 송부촉탁	특별한 지식경험, 전문적 의견

> **민사소송규칙**
> 제103조(감정서의 설명) ① 법 제341조제2항의 규정에 따라 감정서를 설명하게 하는 때에는 당사자를 참여하게 하여야 한다.
> ② 제1항의 설명의 요지는 조서에 적어야 한다.
> 제76조(감정서 등 부본 제출) 법원이 감정을 명하거나 법 제294조 또는 법 제341조의 규정에 따라 촉탁을 하는 때에는 감정서 또는 회답서 등의 부본을 제출하게 할 수 있다.

제342조(감정에 필요한 처분) ① 감정인은 감정을 위하여 필요한 경우에는 법원의 허가를 받아 남의 토지, 주거, 관리중인 가옥, 건조물, 항공기, 선박, 차량, 그 밖의 시설물안에 들어갈 수 있다.
② 제1항의 경우 저항을 받을 때에는 감정인은 경찰공무원에게 원조를 요청할 수 있다. 〈개정 2006.2.21.〉

제4절 서증

제343조(서증신청의 방식) 당사자가 서증(書證)을 신청하고자 하는 때에는 문서를 제출하는 방식 또는 문서를 가진 사람에게 그것을 제출하도록 명할 것을 신청하는 방식으로 한다.

◆ 서증신청은 직접제출(제343조), 문서제출명령신청(제343조), 송부촉탁신청(제352조), 소재지서증조사신청(규칙 제112조)의 방법에 의한다.

> **민사소송규칙**
> 제105조(문서를 제출하는 방식에 의한 서증신청) ① 문서를 제출하여 서증의 신청을 하는 때에는 문서의 제목·작

성자 및 작성일을 밝혀야 한다. 다만, 문서의 기재상 명백한 경우에는 그러하지 아니하다.
② 서증을 제출하는 때에는 상대방의 수에 1을 더한 수의 사본을 함께 제출하여야 한다. 다만, 상당한 이유가 있는 때에는 법원은 기간을 정하여 사본을 제출하게 할 수 있다.
③ 제2항의 사본은 명확한 것이어야 하며 재판장은 사본이 불명확한 때에는 사본을 다시 제출하도록 명할 수 있다.
④ 문서의 일부를 증거로 하는 때에도 문서의 전부를 제출하여야 한다. 다만, 그 사본은 재판장의 허가를 받아 증거로 원용할 부분의 초본만을 제출할 수 있다.
⑤ 법원은 서증에 대한 증거조사가 끝난 후에도 서증 원본을 다시 제출할 것을 명할 수 있다.

제106조(증거설명서의 제출 등) ① 재판장은 서증의 내용을 이해하기 어렵거나 서증의 수가 방대한 경우 또는 서증의 입증취지가 불명확한 경우에는 당사자에게 서증과 증명할 사실의 관계를 구체적으로 밝힌 설명서를 제출할 것을 명할 수 있다.
② 서증이 국어 아닌 문자 또는 부호로 되어 있는 때에는 그 문서의 번역문을 붙여야 한다. 다만, 문서의 일부를 증거로 하는 때에는 재판장의 허가를 받아 그 부분의 번역문만을 붙일 수 있다.

제107조(서증 사본의 작성 등) ① 당사자가 제105조제2항의 규정에 따라 서증 사본을 작성하는 때에는 서증 내용의 전부를 복사하여야 한다. 이 경우 재판장이 필요하다고 인정하는 때에는 서증 사본에 원본과 틀림이 없다는 취지를 적고 기명날인 또는 서명하여야 한다.
② 서증 사본에는 다음 각호의 구분에 따른 부호와 서증의 제출순서에 따른 번호를 붙여야 한다.
 1. 원고가 제출하는 것은 "갑"
 2. 피고가 제출하는 것은 "을"
 3. 독립당사자참가인이 제출하는 것은 "병"
③ 재판장은 같은 부호를 사용할 당사자가 여러 사람인 때에는 제2항의 부호 다음에 "가" "나" "다" 등의 가지 부호를 붙여서 사용하게 할 수 있다.

제109조(서증에 대한 증거결정) 당사자가 서증을 신청한 경우 다음 각호 가운데 어느 하나에 해당하는 사유가 있는 때에는 법원은 그 서증을 채택하지 아니하거나 채택결정을 취소할 수 있다.
 1. 서증과 증명할 사실 사이에 관련성이 인정되지 아니하는 때
 2. 이미 제출된 증거와 같거나 비슷한 취지의 문서로서 별도의 증거가치가 있음을 당사자가 밝히지 못한 때
 3. 국어 아닌 문자 또는 부호로 되어 있는 문서로서 그 번역문을 붙이지 아니하거나 재판장의 번역문 제출명령에 따르지 아니한 때
 4. 제106조제1항의 규정에 따른 재판장의 증거설명서

제출명령에 따르지 아니한 때
5. 문서의 작성자 또는 그 작성일이 분명하지 아니한 경우로서 이를 밝히도록 한 재판장의 명령에 따르지 아니한 때

제344조(문서의 제출의무) ① 다음 각호의 경우에 문서를 가지고 있는 사람은 그 제출을 거부하지 못한다.
1. 당사자가 소송에서 인용한 문서를 가지고 있는 때
2. 신청자가 문서를 가지고 있는 사람에게 그것을 넘겨 달라고 하거나 보겠다고 요구할 수 있는 사법상의 권리를 가지고 있는 때
3. 문서가 신청자의 이익을 위하여 작성되었거나, 신청자와 문서를 가지고 있는 사람 사이의 법률관계에 관하여 작성된 것인 때. 다만, 다음 각목의 사유 가운데 어느 하나에 해당하는 경우에는 그러하지 아니하다.
   가. 제304조 내지 제306조에 규정된 사항이 적혀 있는 문서로서 같은 조문들에 규정된 동의를 받지 아니한 문서
   나. 문서를 가진 사람 또는 그와 제314조 각호 가운데 어느 하나의 관계에 있는 사람에 관하여 같은 조에서 규정된 사항이 적혀 있는 문서
   다. 제315조제1항 각호에 규정된 사항중 어느 하나에 규정된 사항이 적혀 있고 비밀을 지킬 의무가 면제되지 아니한 문서
② 제1항의 경우 외에도 문서(공무원 또는 공무원이었던 사람이 그 직무와 관련하여 보관하거나 가지고 있는 문서를 제외한다)가 다음 각호의 어느 하나에도 해당하지 아니하는 경우에는 문서를 가지고 있는 사람은 그 제출을 거부하지 못한다.
1. 제1항제3호나목 및 다목에 규정된 문서
2. 오로지 문서를 가진 사람이 이용하기 위한 문서

제345조(문서제출신청의 방식) 문서제출신청에는 다음 각호의 사항을 밝혀야 한다.
1. 문서의 표시
2. 문서의 취지
3. 문서를 가진 사람
4. 증명할 사실
5. 문서를 제출하여야 하는 의무의 원인

민사소송규칙
제110조(문서제출신청의 방식 등) ① 법 제345조의 규정에 따른 문서제출신청은 서면으로 하여야 한다.
② 상대방은 제1항의 신청에 관하여 의견이 있는 때에는 의견을 적은 서면을 법원에 제출할 수 있다.

◆ 인용문서 : 인용문서가 공무원이 직무와 관련하여 보관하거나 가지고 있는 문서로서 공공기관의 정보공개에 관한 법률 제9조에서 정하고 있는 비공개대상정보에 해당한다고 하더라도, 특별한 사정이 없는 한 그에 관한 문서 제출의무를 면할 수 없다.

◆ 인도·열람문서 : 소지자는 제3자라도 관계없고, 계약에 기한 것이든 법률상의 것이든 관계없다. 인도청구권의 예로는 민법 제475조의 채권증서의 경우를 들 수 있고, 열람청구권의 예로는 민법 제518조의 지시채권에 대한 채무자의 조사권리를 들 수 있다.

◆ 이익문서 : 후일 증거로 사용하거나 권리의무를 발생시키기 위하여 작성된 문서로서 거증자의 지위·권리 또는 권한을 표시하는 문서(대리위임장의 수권서, 영수증, 동의서, 신분증명서 등)를 말한다. 여기의 이익문서에는 직접 거증자를 위하여 작성한 문서만이 아니라 간접적으로 거증자를 위하여 작성된 것도 포함하며, 이익을 확장 해석하여 증거확보라는 소송상의 이익도 포함된다.

◆ 법률관계문서 : 거증자와 소지자간의 법률관계에 관하여 작성된 것으로 여기에는 당해 문서만이 아니라, 그 법률관계에 관련된 사항의 기재가 있으면 되고, 그 법률관계의 생성과정에서 작성된 문서도 포함된다.

③ 법 제346조의 규정에 따른 문서목록의 제출신청에 관하여는 제1항과 제2항의 규정을 준용한다.

제346조(문서목록의 제출) 제345조의 신청을 위하여 필요하다고 인정하는 경우에는, 법원은 신청대상이 되는 문서의 취지나 그 문서로 증명할 사실을 개괄적으로 표시한 당사자의 신청에 따라, 상대방 당사자에게 신청내용과 관련하여 가지고 있는 문서 또는 신청내용과 관련하여 서증으로 제출할 문서에 관하여 그 표시와 취지 등을 적어 내도록 명할 수 있다.

- 필요하다고 인정하는 경우 : 상대방이 어떠한 문서를 소지하고 있는지를 제대로 몰라 법 제345조의 규정에 맞추어 신청하기 곤란한 경우

제347조(제출신청의 허가여부에 대한 재판) ① 법원은 문서제출신청에 정당한 이유가 있다고 인정한 때에는 결정으로 문서를 가진 사람에게 그 제출을 명할 수 있다.
② 문서제출의 신청이 문서의 일부에 대하여만 이유 있다고 인정한 때에는 그 부분만의 제출을 명하여야 한다.
③ 제3자에 대하여 문서의 제출을 명하는 경우에는 제3자 또는 그가 지정하는 자를 심문하여야 한다.
④ 법원은 문서가 제344조에 해당하는지를 판단하기 위하여 필요하다고 인정하는 때에는 문서를 가지고 있는 사람에게 그 문서를 제시하도록 명할 수 있다. 이 경우 법원은 그 문서를 다른 사람이 보도록 하여서는 안된다.

- 3항 : 심문여부는 자유재량이나, 증언거부에 대한 재판(제317조 1항)과 인수승계(제82조 2항), 제3자에게 문서제출명령을 내리는 경우(제347조 3항)는 필수적 심문이다. 지급명령(제467조)은 심문이 금지된다. 다만 문서제출신청을 각하하거나 기각하는 경우 그 재판 전에 제3자를 심문하지 않아도 된다.

민사소송규칙
제111조(제시·제출된 문서의 보관) ① 법원은 필요하다고 인정하는 때에는 법 제347조제4항 전문의 규정에 따라 제시받은 문서를 일시적으로 맡아 둘 수 있다.
② 제1항의 경우 또는 법 제353조의 규정에 따라 문서를 맡아 두는 경우 문서를 제시하거나 제출한 사람이 요구하는 때에는 법원사무관등은 문서의 보관증을 교부하여야 한다

제348조(불복신청) 문서제출의 신청에 관한 결정에 대하여는 즉시항고를 할 수 있다.

제349조(당사자가 문서를 제출하지 아니한 때의 효과) 당사자가 제347조제1항·제2항 및 제4항의 규정에 의한 명령에 따르지 아니한 때에는 법원은 문서의 기재에 대한 상대방의 주장을 진실한 것으로 인정할 수 있다.

- 문서의 성질, 내용, 성립의 진정 등에 관한 주장을 진실한 것으로 인정하여야 한다는 것이지 그 문서에 의하여 입증하고자 하는 상대방의 주장사실까지 반드시 증명되었다고 인정하여야 하는 것은 아니다.

제350조(당사자가 사용을 방해한 때의 효과) 당사자가 상

- 문서제출명령을 받은 자가 이를 '변조'하여 제출한

대방의 사용을 방해할 목적으로 제출의무가 있는 문서를 훼손하여 버리거나 이를 사용할 수 없게 한 때에는, 법원은 그 문서의 기재에 대한 상대방의 주장을 진실한 것으로 인정할 수 있다.

제351조(제3자가 문서를 제출하지 아니한 때의 제재) 제3자가 제347조제1항·제2항 및 제4항의 규정에 의한 명령에 따르지 아니한 때에는 제318조의 규정을 준용한다.

제352조(문서송부의 촉탁) 서증의 신청은 제343조의 규정에 불구하고 문서를 가지고 있는 사람에게 그 문서를 보내도록 촉탁할 것을 신청함으로써도 할 수 있다. 다만, 당사자가 법령에 의하여 문서의 정본 또는 등본을 청구할 수 있는 경우에는 그러하지 아니하다.

제352조의2(협력의무) ① 제352조에 따라 법원으로부터 문서의 송부를 촉탁받은 사람 또는 제297조에 따른 증거조사의 대상인 문서를 가지고 있는 사람은 정당한 사유가 없는 한 이에 협력하여야 한다.
② 문서의 송부를 촉탁받은 사람이 그 문서를 보관하고 있지 아니하거나 그 밖에 송부촉탁에 따를 수 없는 사정이 있는 때에는 법원에 그 사유를 통지하여야 한다. [본조신설 2007.5.17.]

> **민사소송규칙**
> 제112조(문서가 있는 장소에서의 서증신청 등) ① 제3자가 가지고 있는 문서를 법 제343조 또는 법 제352조가 규정하는 방법에 따라 서증으로 신청할 수 없거나 신청하기 어려운 사정이 있는 때에는 법원은 그 문서가 있는 장소에서 서증의 신청을 받아 조사할 수 있다.
> ② 제1항의 경우 신청인은 서증으로 신청한 문서의 사본을 법원에 제출하여야 한다.
> 제113조(기록 가운데 일부문서에 대한 송부촉탁) ① 법원·검찰청, 그 밖의 공공기관(다음부터 이 조문 안에서 이 모두를 "법원등"이라 한다)이 보관하고 있는 기록의 불특정한 일부에 대하여도 법 제352조의 규정에 따른 문서송부의 촉탁을 신청할 수 있다.
> ② 법원이 제1항의 신청을 채택한 때에는 기록을 보관하고 있는 법원등에 대하여 그 기록 가운데 신청인 또는 소송대리인이 지정하는 부분의 인증등본을 보내 줄 것을 촉탁하여야 한다.
> ③ 제2항의 규정에 따른 촉탁을 받은 법원등은 법 제352조의2제2항에 규정된 사유가 있는 경우가 아니면 문

경우는 문서를 훼손한 것도 아니고, 사용할 수 없게 한 것도 아니므로, 법 제349조, 제350조에 해당하지 않는다.

◆ 즉시항고 시 집행정지의 효과가 없는 것 : 간이각하결정에 대한 즉시항고(제47조 3항), 고필공 추가허가결정에 대한 즉시항고(제68조 5항), 증인불출석 시 과태료나 감치결정에 대한 즉시항고(제311조 8항), 제3자의 문서제출명령 불이행시 과태료 부과에 대한 즉시항고(제351조, 제318조, 제311조 8항)

◆ 단서 : 등기부·호적부 등과 같이 법령상 문서의 정본 또는 등본의 교부청구권이 보장되어 있는 경우에는 문서송부촉탁을 할 수 없다.

◆ 종래의 규칙 제114조를 삭제하고 2007년 법에 신설

서송부촉탁 신청인 또는 소송대리인에게 그 기록을 열람하게 하여 필요한 부분을 지정할 수 있도록 하여야 한다. 〈개정 2012.5.2.〉
제115조(송부촉탁 신청인의 사본제출의무 등) 제113조, 법 제347조제1항 또는 법 제352조의 규정에 따라 법원에 문서가 제출된 때에는 신청인은 그 중 서증으로 제출하고자 하는 문서를 개별적으로 지정하고 그 사본을 법원에 제출하여야 한다. 다만, 제출된 문서가 증거조사를 마친 후 돌려 줄 필요가 없는 것인 때에는 따로 사본을 제출하지 아니하여도 된다.

제353조(제출문서의 보관) 법원은 필요하다고 인정하는 때에는 제출되거나 보내 온 문서를 맡아 둘 수 있다.

제354조(수명법관·수탁판사에 의한 조사) ① 법원은 제297조의 규정에 따라 수명법관 또는 수탁판사에게 문서에 대한 증거조사를 하게 하는 경우에 그 조서에 적을 사항을 정할 수 있다.
② 제1항의 조서에는 문서의 등본 또는 초본을 붙여야 한다.

제355조(문서제출의 방법 등) ① 법원에 문서를 제출하거나 보낼 때에는 원본, 정본 또는 인증이 있는 등본으로 하여야 한다.
② 법원은 필요하다고 인정하는 때에는 원본을 제출하도록 명하거나 이를 보내도록 촉탁할 수 있다.
③ 법원은 당사자로 하여금 그 인용한 문서의 등본 또는 초본을 제출하게 할 수 있다.
④ 문서가 증거로 채택되지 아니한 때에는 법원은 당사자의 의견을 들어 제출된 문서의 원본·정본·등본·초본 등을 돌려주거나 폐기할 수 있다.

제356조(공문서의 진정의 추정) ① 문서의 작성방식과 취지에 의하여 공무원이 직무상 작성한 것으로 인정한 때에는 이를 진정한 공문서로 추정한다.
② 공문서가 진정한지 의심스러운 때에는 법원은 직권으로 해당 공공기관에 조회할 수 있다.
③ 외국의 공공기관이 작성한 것으로 인정한 문서에는 제1항 및 제2항의 규정을 준용한다.

제357조(사문서의 진정의 증명) 사문서는 그것이 진정한 것임을 증명하여야 한다.

◆ 원본이라 함은 문서 그 자체를 말하고, 정본이라 함은 특히 정본이라 표시한 문서의 등본으로서 원본과 같은 효력이 인정되는 것을 말한다. 등본은 원본전부의 사본을 말하고, 초본은 그 일부의 사본이고, 인증기관이 공증한 등본은 인증등본이라 한다.

◆ 기재가 비정상적으로 이루어졌거나 내용의 신빙성을 의심할만한 특별한 사정이 없는 한 기재내용대로 증명력을 가진다.
◆ 3항 : 당사자가 외국의 공문서라고 하여 제출한 문서가 진정한 공문서로 추정되기 위해서는 제출한 문서의 방식이 외관상 외국의 공공기관이 직무상 작성하는 방식에 합치되어야 하고, 문서의 취지로부터 외국의 공공기관이 직무상 작성한 것이라고 인정되어야 한다.

> **민사소송규칙**
> 제116조(문서의 진정성립을 부인하는 이유의 명시) 문서의 진정성립을 부인하는 때에는 그 이유를 구체적으로 밝혀야 한다.

제358조(사문서의 진정의 추정) 사문서는 본인 또는 대리인의 서명이나 날인 또는 무인(拇印)이 있는 때에는 진정한 것으로 추정한다.

제359조(필적 또는 인영의 대조) 문서가 진정하게 성립된 것인지 어떤지는 필적 또는 인영(印影)을 대조하여 증명할 수 있다.

제360조(대조용문서의 제출절차) ① 대조에 필요한 필적이나 인영이 있는 문서, 그 밖의 물건을 법원에 제출하거나 보내는 경우에는 제343조, 제347조 내지 제350조, 제352조 내지 제354조의 규정을 준용한다.
② 제3자가 정당한 사유 없이 제1항의 규정에 의한 제출명령에 따르지 아니한 때에 법원은 결정으로 200만원 이하의 과태료에 처한다.
③ 제2항의 결정에 대하여는 즉시항고를 할 수 있다.

제361조(상대방이 손수 써야 하는 의무) ① 대조하는 데에 적당한 필적이 없는 때에는 법원은 상대방에게 그 문자를 손수 쓰도록 명할 수 있다.
② 상대방이 정당한 이유 없이 제1항의 명령에 따르지 아니한 때에는 법원은 문서의 진정여부에 관한 확인신청자의 주장을 진실한 것으로 인정할 수 있다. 필치(筆致)를 바꾸어 손수 쓴 때에도 또한 같다.

제362조(대조용문서의 첨부) 대조하는 데에 제공된 서류는 그 원본·등본 또는 초본을 조서에 붙여야 한다.

제363조(문서성립의 부인에 대한 제재) ① 당사자 또는 그 대리인이 고의나 중대한 과실로 진실에 어긋나게 문서의 진정을 다툰 때에는 법원은 결정으로 200만원 이하의 과태료에 처한다.
② 제1항의 결정에 대하여는 즉시항고를 할 수 있다.
③ 제1항의 경우에 문서의 진정에 대하여 다툰 당사자 또는 대리인이 소송이 법원에 계속된 중에 그 진정을 인정하는 때에는 법원은 제1항의 결정을 취소할 수 있다.

◆ 인감도장이 찍힌 경우는 인감증명서의 제출을 명한다.
◆ 제343조(서증신청의 방식), 제347조(제출신청의 허가여부에 대한 재판), 제348조(불복신청), 제349조(당사자가 문서를 제출하지 아니한 때의 효과), 제350조(당사자가 사용을 방해한 때의 효과), 제352조(문서송부촉탁), 제352조의2(협력의무), 제353조(제출문서의 보관), 제354조(수명법관·수탁판사에 의한 조사)

제5절 검증

제364조(검증의 신청) 당사자가 검증을 신청하고자 하는 때에는 검증의 목적을 표시하여 신청하여야 한다.

제365조(검증할 때의 감정 등) 수명법관 또는 수탁판사는 검증에 필요하다고 인정할 때에는 감정을 명하거나 증인을 신문할 수 있다.

제366조(검증의 절차 등) ① 검증할 목적물을 제출하거나 보내는 데에는 제343조, 제347조 내지 제350조, 제352조 내지 제354조의 규정을 준용한다.
② 제3자가 정당한 사유 없이 제1항의 규정에 의한 제출명령에 따르지 아니한 때에는 법원은 결정으로 200만원 이하의 과태료에 처한다. 이 결정에 대하여는 즉시항고를 할 수 있다.
③ 법원은 검증을 위하여 필요한 경우에는 제342조 제1항에 규정된 처분을 할 수 있다. 이 경우 저항을 받은 때에는 경찰공무원에게 원조를 요청할 수 있다. 〈개정 2006.2.21.〉

- 1항 : 검증물을 제출할 때 직접제출하거나 검증물제출명령의 신청(제343조), 심판방법(제347조), 불복(제348조), 당사자가 제출하지 않을 때(제349조), 훼손했을 때(제350조), 송부촉탁(제352조), 검증물보관(제353조), 수명법관·수탁판사에 의한 조사(제354조)를 준용한다.
- 2항 : 제3자가 문서제출명령을 따르지 않을 때에는 증언거부에 대한 제재와 같이 소송비용부담과 500만 원 이하의 과태료에 처하나, 검증물제출명령을 따르지 않은 때에는 200만 원 이하의 과태료에 처한다.
- 3항 : 검증시에도 제342조 감정에 필요한 처분을 준하여 법원의 허가를 받아 남의 토지, 주거, 관리중인 가옥, 건조물, 항공기, 선박, 차량, 그 밖의 시설물 안에 들어갈 수 있다.

민사소송규칙
제117조(검증목적물의 제출) 검증목적물의 제출절차에 관하여는 제107조제2항·제3항의 규정을 준용한다. 이 경우에는 그 부호 앞에 "검"이라고 표시하여야 한다.
제118조(검증목적물의 보관 등) 제출된 검증목적물에 관하여는 제105조제5항과 제111조제2항의 규정을 준용한다.

제6절 당사자신문

제367조(당사자신문) 법원은 직권으로 또는 당사자의 신청에 따라 당사자 본인을 신문할 수 있다. 이 경우 당사자에게 선서를 하게 하여야 한다.

제368조(대질) 재판장은 필요하다고 인정한 때에 당사자 서로의 대질 또는 당사자와 증인의 대질을 명할 수 있다.

제369조(출석·선서·진술의 의무) 당사자가 정당한 사유 없이 출석하지 아니하거나 선서 또는 진술을 거부한 때에는 법원은 신문사항에 관한 상대방의 주장을 진실한 것으로 인정할 수 있다.

제370조(거짓 진술에 대한 제재) ① 선서한 당사자가 거짓 진술을 한 때에는 법원은 결정으로 500만원 이하의 과태료에 처한다.
② 제1항의 결정에 대하여는 즉시항고를 할 수 있다.
③ 제1항의 결정에는 제363조제3항의 규정을 준용한다.

제371조(신문조서) 당사자를 신문한 때에는 선서의 유무와 진술 내용을 조서에 적어야 한다.

제372조(법정대리인의 신문) 소송에서 당사자를 대표하는 법정대리인에 대하여는 제367조 내지 제371조의 규정을 준용한다. 다만, 당사자 본인도 신문할 수 있다.

제373조(증인신문 규정의 준용) 이 절의 신문에는 제309조, 제313조, 제319조 내지 제322조, 제327조, 제327조의2와 제330조 내지 제332조의 규정을 준용한다.

> **민사소송규칙**
> **제119조(증인신문 규정의 준용)** 당사자 본인이나 당사자를 대리·대표하는 법정대리인·대표자 또는 관리인의 신문에는 제81조, 제83조 및 제88조 내지 제100조의 규정을 준용한다. 이 경우 제81조제1항제2호 중 "법률상 제재를 받을 수 있다는 취지"는 "법률상 불이익을 받을 수 있다는 취지"로 고쳐 적용한다. 〈개정 2015.6.29.〉
> **제119조의2(당사자진술서 또는 당사자신문사항의 제출 등)** ① 법원은 효율적인 당사자신문을 위하여 필요하다고 인정하는 때에는 당사자신문을 신청한 당사자에게 당사자진술서 또는 당사자신문사항을 제출하게 할 수 있다.
> ② 제1항에 따른 당사자진술서의 제출 등에 관하여는 제79조제2항부터 제4항까지를, 당사자신문사항의 제출 등에 관하여는 제80조제1항 본문, 제2항 및 제3항을 각 준용한다. [본조신설 2015.6.29.]

◆ 증인신문과의 차이점 : ① 신청이외에 직권으로도 할 수 있는 점(제367조), ② 출석·선서·진술의무를 지지만, 정당한 사유 없이 그 의무를 이행하지 아니하면 법원은 그 재량으로 신문사항에 관한 상대방의 주장을 진실한 것으로 인정할 수 있는 점(제369조), ③ 증인처럼 구인·과태료·감치 등으로 출석·진술이 강제되지 않지만 신법은 구법과 달리 증인처럼 선서는 강제한다(제367조 후문). ④ 선서하고 허위진술하였을 때 형법상의 위증죄가 되는 것은 아니고 과태료의 제재만 받는다(제370조 1항). 이 결정에 대해서 즉시항고를 할 수 있다(동조 2항). ⑤ 진술(증언)거부제도(제314조)·선서면제(제323조)·선서거부권(제324조)이 준용되지 않는다.

제7절 그 밖의 증거

제374조(그 밖의 증거) 도면·사진·녹음테이프·비디

오테이프·컴퓨터용 자기디스크, 그 밖에 정보를 담기 위하여 만들어진 물건으로서 문서가 아닌 증거의 조사에 관한 사항은 제3절 내지 제5절의 규정에 준하여 대법원규칙으로 정한다.

> **민사소송규칙**
> **제120조(자기디스크등에 기억된 문자정보 등에 대한 증거조사)** ① 컴퓨터용 자기디스크·광디스크, 그 밖에 이와 비슷한 정보저장매체(다음부터 이 조문 안에서 이 모두를 "자기디스크등"이라 한다)에 기억된 문자정보를 증거자료로 하는 경우에는 읽을 수 있도록 출력한 문서(다음부터 이 조문 안에서 "출력문서"라고 한다)를 제출할 수 있다.
> ② 자기디스크등에 기억된 문자정보를 증거로 하는 경우에 증거조사를 신청한 당사자는 법원이 명하거나 상대방이 요구한 때에는 자기디스크등에 입력한 사람과 입력한 일시, 출력한 사람과 출력한 일시를 밝혀야 한다.
> ③ 자기디스크등에 기억된 정보가 도면·사진 등에 관한 것인 때에는 제1항과 제2항의 규정을 준용한다.
> **제121조(음성·영상자료 등에 대한 증거조사)** ① 녹음·녹화테이프, 컴퓨터용 자기디스크·광디스크, 그 밖에 이와 비슷한 방법으로 음성이나 영상을 녹음 또는 녹화(다음부터 이 조문 안에서 "녹음등"이라 한다)하여 재생할 수 있는 매체(다음부터 이 조문 안에서 "녹음테이프등"이라 한다)에 대한 증거조사를 신청하는 때에는 음성이나 영상이 녹음등이 된 사람, 녹음등을 한 사람 및 녹음등을 한 일시·장소를 밝혀야 한다.
> ② 녹음테이프등에 대한 증거조사는 녹음테이프등을 재생하여 검증하는 방법으로 한다.
> ③ 녹음테이프등에 대한 증거조사를 신청한 당사자는 법원이 명하거나 상대방이 요구한 때에는 녹음테이프등의 녹취서, 그 밖에 그 내용을 설명하는 서면을 제출하여야 한다.
> **제122조(감정 등 규정의 준용)** 도면·사진, 그 밖에 정보를 담기 위하여 만들어진 물건으로서 문서가 아닌 증거의 조사에 관하여는 특별한 규정이 없으면 제3절 내지 제5절의 규정을 준용한다.

제8절 증거보전

제375조(증거보전의 요건) 법원은 미리 증거조사를 하지 아니하면 그 증거를 사용하기 곤란할 사정이 있다고 인정한 때에는 당사자의 신청에 따라 이 장의 규정에 따라 증거조사를 할 수 있다.

> **민사소송규칙**
> **제123조(증거보전절차에서의 증거조사)** 증거보전절차에서의 증거조사에 관하여는 이 장의 규정을 적용한다

제376조(증거보전의 관할) ① 증거보전의 신청은 소를 제기한 뒤에는 그 증거를 사용할 심급의 법원에 하여야 한다. 소를 제기하기 전에는 신문을 받을 사람이나 문서를 가진 사람의 거소 또는 검증하고자 하는 목적물이 있는 곳을 관할하는 지방법원에 하여야 한다.
② 급박한 경우에는 소를 제기한 뒤에도 제1항 후단에 규정된 지방법원에 증거보전의 신청을 할 수 있다.

제377조(신청의 방식) ① 증거보전의 신청에는 다음 각호의 사항을 밝혀야 한다.
 1. 상대방의 표시
 2. 증명할 사실
 3. 보전하고자 하는 증거
 4. 증거보전의 사유
② 증거보전의 사유는 소명하여야 한다.

> 민사소송규칙
> 제124조(증거보전의 신청방식 등) ① 증거보전의 신청은 서면으로 하여야 한다.
> ② 제1항의 신청서에는 증거보전의 사유에 관한 소명자료를 붙여야 한다.

제378조(상대방을 지정할 수 없는 경우) 증거보전의 신청은 상대방을 지정할 수 없는 경우에도 할 수 있다. 이 경우 법원은 상대방이 될 사람을 위하여 특별대리인을 선임할 수 있다.

제379조(직권에 의한 증거보전) 법원은 필요하다고 인정한 때에는 소송이 계속된 중에 직권으로 증거보전을 결정할 수 있다.

제380조(불복금지) 증거보전의 결정에 대하여는 불복할 수 없다.

제381조(당사자의 참여) 증거조사의 기일은 신청인과 상대방에게 통지하여야 한다. 다만, 긴급한 경우에는 그러하지 아니하다.

제382조(증거보전의 기록) 증거보전에 관한 기록은 본안소송의 기록이 있는 법원에 보내야 한다.

> 민사소송규칙
> 제62조의2(증거보전이 이루어진 경우의 소장 기재사항) 소 제기 전에 증거보전을 위한 증거조사가 이루어진 때에는

소장에 증거조사를 한 법원과 증거보전사건의 사건번호·사건명을 적어야 한다.
제125조(증거보전 기록의 송부) ① 증거보전에 관한 기록은 증거조사를 마친 후 2주 안에 본안소송의 기록이 있는 법원에 보내야 한다.
② 증거보전에 따른 증거조사를 마친 후에 본안소송이 제기된 때에는 본안소송이 계속된 법원의 송부요청을 받은 날부터 1주 안에 증거보전에 관한 기록을 보내야 한다.

제383조(증거보전의 비용) 증거보전에 관한 비용은 소송비용의 일부로 한다.

제384조(변론에서의 재신문) 증거보전절차에서 신문한 증인을 당사자가 변론에서 다시 신문하고자 신청한 때에는 법원은 그 증인을 신문하여야 한다.

제4장 제소전화해(提訴前和解)의 절차

제385조(화해신청의 방식) ① 민사상 다툼에 관하여 당사자는 청구의 취지·원인과 다투는 사정을 밝혀 상대방의 보통재판적이 있는 곳의 지방법원에 화해를 신청할 수 있다.
② 당사자는 제1항의 화해를 위하여 대리인을 선임하는 권리를 상대방에게 위임할 수 없다.
③ 법원은 필요한 경우 대리권의 유무를 조사하기 위하여 당사자본인 또는 법정대리인의 출석을 명할 수 있다.
④ 화해신청에는 그 성질에 어긋나지 아니하면 소에 관한 규정을 준용한다.

제386조(화해가 성립된 경우) 화해가 성립된 때에는 법원사무관등은 조서에 당사자, 법정대리인, 청구의 취지와 원인, 화해조항, 날짜와 법원을 표시하고 판사와 법원사무관등이 기명날인 또는 서명한다. 〈개정 2017.10.31.〉

제387조(화해가 성립되지 아니한 경우) ① 화해가 성립되지 아니한 때에는 법원사무관등은 그 사유를 조서에 적어야 한다.
② 신청인 또는 상대방이 기일에 출석하지 아니한 때에는 법원은 이들의 화해가 성립되지 아니한 것으로 볼 수 있다.
③ 법원사무관등은 제1항의 조서등본을 당사자에게

◆ 2항 : 쌍방대리를 금지하는 조문이다.

송달하여야 한다.

제388조(소제기신청) ① 제387조의 경우에 당사자는 소제기신청을 할 수 있다.
② 적법한 소제기신청이 있으면 화해신청을 한 때에 소가 제기된 것으로 본다. 이 경우 법원사무관등은 바로 소송기록을 관할법원에 보내야 한다.
③ 제1항의 신청은 제387조제3항의 조서등본이 송달된 날부터 2주 이내에 하여야 한다. 다만, 조서등본이 송달되기 전에도 신청할 수 있다.
④ 제3항의 기간은 불변기간으로 한다.

- 1항 : 당사자가 소제기신청을 할 수 있다고 규정하고 있으므로, 피신청인도 가능하다.

제389조(화해비용) 화해비용은 화해가 성립된 경우에는 특별한 합의가 없으면 당사자들이 각자 부담하고, 화해가 성립되지 아니한 경우에는 신청인이 부담한다. 다만, 소제기신청이 있는 경우에는 화해비용을 소송비용의 일부로 한다.

제3편 상소

제1장 항소

제390조(항소의 대상) ① 항소(抗訴)는 제1심 법원이 선고한 종국판결에 대하여 할 수 있다. 다만, 종국판결 뒤에 양 쪽 당사자가 상고(上告)할 권리를 유보하고 항소를 하지 아니하기로 합의한 때에는 그러하지 아니하다.
② 제1항 단서의 합의에는 제29조제2항의 규정을 준용한다.

- 불상소의 합의도 1항 단서에 포함된다.
- 2항 : 서면으로 하여야 한다.

제391조(독립한 항소가 금지되는 재판) 소송비용 및 가집행에 관한 재판에 대하여는 독립하여 항소를 하지 못한다.

- 본안의 재판에 대한 상소와 같이 하여야 한다. 다만 소송대리인에게 대리권이 없다는 이유로 소가 각하되고 민사소송법 제108조에 따라 소송대리인이 소송비용 부담의 재판을 받은 경우에는, 소송대리인은 자신에게 비용부담을 명한 재판에 대하여 재판의 형식에 관계없이 즉시항고나 재항고에 의하여 불복할 수 있다.

제392조(항소심의 판단을 받는 재판) 종국판결 이전의 재판은 항소법원의 판단을 받는다. 다만, 불복할 수 없는 재판과 항고(抗告)로 불복할 수 있는 재판은 그러하지 아니하다.

- 중간판결 기타 중간적 재판은 독립하여 상소를 할 수 없다.

제393조(항소의 취하) ① 항소는 항소심의 종국판결이 있기 전에 취하할 수 있다.
② 항소의 취하에는 제266조제3항 내지 제5항 및 제267조제1항의 규정을 준용한다.

> **민사소송규칙**
> 제126조(항소취하를 할 법원) 소송기록이 원심법원에 있는 때에는 항소의 취하는 원심법원에 하여야 한다.

- 1항 : 소취하가 확정전까지 할 수 있는 것과 구별된다.
- 2항 : 항소취하는 서면으로 하나, 변론 또는 변론준비기일에서 말로 할 수 있다. 항소취하의 서면은 상대방에게 송달한다. 피항소인이 불출석한 기일에 말로 항소취하를 한 경우 그 기일의 조서등본을 송달하여야 한다. 항소가 취하된 경우 항소가 처음부터 계속되지 아니한 것으로 보아 1심 판결이 확정된다.

제394조(항소권의 포기) 항소권은 포기할 수 있다.

- 1심판결 선고 후에만 항소권을 포기할 수 있다.

제395조(항소권의 포기방식) ① 항소권의 포기는 항소를 하기 이전에는 제1심 법원에, 항소를 한 뒤에는 소송기록이 있는 법원에 서면으로 하여야 한다.
② 항소권의 포기에 관한 서면은 상대방에게 송달하여야 한다.
③ 항소를 한 뒤의 항소권의 포기는 항소취하의 효력도 가진다.

제396조(항소기간) ① 항소는 판결서가 송달된 날부터 2주 이내에 하여야 한다. 다만, 판결서 송달전에도 할 수 있다.
② 제1항의 기간은 불변기간으로 한다.

- 1항 : 2주의 기간은 제1심 판결이 송달된 다음날부터 기산하여 기간의 말일의 종료로써 만료된다.

제397조(항소의 방식, 항소장의 기재사항) ① 항소는 항소장을 제1심 법원에 제출함으로써 한다.
② 항소장에는 다음 각호의 사항을 적어야 한다.
  1. 당사자와 법정대리인
  2. 제1심 판결의 표시와 그 판결에 대한 항소의 취지

- 불복의 범위와 이유 : 임의적 기재사항이며, 원판결의 전부불복이냐 일부불복이냐의 불복의 범위와 정도는 항소심의 변론종결시까지 서면·말로 명확히 하면 된다.

제398조(준비서면규정의 준용) 항소장에는 준비서면에 관한 규정을 준용한다.

> **민사소송규칙**
> 제126조의2(준비서면 등) ① 항소인은 항소의 취지를 분명하게 하기 위하여 항소장 또는 항소심에서 처음 제출하는 준비서면에 다음 각호의 사항을 적어야 한다. 〈개정 2016.8.1.〉
>   1. 제1심 판결 중 사실을 잘못 인정한 부분 또는 법리를 잘못 적용한 부분
>   2. 항소심에서 새롭게 주장할 사항
>   3. 항소심에서 새롭게 신청할 증거와 그 입증취지
>   4. 제2호와 제3호에 따른 주장과 증거를 제1심에서

제출하지 못한 이유
② 재판장등은 피항소인에게 상당한 기간을 정하여 제1항제1호에 따른 항소인의 주장에 대한 반박내용을 기재한 준비서면을 제출하게 할 수 있다. 〈신설 2016.8.1.〉

제399조(원심재판장등의 항소장심사권) ① 항소장이 제397조제2항의 규정에 어긋난 경우와 항소장에 법률의 규정에 따른 인지를 붙이지 아니한 경우에는 원심재판장은 항소인에게 상당한 기간을 정하여 그 기간 이내에 흠을 보정하도록 명하여야 한다. 원심재판장은 법원사무관등으로 하여금 위 보정명령을 하게 할 수 있다. 〈개정 2014.12.30.〉
② 항소인이 제1항의 기간 이내에 흠을 보정하지 아니한 때와, 항소기간을 넘긴 것이 분명한 때에는 원심재판장은 명령으로 항소장을 각하하여야 한다.
③ 제2항의 명령에 대하여는 즉시항고를 할 수 있다.
[제목개정 2014.12.30.]

◆ 원심재판장의 항소장각하의 대상 : 필요적 기재사항 흠결 + 인지 + 항소기간 도과

제400조(항소기록의 송부) ① 항소장이 각하되지 아니한 때에 원심법원의 법원사무관등은 항소장이 제출된 날부터 2주 이내에 항소기록에 항소장을 붙여 항소법원으로 보내야 한다.
② 제399조제1항의 규정에 의하여 원심재판장등이 흠을 보정하도록 명한 때에는 그 흠이 보정된 날부터 1주 이내에 항소기록을 보내야 한다. 〈개정 2014.12.30.〉

◆ 1항 : 훈시규정에 해당
◆ 항소장이 각하되지 아니한 때에 원심법원의 법원사무관등은 항소장이 제출된 날부터 2주 이내에 항소기록에 항소장을 붙여 항소법원으로 보내야 한다(제400조 1항). 제399조 제1항의 규정에 의하여 원심재판장등이 흠을 보정하도록 명한 때에는 그 흠이 보정된 날부터 1주 이내에 항소기록을 보내야 한다(동조 2항). 항소장이 판결정본의 송달 전에 제출된 경우 항소기록 송부기간은 판결정본이 송달된 날부터 2주로 한다(규칙 제127조 1항).

민사소송규칙
제127조(항소기록 송부기간) ① 항소장이 판결 정본의 송달 전에 제출된 경우 항소기록 송부기간은 판결정본이 송달된 날부터 2주로 한다.
② 원심재판장등이 판결정본의 송달 전에 제출된 항소장에 대하여 보정명령을 내린 경우의 항소기록 송부기간은 판결정본의 송달 전에 그 흠이 보정된 때에는 판결정본이 송달된 날부터 2주, 판결정본의 송달 이후에 그 흠이 보정된 때에는 보정된 날부터 1주로 한다. 〈개정 2015.6.29.〉

제401조(항소장부본의 송달) 항소장의 부본은 피항소인에게 송달하여야 한다.

제402조(항소심재판장등의 항소장심사권) ① 항소장이 제397조제2항의 규정에 어긋나거나 항소장에 법률의 규정에 따른 인지를 붙이지 아니하였음에도 원심재판장등이 제399조제1항의 규정에 의한 명령을 하지 아니한 경우, 또는 항소장의 부본을 송달

◆ 항소심재판장의 항소장각하의 대상 : 필요적 기재사항 흠결 + 인지 + 항소기간 도과 + 항소장부본송달을 할 수 없는 경우

할 수 없는 경우에는 항소심재판장은 항소인에게 상당한 기간을 정하여 그 기간 이내에 흠을 보정하도록 명하여야 한다. 항소심재판장은 법원사무관등으로 하여금 위 보정명령을 하게 할 수 있다. 〈개정 2014.12.30.〉
② 항소인이 제1항의 기간 이내에 흠을 보정하지 아니한 때, 또는 제399조제2항의 규정에 따라 원심재판장이 항소장을 각하하지 아니한 때에는 항소심재판장은 명령으로 항소장을 각하하여야 한다.
③ 제2항의 명령에 대하여는 즉시항고를 할 수 있다.
[제목개정 2014.12.30.]

제403조(부대항소) 피항소인은 항소권이 소멸된 뒤에도 변론이 종결될 때까지 부대항소(附帶抗訴)를 할 수 있다.

제404조(부대항소의 종속성) 부대항소는 항소가 취하되거나 부적법하여 각하된 때에는 그 효력을 잃는다. 다만, 항소기간 이내에 한 부대항소는 독립된 항소로 본다.

제405조(부대항소의 방식) 부대항소에는 항소에 관한 규정을 적용한다.

제406조(가집행의 선고) ① 항소법원은 제1심 판결중에 불복신청이 없는 부분에 대하여는 당사자의 신청에 따라 결정으로 가집행의 선고를 할 수 있다.
② 제1항의 신청을 기각한 결정에 대하여는 즉시항고를 할 수 있다.

◆ 1항 : 가집행선고는 직권으로 하는 것(제213조 1항)에 예외이다.

제407조(변론의 범위) ① 변론은 당사자가 제1심 판결의 변경을 청구하는 한도안에서 한다.
② 당사자는 제1심 변론의 결과를 진술하여야 한다.

◆ 2항 변론의 갱신 : 출석한 당사자 한쪽만이 하여도 된다. 다만 변론결과의 일부만을 분리하여 진술할 수 없다.

◆ 변론의 갱신권 : 당사자는 항소심의 변론종결시까지 종전의 주장을 보충·정정하거나 제1심에서 제출하지 않은 새로운 공격방어방법도 제출할 수 있다.

제408조(제1심 소송절차의 준용) 항소심의 소송절차에는 특별한 규정이 없으면 제2편제1장 내지 제3장의 규정을 준용한다.

> **민사소송규칙**
> 제128조(제1심 소송절차의 준용) 항소심의 소송절차에 관하여는 그 성질에 어긋나지 아니하는 범위 안에서 제2편의 규정을 준용한다.

제409조(제1심 소송행위의 효력) 제1심의 소송행위는 항소심에서도 그 효력을 가진다.

제410조(제1심의 변론준비절차의 효력) 제1심의 변론준비절차는 항소심에서도 그 효력을 가진다.

제411조(관할위반 주장의 금지) 당사자는 항소심에서 제1심 법원의 관할위반을 주장하지 못한다. 다만, 전속관할에 대하여는 그러하지 아니하다.

제412조(반소의 제기) ① 반소는 상대방의 심급의 이익을 해할 우려가 없는 경우 또는 상대방의 동의를 받은 경우에 제기할 수 있다.
② 상대방이 이의를 제기하지 아니하고 반소의 본안에 관하여 변론을 한 때에는 반소제기에 동의한 것으로 본다.

- 심급의 이익을 해할 우려가 없는 경우 : ⅰ) 중간확인의 반소, ⅱ) 본소와 청구원인을 같이 하는 반소, ⅲ) 제1심에서 충분히 심리한 쟁점과 관련된 반소, ⅳ) 항소심에서 추가된 예비적 반소
- 2항 : 반소청구에 대한 기각 답변만으로는 여기의 응소에 해당하지 않는다.

제413조(변론 없이 하는 항소각하) 부적법한 항소로서 흠을 보정할 수 없으면 변론 없이 판결로 항소를 각하할 수 있다.

제414조(항소기각) ① 항소법원은 제1심 판결을 정당하다고 인정한 때에는 항소를 기각하여야 한다.
② 제1심 판결의 이유가 정당하지 아니한 경우에도 다른 이유에 따라 그 판결이 정당하다고 인정되는 때에는 항소를 기각하여야 한다.

- 2항 : 다만 항소심이 제1심 판결과 동일한 결론에 이르게 되더라도 피고의 예비적 상계항변과 다른 주장을 받아들여 원고청구를 기각하는 경우에는 같은 청구기각이라도 기판력의 객관적 범위가 달라지기 때문에 제1심 판결을 취소하고 다시 청구기각판결을 하여야 한다.

제415조(항소를 받아들이는 범위) 제1심 판결은 그 불복의 한도안에서 바꿀 수 있다. 다만, 상계에 관한 주장을 인정한 때에는 그러하지 아니하다.

제416조(제1심 판결의 취소) 항소법원은 제1심 판결을 정당하지 아니하다고 인정한 때에는 취소하여야 한다.

제417조(판결절차의 위법으로 말미암은 취소) 제1심 판결의 절차가 법률에 어긋날 때에 항소법원은 제1심 판결을 취소하여야 한다.

- 법률에 어긋날 때 : 직접심리주의 위반이나, 판결원본에 의하지 않은 판결선고와 같이 판결의 성립과정에 하자가 있어 그 존립 자체에 의문이 있는 경우를 말한다.

제418조(필수적 환송) 소가 부적법하다고 각하한 제1심 판결을 취소하는 경우에는 항소법원은 사건을 제1심 법원에 환송(還送)하여야 한다. 다만, 제1심에서 본안판결을 할 수 있을 정도로 심리가 된 경우, 또는 당사자의 동의가 있는 경우에는 항소법원은 스스로 본안판결을 할 수 있다.

제419조(관할위반으로 말미암은 이송) 관할위반을 이유로 제1심 판결을 취소한 때에는 항소법원은 판결로 사건을 관할법원에 이송하여야 한다.

◆ 이송은 결정으로 하나 이 경우 판결로 한다.

제420조(판결서를 적는 방법) 판결이유를 적을 때에는 제1심 판결을 인용할 수 있다. 다만, 제1심 판결이 제208조제3항에 따라 작성된 경우에는 그러하지 아니하다.

◆ 제1심 판결이유가 청구를 특정함에 필요한 사항과 상계항변에 관한 판단만 한 경우라면 1심판결을 인용할 수 없다.

제421조(소송기록의 반송) 소송이 완결된 뒤 상고가 제기되지 아니하고 상고기간이 끝난 때에는 법원사무관등은 판결서 또는 제402조의 규정에 따른 명령의 정본을 소송기록에 붙여 제1심 법원에 보내야 한다.

제2장 상고

제422조(상고의 대상) ① 상고는 고등법원이 선고한 종국판결과 지방법원 합의부가 제2심으로서 선고한 종국판결에 대하여 할 수 있다.
② 제390조제1항 단서의 경우에는 제1심의 종국판결에 대하여 상고할 수 있다.

◆ 법원의 판결이 아닌 행정부 산하 준사법기관의 심판임에도 불구하고 대법원에 제소할 수 있는 경우로 해양안전사건에 관한 중앙해양안전심판원의 재결에 대한 소가 있다(해양사고의 조사 및 심판에 관한 법률 제74조).
◆ 제2항 : 제1심 종국판결 뒤에 양쪽 당사자가 상고할 권리를 유보하고 항소를 하지 아니하기로 합의한 경우 제1심의 종국판결에 대해 상고를 할 수 있다.

제423조(상고이유) 상고는 판결에 영향을 미친 헌법·법률·명령 또는 규칙의 위반이 있다는 것을 이유로 드는 때에만 할 수 있다.

◆ 여기의 법령에는 헌법·법률·명령·규칙만을 규정하고 있으나, 이를 예시적 규정으로 보아 조약·조례·관습법·경험법칙·보통계약약관의 조항·법인의 정관 등이 포함된다고 보는 것이 通說 및 判例이다. 대법원 판례위반의 원판결은 직접적으로 법령위반은 아니나 법령해석의 잘못이 있는 것으로 되어 결국 법령위반이 된다.

민사소송규칙
제129조(상고이유의 기재방식) ① 판결에 영향을 미친 헌법·법률·명령 또는 규칙(다음부터 이 장 안에서 "법령"이라 한다)의 위반이 있다는 것을 이유로 하는 상고의 경우에 상고이유는 법령과 이에 위반하는 사유를 밝혀야 한다.
② 제1항의 규정에 따라 법령을 밝히는 때에는 그 법령의 조항 또는 내용(성문법 외의 법령에 관하여는 그 취지)을 적어야 한다.
③ 제1항의 규정에 따라 법령에 위반하는 사유를 밝히는 경우에 그 법령이 소송절차에 관한 것인 때에는 그에 위반하는 사실을 적어야 한다.
제131조(판례의 적시) 원심판결이 대법원판례와 상반되는

것을 상고이유로 하는 경우에는 그 판례를 구체적으로 밝혀야 한다.

제424조(절대적 상고이유) ① 판결에 다음 각호 가운데 어느 하나의 사유가 있는 때에는 상고에 정당한 이유가 있는 것으로 한다.
1. 법률에 따라 판결법원을 구성하지 아니한 때
2. 법률에 따라 판결에 관여할 수 없는 판사가 판결에 관여한 때
3. 전속관할에 관한 규정에 어긋난 때
4. 법정대리권·소송대리권 또는 대리인의 소송행위에 대한 특별한 권한의 수여에 흠이 있는 때
5. 변론을 공개하는 규정에 어긋난 때
6. 판결의 이유를 밝히지 아니하거나 이유에 모순이 있는 때

② 제60조 또는 제97조의 규정에 따라 추인한 때에는 제1항제4호의 규정을 적용하지 아니한다.

> 민사소송규칙
> 제130조(절대적 상고이유의 기재방식) 법 제424조제1항의 어느 사유를 상고이유로 삼는 때에는 상고이유에 그 조항과 이에 해당하는 사실을 밝혀야 한다.

> 상고심절차에 관한 특례법
> 제4조(심리의 불속행) ① 대법원은 상고이유에 관한 주장이 다음 각 호의 어느 하나의 사유를 포함하지 아니한다고 인정하면 더 나아가 심리(審理)를 하지 아니하고 판결로 상고를 기각(棄却)한다.
> 1. 원심판결(原審判決)이 헌법에 위반되거나, 헌법을 부당하게 해석한 경우
> 2. 원심판결이 명령·규칙 또는 처분의 법률위반 여부에 대하여 부당하게 판단한 경우
> 3. 원심판결이 법률·명령·규칙 또는 처분에 대하여 대법원 판례와 상반되게 해석한 경우
> 4. 법률·명령·규칙 또는 처분에 대한 해석에 관하여 대법원 판례가 없거나 대법원 판례를 변경할 필요가 있는 경우
> 5. 제1호부터 제4호까지의 규정 외에 중대한 법령위반에 관한 사항이 있는 경우
> 6. 「민사소송법」 제424조제1항제1호부터 제5호까지에 규정된 사유가 있는 경우
> ② 가압류 및 가처분에 관한 판결에 대하여는 상고이유에 관한 주장이 제1항제1호부터 제3호까지에 규정된 사유를 포함하지 아니한다고 인정되는 경우 제1항의 예에 따른다.
> ③ 상고이유에 관한 주장이 제1항 각 호의 사유(가압류 및 가처분에 관한 판결의 경우에는 제1항제1호부터 제3호까지에 규정된 사유)를 포함하는 경우에도 다음 각 호의

- 1호 : 판사 2인에 의한 합의부 구성, 기본인 변론에 관여(제204조 1항)하지 않은 법관이 판결에 관여한 경우, 법관이 바뀌었는데 변론의 갱신절차를 밟지 않은 경우
- 2호 : 제척이유 또는 기피의 재판이 있는 법관이 관여한 판결, 파기환송된 원판결에 관여한 법관(제436조 3항)이 관여한 판결
- 3호 : 임의관할 위반은 제411조로 상고이유 아님
- 4호 : 당사자가 변론에서 공격방어방법을 제출할 기회를 부당하게 박탈당한 경우에 유추적용된다. ⅰ) 성명모용자에 의한 소송수행, ⅱ) 당사자사망에 의한 소송절차의 중단을 간과하고 판결선고한 때, ⅲ) 변론기일에 책임에 돌릴 수 없는 사유로 불출석하였음에도 불구하고 그대로 판결한 경우
- 5호 : 헌법 제109조와 법원조직법 제57조의 규정에 위배하여 판결의 기본이 되는 변론을 공개하지 않은 경우이다. 그러나 수명법관에 의하여 수소법원 밖에서 증인신문·현장검증·서증조사를 하는 경우에는 비공개라도 이에 위배되지 않는다.
- 6호 : 이유의 불명시라 함은 전혀 이유를 밝히지 않은 경우만 아니라 판결에 영향을 미치는 중요사항에 대한 판단누락의 경우도 포함한다. 이유모순이라 함은 판결이유의 문맥에 있어서 모순이 있어 일관성이 없고, 이유로서 체제를 갖추지 못한 것을 말한다.

어느 하나에 해당할 때에는 제1항의 예에 따른다.
1. 그 주장 자체로 보아 이유가 없는 때
2. 원심판결과 관계가 없거나 원심판결에 영향을 미치지 아니하는 때 [전문개정 2009. 11. 2.]

제425조(항소심절차의 준용) 상고와 상고심의 소송절차에는 특별한 규정이 없으면 제1장의 규정을 준용한다.

민사소송규칙
제135조(항소심절차규정의 준용) 상고와 상고심의 소송절차에는 그 성질에 어긋나지 아니하는 범위 안에서 제1장의 규정을 준용한다.

제426조(소송기록 접수의 통지) 상고법원의 법원사무관등은 원심법원의 법원사무관등으로부터 소송기록을 받은 때에는 바로 그 사유를 당사자에게 통지하여야 한다.

민사소송규칙
제132조(소송기록 접수의 통지방법) 법 제426조의 규정에 따른 소송기록 접수의 통지는 그 사유를 적은 서면을 당사자에게 송달하는 방법으로 한다.

제427조(상고이유서 제출) 상고장에 상고이유를 적지 아니한 때에 상고인은 제426조의 통지를 받은 날부터 20일 이내에 상고이유서를 제출하여야 한다.

민사소송규칙
제129조(상고이유의 기재방식) ①판결에 영향을 미친 헌법·법률·명령 또는 규칙(다음부터 이 장 안에서 "법령"이라 한다)의 위반이 있다는 것을 이유로 하는 상고의 경우에 상고이유는 법령과 이에 위반하는 사유를 밝혀야 한다.

②제1항의 규정에 따라 법령을 밝히는 때에는 그 법령의 조항 또는 내용(성문법 외의 법령에 관하여는 그 취지)을 적어야 한다.

③제1항의 규정에 따라 법령에 위반하는 사유를 밝히는 경우에 그 법령이 소송절차에 관한 것인 때에는 그에 위반하는 사실을 적어야 한다.

제130조(절대적 상고이유의 기재방식) 법 제424조제1항의 어느 사유를 상고이유로 삼는 때에는 상고이유에 그 조항과 이에 해당하는 사실을 밝혀야 한다.

제131조(판례의 적시) 원심판결이 대법원판례와 상반되는 것을 상고이유로 하는 경우에는 그 판례를 구체적으로 밝혀야 한다.

제133조(상고이유서의 통수) 상고이유서를 제출하는 때에는 상대방의 수에 6을 더한 수의 부본을 붙여야 한다.

제133조의2(상고이유서 등의 분량) 상고이유서와 답변서는 그 분량을 30쪽 이내로 하여 제출하여야 한다. [본조신설 2016.8.1.]

제428조(상고이유서, 답변서의 송달 등) ① 상고이유서를 제출받은 상고법원은 바로 그 부본이나 등본을 상대방에게 송달하여야 한다.
② 상대방은 제1항의 서면을 송달받은 날부터 10일 이내에 답변서를 제출할 수 있다.
③ 상고법원은 제2항의 답변서의 부본이나 등본을 상고인에게 송달하여야 한다.

◆ 2항 : 훈시규정

제429조(상고이유서를 제출하지 아니함으로 말미암은 상고기각) 상고인이 제427조의 규정을 어기어 상고이유서를 제출하지 아니한 때에는 상고법원은 변론 없이 판결로 상고를 기각하여야 한다. 다만, 직권으로 조사하여야 할 사유가 있는 때에는 그러하지 아니하다.

◆ 상고이유를 기재함에는 원판결의 법령위배 부분과 그 명시적·구체적 위배사유 및 법령조항 또는 내용, 절차위반의 사실 등을 표시하여야 하며(규칙 제129조 내지 제131조), 그렇지 않은 경우에는 상고이유서의 부제출로 취급된다(대법 2017.5.31, 2017다216981).
◆ 단서 : 매매예약완결권의 제척기간이 도과하였는지 여부는 직권조사사항으로서 적법한 상고이유서 제출기간 경과 후에 주장되었다 할지라도 이를 판단하여야 한다(대법 2000.10.13, 99다18725).
◆ 이 경우 기각이지만 각하의 소송판결이며, 상고장 각하와 다를 바 없기 때문에 1/2의 인지환급의 청구를 할 수 있다.

제430조(상고심의 심리절차) ① 상고법원은 상고장·상고이유서·답변서, 그 밖의 소송기록에 의하여 변론없이 판결할 수 있다.
② 상고법원은 소송관계를 분명하게 하기 위하여 필요한 경우에는 특정한 사항에 관하여 변론을 열어 참고인의 진술을 들을 수 있다.

◆ 2항 : 개정신법에서는 상고심법원이 소송관계를 분명하게 하기 위하여 필요한 경우에는 변론을 열어 참고인의 진술을 들을 수 있도록 하였다(제430조 2항). 중요사건에서 심증형성에 도움을 받으려는 석명처분(제140조)의 일종이라 할 것이다. 참고인의 진술을 듣는 경우에는 당사자를 참여하게 하여야 한다(규칙 제134조 1항).

민사소송규칙
제134조(참고인의 진술) ① 법 제430조제2항의 규정에 따라 참고인의 진술을 듣는 때에는 당사자를 참여하게 하여야 한다.
② 제1항의 진술의 요지는 조서에 적어야 한다.
제134조의2(참고인 의견서 제출) ① 국가기관과 지방자치단체는 공익과 관련된 사항에 관하여 대법원에 재판에 관한 의견서를 제출할 수 있고, 대법원은 이들에게 의견서를 제출하게 할 수 있다.
② 대법원은 소송관계를 분명하게 하기 위하여 공공단체 등 그 밖의 참고인에게 의견서를 제출하게 할 수 있다. [본조신설 2015.1.28.]

제431조(심리의 범위) 상고법원은 상고이유에 따라 불복신청의 한도 안에서 심리한다.

> **민사소송규칙**
> 제136조(부대상고에 대한 준용) 부대상고에는 제129조 내지 제135조의 규정을 준용한다.

제432조(사실심의 전권) 원심판결이 적법하게 확정한 사실은 상고법원을 기속한다.

제433조(비약적 상고의 특별규정) 상고법원은 제422조제2항의 규정에 따른 상고에 대하여는 원심판결의 사실확정이 법률에 어긋난다는 것을 이유로 그 판결을 파기하지 못한다.

◆ 제422조 2항 : 비약상고

제434조(직권조사사항에 대한 예외) 법원이 직권으로 조사하여야 할 사항에 대하여는 제431조 내지 제433조의 규정을 적용하지 아니한다.

◆ 직권조사사항에 대해서는 불복신청이 없는 부분도 상고법원은 파기할 수 있다.

제435조(가집행의 선고) 상고법원은 원심판결중 불복신청이 없는 부분에 대하여는 당사자의 신청에 따라 결정으로 가집행의 선고를 할 수 있다.

◆ 직권에 의한 가집행선고의 예외

제436조(파기환송, 이송) ① 상고법원은 상고에 정당한 이유가 있다고 인정할 때에는 원심판결을 파기하고 사건을 원심법원에 환송하거나, 동등한 다른 법원에 이송하여야 한다.
② 사건을 환송받거나 이송받은 법원은 다시 변론을 거쳐 재판하여야 한다. 이 경우에는 상고법원이 파기의 이유로 삼은 사실상 및 법률상 판단에 기속된다.
③ 원심판결에 관여한 판사는 제2항의 재판에 관여하지 못한다.

◆ 2항 전문 : 환송 후 환송심의 심판의 대상인 청구는 원판결 중 파기되어 환송된 부분만이다. 따라서 원판결 중 ⅰ) 상고이유가 없다 하여 기각된 부분, ⅱ) 파기자판한 부분, ⅲ) 상고로 불복신청이 없었던 부분은 확정되어 환송 후 심판대상에서 제외된다.
◆ 2항 후문 : 大法院은 사실심이 아니므로 여기의 사실은 환송한 상고법원이 직권조사사항에 관한 사실, 절차위배를 판단함에 있어서 인정한 사실, 재심사유가 되는 사실에 관하여 한 판단을 말하며, 본안에 관한 사실은 포함되지 않는다.
◆ 3항 : 제41조 5호의 전심관여 법관의 제척으로 관여하지 못하는 것은 아니다.

제437조(파기자판) 다음 각호 가운데 어느 하나에 해당하면 상고법원은 사건에 대하여 종국판결을 하여야 한다.
1. 확정된 사실에 대하여 법령적용이 어긋난다 하여 판결을 파기하는 경우에 사건이 그 사실을 바탕으로 재판하기 충분한 때
2. 사건이 법원의 권한에 속하지 아니한다 하여 판결을 파기하는 때

제438조(소송기록의 송부) 사건을 환송하거나 이송하는 판결이 내려졌을 때에는 법원사무관등은 2주 이내에 그 판결의 정본을 소송기록에 붙여 사건을 환송받거나 이송받을 법원에 보내야 한다.

◆ 훈시규정

제3장 항고

제439조(항고의 대상) 소송절차에 관한 신청을 기각한 결정이나 명령에 대하여 불복하면 항고할 수 있다.

◆ 소송절차에 관한 신청이란 본안내용에 직접 관계없는 사항으로서 소송절차의 개시·진행 등에 관한 신청을 말한다. 기일지정신청(제165조), 소송인수신청(제82조), 수계신청(제243조), 담보취소신청(제125조), 공시송달신청(제194조), 증거보전신청(제377조) 등을 기각한 결정이나 명령이 이에 속한다. 소송절차에 관한 신청을 기각한 재판만이 항고의 대상이고, 인용한 명령·결정에 대하여는 항고할 수 없음이 원칙이다.

◆ ① 법률이 특히 불복신청을 금지하고 있는 경우(기피결정, 관할지정결정 등), ② 해석상 불복할 수 없는 재판으로 기일변경신청, 변론재개신청과 같이 당사자에게 신청권이 없고 직권발동을 촉구하는 의미밖에 없는 신청과, 소송절차의 개시나 진행과 관계없는 판결경정신청의 기각결정에 대하여는 항고할 수 없다. 또한 증거신청의 각하결정이나 실기한 공격방어방법의 각하결정 등과 같이 필요적 변론을 거친 재판은 종국판결과 함께 불복할 수 있으므로 독립하여 항고할 수 없다. ③ 항고 이외의 불복신청방법이 인정되는 경우(지급명령에 대한 이의, 가압류·가처분결정에 대한 이의 등), ④ 대법원은 최종심이므로 대법원의 결정·명령에 대하여는 항고할 수 없다. ⑤ 수명법관이나 수탁판사의 재판에 대하여는 직접 상급법원에 항고를 할 수 없고, 다만 그 재판이 수소법원 스스로 하였을 경우에 항고할 수 있는 것인 때에는 우선 수소법원에 이의신청을 할 수 있게 하고(제441조 1항), 이의신청에 대한 재판에 대하여 항고할 수 있다. 이를 준항고라고 한다. 상고심이나 제2심에 계속된 사건에 대한 수명법관이나 수탁판사의 재판에 대해서도 동일하다(제441조 3항). ⑥ 항고권이 실효되거나 즉시항고기간이 도과된 때

제440조(형식에 어긋나는 결정·명령에 대한 항고) 결정이나 명령으로 재판할 수 없는 사항에 대하여 결정 또는 명령을 한 때에는 항고할 수 있다.

제441조(준항고) ① 수명법관이나 수탁판사의 재판에 대하여 불복하는 당사자는 수소법원에 이의를 신청할 수 있다. 다만, 그 재판이 수소법원의 재판인 경우로서 항고할 수 있는 것인 때에 한한다.
② 제1항의 이의신청에 대한 재판에 대하여는 항고할 수 있다.
③ 상고심이나 제2심에 계속된 사건에 대한 수명법관이나 수탁판사의 재판에는 제1항의 규정을 준용한다.

◆ 수명법관이나 수탁판사의 수소법원의 수권에 의하여 수소법원에 갈음하여 특정의 직무를 집행하는 것이므로 수명법관이나 수탁판사의 재판에 대하여는 직접 상급법원에 항고를 할 수 없고, 다만 그 재판이 수소법원 스스로 하였을 경우에 항고할 수 있는 것인 때에는 우선 수소법원에 이의신청을 할 수 있게 하고(제441조 1항), 이의신청에 대한 재판에 대하여 항고할 수 있다. 이를 준항고라고 한다. 상고심이나 제2심에 계속된 사건에 대한 수명법관이나 수탁판사의 재판에 대해서도 동일하다(제441조 3항).

제442조(재항고) 항고법원·고등법원 또는 항소법원의 결정 및 명령에 대하여는 재판에 영향을 미친 헌법·법률·명령 또는 규칙의 위반을 이유로 드는 때에만 재항고(再抗告)할 수 있다.

제443조(항소 및 상고의 절차규정준용) ① 항고법원의 소송절차에는 제1장의 규정을 준용한다.
② 재항고와 이에 관한 소송절차에는 제2장의 규정을 준용한다.

◆ 최초의 항고에는 항소의 규정을 준용하며, 재항고와 이에 대한 소송절차에는 상고의 규정을 준용한다.

> **민사소송규칙**
> 제137조(항소·상고의 절차규정 준용) ① 항고와 그에 관한 절차에는 그 성질에 어긋나지 아니하는 범위 안에서 제1장의 규정을 준용한다.
> ② 재항고 또는 특별항고와 그에 관한 절차에는 그 성질에 어긋나지 아니하는 범위 안에서 제2장의 규정을 준용한다.

제444조(즉시항고) ① 즉시항고는 재판이 고지된 날부터 1주 이내에 하여야 한다.
② 제1항의 기간은 불변기간으로 한다.

제445조(항고제기의 방식) 항고는 항고장을 원심법원에 제출함으로써 한다.

제446조(항고의 처리) 원심법원이 항고에 정당한 이유가 있다고 인정하는 때에는 그 재판을 경정하여야 한다.

◆ 여기의 경정에는 단순한 위산·오기의 경정에 한하지 않고 원재판의 취소·변경도 포함한다. 재판누락의 경우에도 경정할 수 있다. 그러나 주문을 변경하지 않고 이유만을 경정하는 것은 허용될 수 없다.

제447조(즉시항고의 효력) 즉시항고는 집행을 정지시키는 효력을 가진다.

- 재도의 고안은 통상항고이건 즉시항고이건 재항고이건 항고가 제기된 때에는 모두 가능하다. 그러나 항고가 부적법한 경우에는 경정할 수 없고, 특별항고의 경우, 소장각하명령이 성립한 후 소장을 보정하고 제기한 즉시항고는 재도의 고안이 허용될 수 없다는 것이 判例의 입장이다.
- 민사집행법 제15조 6항에 의해 민사집행법상의 즉시항고는 집행정지의 효력을 가지지 아니한다.
- 즉시항고 시 집행정지의 효과가 없는 것 : 간이각하결정에 대한 즉시항고(제47조 3항), 고필공 추가허가결정에 대한 즉시항고(제68조 5항), 증인불출석 시 과태료나 감치결정에 대한 즉시항고(제311조 8항), 제3자의 문서제출명령 불이행시 과태료 부과에 대한 즉시항고(제351조, 제318조, 제311조 8항)

제448조(원심재판의 집행정지) 항고법원 또는 원심법원이나 판사는 항고에 대한 결정이 있을 때까지 원심재판의 집행을 정지하거나 그 밖에 필요한 처분을 명할 수 있다.

제449조(특별항고) ① 불복할 수 없는 결정이나 명령에 대하여는 재판에 영향을 미친 헌법위반이 있거나, 재판의 전제가 된 명령·규칙·처분의 헌법 또는 법률의 위반여부에 대한 판단이 부당하다는 것을 이유로 하는 때에만 대법원에 특별항고(特別抗告)를 할 수 있다.
② 제1항의 항고는 재판이 고지된 날부터 1주 이내에 하여야 한다.
③ 제2항의 기간은 불변기간으로 한다.

제450조(준용규정) 특별항고와 그 소송절차에는 제448조와 상고에 관한 규정을 준용한다.

	통상항고	즉시항고	특별항고
사 유	취소이익이 있으면	명문의 규정이 있는 경우	불복할 수 없는 결정·명령에 재판에 영향을 미친 헌법위반, 재판의 전제가 된 명령·규칙·처분의 헌법 또는 법률의 위반여부에 대한 판단이 부당
집행정지	제448조의 정지	제447조 정지	제448조의 정지
재도의 고안(제446조)	○	○	×
시 기	언제라도	1주	1주

제4편 재심

제451조(재심사유) ① 다음 각호 가운데 어느 하나에 해당하면 확정된 종국판결에 대하여 재심의 소를 제기할 수 있다. 다만, 당사자가 상소에 의하여 그 사유를 주장하였거나, 이를 알고도 주장하지 아니한 때에는 그러하지 아니하다.
1. 법률에 따라 판결법원을 구성하지 아니한 때
2. 법률상 그 재판에 관여할 수 없는 법관이 관여한 때
3. 법정대리권·소송대리권 또는 대리인이 소송행위를 하는 데에 필요한 권한의 수여에 흠이 있는 때. 다만, 제60조 또는 제97조의 규정에 따라 추인한 때에는 그러하지 아니하다.
4. 재판에 관여한 법관이 그 사건에 관하여 직무에 관한 죄를 범한 때
5. 형사상 처벌을 받을 다른 사람의 행위로 말미암아 자백을 하였거나 판결에 영향을 미칠 공격 또는 방어방법의 제출에 방해를 받은 때
6. 판결의 증거가 된 문서, 그 밖의 물건이 위조되거나 변조된 것인 때
7. 증인·감정인·통역인의 거짓 진술 또는 당사자신문에 따른 당사자나 법정대리인의 거짓 진술이 판결의 증거가 된 때
8. 판결의 기초가 된 민사나 형사의 판결, 그 밖의 재판 또는 행정처분이 다른 재판이나 행정처분에 따라 바뀐 때
9. 판결에 영향을 미칠 중요한 사항에 관하여 판단을 누락한 때
10. 재심을 제기할 판결이 전에 선고한 확정판결에 어긋나는 때
11. 당사자가 상대방의 주소 또는 거소를 알고 있었음에도 있는 곳을 잘 모른다고 하거나 주소나 거소를 거짓으로 하여 소를 제기한 때

② 제1항제4호 내지 제7호의 경우에는 처벌받을 행위에 대하여 유죄의 판결이나 과태료부과의 재판이 확정된 때 또는 증거부족 외의 이유로 유죄의 확정판결이나 과태료부과의 확정재판을 할 수 없을 때에만 재심의 소를 제기할 수 있다.

③ 항소심에서 사건에 대하여 본안판결을 하였을 때에는 제1심 판결에 대하여 재심의 소를 제기하지 못한다.

- 두문 단서
- 1호 : 대법원이 종전에 판시한 법률의 해석적용에 관한 의견의 변경 즉 판례변경을 하면서 대법관 2/3 이상으로 구성하는 전원합의체에서 하지 않고 소부에서 재판하면 1호의 판결법원구성의 위법에 해당
- 3호 : 민사소송법 제451조 제1항 제3호 소정의 재심사유는 무권대리인이 대리인으로서 본인을 위하여 실질적인 소송행위를 하였을 경우뿐만 아니라 대리권의 흠결로 인하여 본인이나 그의 소송대리인이 실질적인 소송행위를 할 수 없었던 경우에도 이에 해당
- 4호 : 법관이 그 담당사건에 대하여 수뢰죄나 공문서위조죄 등을 범한 경우이다.
- 5호 : 경범죄처벌법위반행위나 질서벌은 제외된다. 원고가 공시송달로 판결편취한 경우는 본 호와 제11호의 재심사유가 병존한다.
- 6호 : 판결의 증거된 문서라 함은 그 판결에서 문서를 채택하여 판결주문을 유지하는 근거가 된 사실인정의 자료로 삼은 경우를 말하는 것이며, 법관의 심증에 영향을 주었을 것이라고 추측되는 문서라도 그것이 사실인정의 자료로 채택된 바 없거나, 위조된 문서가 가정적 혹은 부가적으로 설시된 사실을 인정하는 자료로 제공된 경우에는 재심사유에 해당하지 않는다. 제6호의 재심사유는 제7호와 같이 사실심판결에 대한 재심사유이지 상고심판결에 대한 것이 아니다.
- 7호 : 민사소송법 제422조 제1항 제7호 소정의 "증인의 허위진술이 판결의 증거로 된 때"라 함은 증인이 직접 재심의 대상이 된 소송사건을 심리하는 법정에서 허위로 진술하고 그 허위진술이 판결주문의 이유가 된 사실인정의 자료가 된 경우를 가리키는 것이지, 증인이 재심대상이 된 소송사건 이외의 다른 민·형사 관련사건에서 증인으로서 허위진술을 하고 그 진술을 기재한 조서가 재심대상판결에서 서증으로 제출되어 이것이 채용된 경우는 위 제7호 소정의 재심사유에 포함될 수 없다.
- 8호 : 판결의 기초가 되었다 함은 재심대상판결을 한 법원이 그 재판이나 행정처분에 법률적으로 구

속된 경우뿐만 아니라, 널리 재판이나 행정처분의 판단사실을 원용하여 사실인정을 한 경우를 말한다. 또한, 재판내용이 확정판결에서 사실인정의 자료가 되었고 그 재판의 변경이 확정판결의 사실인정에 영향을 미칠 가능성이 있는 이상 재심사유는 있는 것이고, 재판내용이 담겨진 문서가 확정판결이 선고된 소송절차에서 반드시 증거방법으로 제출되어 그 문서의 기재 내용이 증거자료로 채택된 경우에 한정되는 것은 아니다.

◆ 9호 : 당사자가 소송상 제출한 공격방어방법으로서 판결주문에 영향이 있는 것에 대하여 판결이유 중에서 판단을 표시하지 아니한 것을 말한다. 직권조사사항의 판단을 빠뜨린 경우도 여기에 포함되지만, 당사자가 그 조사를 촉구한 바 없다면 재심사유에 해당하지 않는다. 착각으로 기간 내의 상고이유서 부제출이라 하여 상고기각한 경우도 여기에 해당한다. 상고기록접수통지서의 보충송달이 위법함에도 적법하다고 보아 기간내의 부제출을 이유로 상고기각한 경우도 같다.

◆ 10호 : 전에 확정된 기판력 있는 본안의 종국판결의 효력이 당사자에게 미치는 경우를 뜻한다. 전후 두 판결이 모두 원고의 청구를 기각한 것이라면 서로 어긋나는 것이 아니다. 재심대상판결이 그 이후의 선고확정된 판결과 어긋나는 때에는 여기에 해당되지 않는다. 같은 당사자간에 같은 내용의 사건에 관하여 두 개의 어긋나는 확정판결일 것을 요하기 때문에 당사자를 달리하면 서로 어긋나도 재심사유로 되지 않는다. 전소의 기판력있는 판결이 후소의 선결문제인 때에도 해당한다.

◆ 11호 : 대법원은 전·후단을 막론하고 공시송달에 의한 판결편취의 경우에 적용되는 규정으로 보고 있다.

◆ 2항 : 이것은 판결의 부당성이 분명할 때에 재심을 인정하려는 취지이다. 유죄의 확정판결이 없으면 재심의 소를 각하하여야 한다. 증거부족 이외의 이유란 범인의 사망, 심신장애, 사면, 공소시효 완성, 기소유예처분 등의 사유로 유죄판결을 받지 못하게 된 경우를 말하며, 소재불명으로 기소중지 결정을 한 경우나 무혐의불기소처분의 경우는 포함되지 않는다. 증거부족 이외의 사유만 없었다면 유죄의 판결을 받을 수 있었던 점은 재심법원이

제452조(기본이 되는 재판의 재심사유) 판결의 기본이 되는 재판에 제451조에 정한 사유가 있을 때에는 그 재판에 대하여 독립된 불복방법이 있는 경우라도 그 사유를 재심의 이유로 삼을 수 있다.

제453조(재심관할법원) ① 재심은 재심을 제기할 판결을 한 법원의 전속관할로 한다.
② 심급을 달리하는 법원이 같은 사건에 대하여 내린 판결에 대한 재심의 소는 상급법원이 관할한다. 다만, 항소심판결과 상고심판결에 각각 독립된 재심사유가 있는 때에는 그러하지 아니하다.

독자적으로 증명에 의해 인정하여야 하나, 재심원고에게 그 증명책임이 있다.

- 서증의 위조·변조(제451조 1항 6호)나 허위진술(동 7호) 등 사실인정에 관한 것을 재심사유로 할 때에는 상고심판결이 아니라, 사실심법원의 판결에 대해 재심의 소를 제기하여야 한다.
- 제1심의 종국판결에 대하여 항소심이 항소기각의 본안판결을 한 경우 : 항소법원만이 관할권을 갖게 된다(제451조 3항). 만일 이때 1심법원에 재심의 소가 제기되면 항소법원에 이송한다.
- 제1심의 종국판결에 대해 항소각하판결을 한 때 : 각기 재심사유가 있으면 각기 해당 사유를 주장하여 해당 법원에 각 재심의 소를 제기할 수 있다. 그러나 이 때 재심사유를 모아서 재심청구를 병합하여 제기하는 경우에는 편의상 항소심법원이 통일적인 관할권을 갖는다(제453조 2항 본문). 다만 항소심판결과 상고심판결에 각기 재심사유가 있는 때에는 상고심법원은 병합심판할 수 없다(제453조 2항 단서).

제454조(재심사유에 관한 중간판결) ① 법원은 재심의 소가 적법한지 여부와 재심사유가 있는지 여부에 관한 심리 및 재판을 본안에 관한 심리 및 재판과 분리하여 먼저 시행할 수 있다.
② 제1항의 경우에 법원은 재심사유가 있다고 인정한 때에는 그 취지의 중간판결을 한 뒤 본안에 관하여 심리·재판한다.

제455조(재심의 소송절차) 재심의 소송절차에는 각 심급의 소송절차에 관한 규정을 준용한다.

제456조(재심제기의 기간) ① 재심의 소는 당사자가 판결이 확정된 뒤 재심의 사유를 안 날부터 30일 이내에 제기하여야 한다.
② 제1항의 기간은 불변기간으로 한다.
③ 판결이 확정된 뒤 5년이 지난 때에는 재심의 소를 제기하지 못한다.
④ 재심의 사유가 판결이 확정된 뒤에 생긴 때에는 제

3항의 기간은 그 사유가 발생한 날부터 계산한다.

제457조(재심제기의 기간) 대리권의 흠 또는 제451조제1항제10호에 규정한 사항을 이유로 들어 제기하는 재심의 소에는 제456조의 규정을 적용하지 아니한다.

◆ 재심기간에 제한이 없는 것은 좁은 의미의 무권대리의 경우이고 특별수권의 흠 등 월권대리의 경우는 불포함한다.

제458조(재심소장의 필수적 기재사항) 재심소장에는 다음 각호의 사항을 적어야 한다.
1. 당사자와 법정대리인
2. 재심할 판결의 표시와 그 판결에 대하여 재심을 청구하는 취지
3. 재심의 이유

> 민사소송규칙
> 제139조(재심소장의 첨부서류) 재심소장에는 재심의 대상이 되는 판결의 사본을 붙여야 한다.

제459조(변론과 재판의 범위) ① 본안의 변론과 재판은 재심청구이유의 범위안에서 하여야 한다.
② 재심의 이유는 바꿀 수 있다.

> 민사소송규칙
> 제138조(재심의 소송절차) 재심의 소송절차에는 그 성질에 어긋나지 아니하는 범위 안에서 각 심급의 소송절차에 관한 규정을 준용한다.
> 제140조(재심소송기록의 처리) ① 재심절차에서 당사자가 제출한 서증의 번호는 재심 전 소송의 서증의 번호에 연속하여 매긴다.
> ② 재심사건에 대하여 상소가 제기된 때에는 법원사무관등은 상소기록에 재심 전 소송기록을 붙여 상소법원에 보내야 한다.

제460조(결과가 정당한 경우의 재심기각) 재심의 사유가 있는 경우라도 판결이 정당하다고 인정한 때에는 법원은 재심의 청구를 기각하여야 한다.

◆ 원심판결이 표준시 이전의 사유로 보아 정당한 경우는 달리 문제가 되지 않으나, 원심판결이 표준시 이전의 사유로 보면 부당하지만, 그 표준시 이후에 발생한 새로운 사유 때문에 원심판결의 결론이 정당한 경우, 예컨대, 이혼판결에 재심사유가 있는 경우 재심과정에서 새로운 이혼사유가 발견된 때의 처리에 대해서 ⅰ) 재심청구의 기각이 아니라 원심판결취소에 같은 내용의 판결을 하여야 한다는 견해도 있으나, ⅱ) 명문에 충실하게 재심청구를 기각하여야 한다. 이 경우에는 기판력의 표준시점이 재심대상판결의 변론종결시에서 재심의 소의 변론종결시로 이동된다.

제461조(준재심) 제220조의 조서 또는 즉시항고로 불복할 수 있는 결정이나 명령이 확정된 경우에 제451조제1항에 규정된 사유가 있는 때에는 확정판결에 대한 제451조 내지 제460조의 규정에 준하여 재심을 제기할 수 있다.

> **민사소송규칙**
> 제141조(준재심절차에 대한 준용) 법 제461조의 규정에 따른 재심절차에는 제138조 내지 제140조의 규정을 준용한다.

제5편 독촉절차

제462조(적용의 요건) 금전, 그 밖에 대체물(代替物)이나 유가증권의 일정한 수량의 지급을 목적으로 하는 청구에 대하여 법원은 채권자의 신청에 따라 지급명령을 할 수 있다. 다만, 대한민국에서 공시송달 외의 방법으로 송달할 수 있는 경우에 한한다.

- 지방법원 단독판사의 직분관할이다.

제463조(관할법원) 독촉절차는 채무자의 보통재판적이 있는 곳의 지방법원이나 제7조 내지 제9조, 제12조 또는 제18조의 규정에 의한 관할법원의 전속관할로 한다.

- 전속관할법원 : 채무자의 보통재판적 소재지, 근무지·거소지 또는 의무이행지·어음지급지, 영업소 또는 사무소가 있는 곳, 불법행위지를 관할하는 지방법원

제464조(지급명령의 신청) 지급명령의 신청에는 그 성질에 어긋나지 아니하면 소에 관한 규정을 준용한다.

제465조(신청의 각하) ① 지급명령의 신청이 제462조 본문 또는 제463조의 규정에 어긋나거나, 신청의 취지로 보아 청구에 정당한 이유가 없는 것이 명백한 때에는 그 신청을 각하하여야 한다. 청구의 일부에 대하여 지급명령을 할 수 없을 때에 그 일부에 대하여도 또한 같다.
② 신청을 각하하는 결정에 대하여는 불복할 수 없다.

- 지급명령신청이 i) 금전, 그 밖에 대체물이나 유가증권의 일정한 수량의 지급을 목적으로 하는 청구가 아니거나(제462조), ii) 전속관할에 위반하거나(제463조), iii) 청구가 이유 없으면 각하한다.

제466조(지급명령을 하지 아니하는 경우) ① 채권자는 법원으로부터 채무자의 주소를 보정하라는 명령을 받은 경우에 소제기신청을 할 수 있다.
② 지급명령을 공시송달에 의하지 아니하고는 송달할 수 없거나 외국으로 송달하여야 할 때에는 법원은 직권에 의한 결정으로 사건을 소송절차에 부칠 수 있다.

③ 제2항의 결정에 대하여는 불복할 수 없다.

제467조(일방적 심문) 지급명령은 채무자를 심문하지 아니하고 한다.

◆ 심문여부는 자유재량이나, 증언거부에 대한 재판(제317조 1항)과 인수승계(제82조 2항), 제3자에게 문서제출명령을 내리는 경우(제347조 3항)는 필수적 심문이다. 지급명령(제467조)은 심문이 금지된다.

제468조(지급명령의 기재사항) 지급명령에는 당사자, 법정대리인, 청구의 취지와 원인을 적고, 채무자가 지급명령이 송달된 날부터 2주 이내에 이의신청을 할 수 있다는 것을 덧붙여 적어야 한다.

제469조(지급명령의 송달) ① 지급명령은 당사자에게 송달하여야 한다.
② 채무자는 지급명령에 대하여 이의신청을 할 수 있다.

제470조(이의신청의 효력) ① 채무자가 지급명령을 송달받은 날부터 2주 이내에 이의신청을 한 때에는 지급명령은 그 범위안에서 효력을 잃는다.
② 제1항의 기간은 불변기간으로 한다.

제471조(이의신청의 각하) ① 법원은 이의신청이 부적법하다고 인정한 때에는 결정으로 이를 각하하여야 한다.
② 제1항의 결정에 대하여는 즉시항고를 할 수 있다.

제472조(소송으로의 이행) ① 채권자가 제466조제1항의 규정에 따라 소제기신청을 한 경우, 또는 법원이 제466조제2항의 규정에 따라 지급명령신청사건을 소송절차에 부치는 결정을 한 경우에는 지급명령을 신청한 때에 소가 제기된 것으로 본다.
② 채무자가 지급명령에 대하여 적법한 이의신청을 한 경우에는 지급명령을 신청한 때에 이의신청된 청구목적의 값에 관하여 소가 제기된 것으로 본다.

◆ 제466조 1항 : 법원으로부터 채무자의 주소를 보정하라는 명령을 받은 경우, 채권자의 소제기 신청
◆ 제446조 2항 : 공시송달, 외국으로 송달하여야 할 때, 법원은 직권으로 소송절차에 회부

제473조(소송으로의 이행에 따른 처리) ① 제472조의 규정에 따라 소가 제기된 것으로 보는 경우, 지급명령을 발령한 법원은 채권자에게 상당한 기간을 정하여, 소를 제기하는 경우 소장에 붙여야 할 인지액에서 소제기신청 또는 지급명령신청시에 붙인 인지액을 뺀 액수의 인지를 보정하도록 명하여야 한다.
② 채권자가 제1항의 기간 이내에 인지를 보정하지 아니한 때에는 위 법원은 결정으로 지급명령신청

서를 각하하여야 한다. 이 결정에 대하여는 즉시항고를 할 수 있다.
③ 제1항에 규정된 인지가 보정되면 법원사무관 등은 바로 소송기록을 관할법원에 보내야 한다. 이 경우 사건이 합의부의 관할에 해당되면 법원사무관등은 바로 소송기록을 관할법원 합의부에 보내야 한다.
④ 제472조의 경우 독촉절차의 비용은 소송비용의 일부로 한다.

제474조(지급명령의 효력) 지급명령에 대하여 이의신청이 없거나, 이의신청을 취하하거나, 각하결정이 확정된 때에는 지급명령은 확정판결과 같은 효력이 있다.

- ◆ 지급명령이 확정되면 판결과 동일한 효력이 있으므로 10년의 시효기간으로 연장된다.
- ◆ 채무자가 판결에 따라 확정된 청구에 관하여 이의하려면 제1심 판결법원에 청구에 관한 이의의 소를 제기하여야 한다(민집법 제44조 1항). 다만 제1항의 이의는 그 이유가 변론이 종결된 뒤(변론 없이 한 판결의 경우에는 판결이 선고된 뒤)에 생긴 것이어야 한다(동조 2항). 그런데 민사집행법 제58조 3항에 의해 제44조 2항의 적용이 없으므로, 지급명령이 확정된 당시의 사정을 이유로 채무자가 청구이의의 소를 제기할 수 있다는 점에서, 지급명령에 확정판결과 같은 효력이 있다고 하더라도 여기에 기판력까지 포함되는 것은 아니다.

제6편 공시최고절차

제475조(공시최고의 적용범위) 공시최고(公示催告)는 권리 또는 청구의 신고를 하지 아니하면 그 권리를 잃게 될 것을 법률로 정한 경우에만 할 수 있다.

제476조(공시최고절차를 관할하는 법원) ① 공시최고는 법률에 다른 규정이 있는 경우를 제외하고는 권리자의 보통재판적이 있는 곳의 지방법원이 관할한다. 다만, 등기 또는 등록을 말소하기 위한 공시최고는 그 등기 또는 등록을 한 공공기관이 있는 곳의 지방법원에 신청할 수 있다.
② 제492조의 경우에는 증권이나 증서에 표시된 이행지의 지방법원이 관할한다. 다만, 증권이나 증서에 이행지의 표시가 없는 때에는 발행인의 보통재판적이 있는 곳의 지방법원이, 그 법원이 없는 때에는 발행 당시에 발행인의 보통재판적이 있었

던 곳의 지방법원이 각각 관할한다.
③ 제1항 및 제2항의 관할은 전속관할로 한다.

제477조(공시최고의 신청) ① 공시최고의 신청에는 그 신청의 이유와 제권판결(除權判決)을 청구하는 취지를 밝혀야 한다.
② 제1항의 신청은 서면으로 하여야 한다.
③ 법원은 여러 개의 공시최고를 병합하도록 명할 수 있다.

제478조(공시최고의 허가여부) ① 공시최고의 허가여부에 대한 재판은 결정으로 한다. 허가하지 아니하는 결정에 대하여는 즉시항고를 할 수 있다.
② 제1항의 경우에는 신청인을 심문할 수 있다.

제479조(공시최고의 기재사항) ① 공시최고의 신청을 허가한 때에는 법원은 공시최고를 하여야 한다.
② 공시최고에는 다음 각호의 사항을 적어야 한다.
  1. 신청인의 표시
  2. 공시최고기일까지 권리 또는 청구의 신고를 하여야 한다는 최고
  3. 신고를 하지 아니하면 권리를 잃게 될 사항
  4. 공시최고기일

제480조(공고방법) 공시최고는 대법원규칙이 정하는 바에 따라 공고하여야 한다.

> **민사소송규칙**
> 제142조(공시최고의 공고) ① 공시최고의 공고는 다음 각호 가운데 어느 하나의 방법으로 한다. 이 경우 필요하다고 인정하는 때에는 적당한 방법으로 공고사항의 요지를 공시할 수 있다.
>   1. 법원게시판 게시
>   2. 관보·공보 또는 신문 게재
>   3. 전자통신매체를 이용한 공고
> ② 법원사무관등은 공고한 날짜와 방법을 기록에 표시하여야 한다.

제481조(공시최고기간) 공시최고의 기간은 공고가 끝난 날부터 3월 뒤로 정하여야 한다.

제482조(제권판결전의 신고) 공시최고기일이 끝난 뒤에도 제권판결에 앞서 권리 또는 청구의 신고가 있는 때에는 그 권리를 잃지 아니한다.

제483조(신청인의 불출석과 새 기일의 지정) ① 신청인이 공시최고기일에 출석하지 아니하거나, 기일변경

신청을 하는 때에는 법원은 1회에 한하여 새 기일을 정하여 주어야 한다.
② 제1항의 새 기일은 공시최고기일부터 2월을 넘기지 아니하여야 하며, 공고는 필요로 하지 아니한다.

제484조(취하간주) 신청인이 제483조의 새 기일에 출석하지 아니한 때에는 공시최고신청을 취하한 것으로 본다.

제485조(신고가 있는 경우) 신청이유로 내세운 권리 또는 청구를 다투는 신고가 있는 때에는 법원은 그 권리에 대한 재판이 확정될 때까지 공시최고절차를 중지하거나, 신고한 권리를 유보하고 제권판결을 하여야 한다.

제486조(신청인의 진술의무) 공시최고의 신청인은 공시최고기일에 출석하여 그 신청을 하게 된 이유와 제권판결을 청구하는 취지를 진술하여야 한다.

제487조(제권판결) ① 법원은 신청인이 진술을 한 뒤에 제권판결신청에 정당한 이유가 없다고 인정할 때에는 결정으로 신청을 각하하여야 하며, 이유가 있다고 인정할 때에는 제권판결을 선고하여야 한다.
② 법원은 제1항의 재판에 앞서 직권으로 사실을 탐지할 수 있다.

제488조(불복신청) 제권판결의 신청을 각하한 결정이나, 제권판결에 덧붙인 제한 또는 유보에 대하여는 즉시항고를 할 수 있다.

제489조(제권판결의 공고) 법원은 제권판결의 요지를 대법원규칙이 정하는 바에 따라 공고할 수 있다.

> **민사소송규칙**
> **제143조(제권판결의 공고)** 제권판결의 요지를 공고하는 때에는 제142조의 규정을 준용한다.

제490조(제권판결에 대한 불복소송) ① 제권판결에 대하여는 상소를 하지 못한다.
② 제권판결에 대하여는 다음 각호 가운데 어느 하나에 해당하면 신청인에 대한 소로써 최고법원에 불복할 수 있다.
  1. 법률상 공시최고절차를 허가하지 아니할 경우일 때
  2. 공시최고의 공고를 하지 아니하였거나, 법령이 정한 방법으로 공고를 하지 아니한 때

◆ 2항 : 제권판결에 대한 불복의 소는 형성의 소에 해당한다.

3. 공시최고기간을 지키지 아니한 때
4. 판결을 한 판사가 법률에 따라 직무집행에서 제척된 때
5. 전속관할에 관한 규정에 어긋난 때
6. 권리 또는 청구의 신고가 있음에도 법률에 어긋나는 판결을 한 때
7. 거짓 또는 부정한 방법으로 제권판결을 받은 때
8. 제451조제1항제4호 내지 제8호의 재심사유가 있는 때

제491조(소제기기간) ① 제490조제2항의 소는 1월 이내에 제기하여야 한다.
② 제1항의 기간은 불변기간으로 한다.
③ 제1항의 기간은 원고가 제권판결이 있다는 것을 안 날부터 계산한다. 다만, 제490조제2항제4호·제7호 및 제8호의 사유를 들어 소를 제기하는 경우에는 원고가 이러한 사유가 있음을 안 날부터 계산한다.
④ 이 소는 제권판결이 선고된 날부터 3년이 지나면 제기하지 못한다.

제492조(증권의 무효선고를 위한 공시최고) ① 도난·분실되거나 없어진 증권, 그 밖에 상법에서 무효로 할 수 있다고 규정한 증서의 무효선고를 청구하는 공시최고절차에는 제493조 내지 제497조의 규정을 적용한다.
② 법률상 공시최고를 할 수 있는 그 밖의 증서에 관하여 그 법률에 특별한 규정이 없으면 제1항의 규정을 적용한다.

제493조(증서에 관한 공시최고신청권자) 무기명증권 또는 배서(背書)로 이전할 수 있거나 약식배서(略式背書)가 있는 증권 또는 증서에 관하여는 최종소지인이 공시최고절차를 신청할 수 있으며, 그 밖의 증서에 관하여는 그 증서에 따라서 권리를 주장할 수 있는 사람이 공시최고절차를 신청할 수 있다.

제494조(신청사유의 소명) ① 신청인은 증서의 등본을 제출하거나 또는 증서의 존재 및 그 중요한 취지를 충분히 알리기에 필요한 사항을 제시하여야 한다.
② 신청인은 증서가 도난·분실되거나 없어진 사실과, 그 밖에 공시최고절차를 신청할 수 있는 이유가 되는 사실 등을 소명하여야 한다.

제495조(신고최고, 실권경고) 공시최고에는 공시최고기

일까지 권리 또는 청구의 신고를 하고 그 증서를 제출하도록 최고하고, 이를 게을리 하면 권리를 잃게 되어 증서의 무효가 선고된다는 것을 경고하여야 한다.

제496조(제권판결의 선고) 제권판결에서는 증권 또는 증서의 무효를 선고하여야 한다.

제497조(제권판결의 효력) 제권판결이 내려진 때에는 신청인은 증권 또는 증서에 따라 의무를 지는 사람에게 증권 또는 증서에 따른 권리를 주장할 수 있다.

제7편 판결의 확정 및 집행정지

제498조(판결의 확정시기) 판결은 상소를 제기할 수 있는 기간 또는 그 기간 이내에 적법한 상소제기가 있을 때에는 확정되지 아니한다.

제499조(판결확정증명서의 부여자) ① 원고 또는 피고가 판결확정증명서를 신청한 때에는 제1심 법원의 법원사무관등이 기록에 따라 내어 준다.
② 소송기록이 상급심에 있는 때에는 상급법원의 법원사무관등이 그 확정부분에 대하여만 증명서를 내어 준다.

제500조(재심 또는 상소의 추후보완신청으로 말미암은 집행정지) ① 재심 또는 제173조에 따른 상소의 추후보완신청이 있는 경우에 불복하는 이유로 내세운 사유가 법률상 정당한 이유가 있다고 인정되고, 사실에 대한 소명이 있는 때에는 법원은 당사자의 신청에 따라 담보를 제공하게 하거나 담보를 제공하지 아니하게 하고 강제집행을 일시정지하도록 명할 수 있으며, 담보를 제공하게 하고 강제집행을 실시하도록 명하거나 실시한 강제처분을 취소하도록 명할 수 있다.
② 담보없이 하는 강제집행의 정지는 그 집행으로 말미암아 보상할 수 없는 손해가 생기는 것을 소명한 때에만 한다.
③ 제1항 및 제2항의 재판은 변론없이 할 수 있으며, 이 재판에 대하여는 불복할 수 없다.
④ 상소의 추후보완신청의 경우에 소송기록이 원심법원에 있으면 그 법원이 제1항 및 제2항의 재판

을 한다.

제501조(상소제기 또는 변경의 소제기로 말미암은 집행정지) 가집행의 선고가 붙은 판결에 대하여 상소를 한 경우 또는 정기금의 지급을 명한 확정판결에 대하여 제252조제1항의 규정에 따른 소를 제기한 경우에는 제500조의 규정을 준용한다.

> **민사소송규칙**
> **제144조(집행정지신청 등의 방식)** 법 제500조제1항 또는 법 제501조의 규정에 따른 집행정지 등의 신청은 서면으로 하여야 한다.

제502조(담보를 공탁할 법원) ① 이 편의 규정에 의한 담보의 제공이나 공탁은 원고나 피고의 보통재판적이 있는 곳의 지방법원 또는 집행법원에 할 수 있다.
② 담보를 제공하거나 공탁을 한 때에는 법원은 당사자의 신청에 따라서 증명서를 주어야 한다.
③ 이 편에 규정된 담보에는 달리 규정이 있는 경우를 제외하고는 제122조·제123조·제125조 및 제126조의 규정을 준용한다.